キリスト者の証言

人の語りと啓示に関する実践基礎神学的考察

原 敬子
Keiko HARA

教文館

この本自体が、生きた証言として

カトリック司祭　**晴佐久昌英**

これは、「現場の神学」だ。

「あなた」にキリストを語る現場を生きる「わたし」として励まされたし、「あなた」の証言を聞く現場を生きる「わたし」としても稀有な感動を味わった。

およそ地上のあらゆるキリスト者は、他のキリスト者の証言において生まれたのである以上、その証言の現場こそが、キリスト教の母胎であるはずだ。ならば、そこで語る人は、何を根拠に語っているのか。そこで語られる内容は、どのような経験なのか。そこで語りかけられている人の内に、何が起こっているのか。それらを真摯に問わない限り、いかなる現場もキリスト教の現場とはなりえない。もしも、キリスト教を名乗りながらも、人々の現実を救うことができずに疲弊していく現場があるとするならば、それは、この問いと誠実に向かい合っていないからに他ならない。

この本は、その問いを問い、その答えを答えている。今後、生きているキリストを証言したいと願うあらゆる現場は、この本を通らないわけにいかないだろう。

第1章では、キリスト者の証言とは何であるかについての基礎が語られる。初代教会の証言と、そこに立ち返ろうとする中世ルネサンス的キリスト教信仰を通して、証言と証言する者の経験は切り離せないこと、すなわち「証言とは、経験を語ること」であることが論証される。それこそは、自分たちの経験と聖書世界での証言を日々統合しながら生きている、現代のキリスト者の信仰の基本構造

であると言えよう。

　とはいえ、そのような証言の正統性と、そのような経験の啓示性をどのように確かめることができるのか。それについて物語るのが、第2章である。実践神学としての解釈学的神学によって、神の啓示と人の経験を生き生きと結び合わせていくプロセスは、キリスト教に秘められている真の普遍主義の可能性をも示唆しており、ポストモダンの日本において救いの普遍性を宣言し続ける一司祭として、強い共感を覚えた。

　そのような第1章、第2章をもとに、著者自らが「証言」を「聞き」、「語る」第3章は、語りの現場で息づいているキリスト教の神秘的な体内を覗いているかのようで、スリリングですらあり、刺激的だ。なるほど、キリスト教神学が教室での死体解剖のようなものではなく、生きたキリスト教のぬくもりに触れるものとなるためには、「あなた」と「わたし」がキリスト者としての証言を語り直す、「救いの現場」を生きるしかないことに気づかされる。著者が宣教師たちの証言を「聞き」、「語る」とき、それを「聞く」わたしもまた、「語る」わたしとして新たに生まれている。まさに、「救いは現場で起きている」のだ。

　筆者は著者の古い友人であるが、著者に対して、ことあるごとに「神学をやるなら、現場で救いを語るキリスト者を応援してほしい」と言い続けて来た。この本を読んだ以上、もはやこの要請は意味をなさない。この本自体が、一人のキリスト者の生きた証言として、共に救いの現場を物語る「わたしたち」を生んだのだから。そのような共同体性の生み出す証言の普遍性においてこそ、キリスト教の真の普遍主義が立ち現れるだろう。

　この推薦文もまた、その証言のひとつである。

目　　次

この本自体が、生きた証言として（晴佐久昌英）⋯⋯⋯⋯⋯⋯⋯ 3

序　　章⋯⋯⋯⋯⋯⋯⋯⋯⋯⋯⋯⋯⋯⋯⋯⋯⋯⋯⋯⋯⋯⋯⋯ 9

第1章　経験を物語る場としての証言⋯⋯⋯⋯ 17

第1節　証言の起動⋯⋯⋯⋯⋯⋯⋯⋯⋯⋯⋯⋯⋯⋯⋯⋯ 19
1. ケリュグマを包含する証言 ⋯⋯⋯⋯⋯⋯⋯⋯ 19
2. イエス伝承、信仰告白と態度表明 ⋯⋯⋯⋯⋯ 22
3. ディダケー ⋯⋯⋯⋯⋯⋯⋯⋯⋯⋯⋯⋯⋯⋯ 26

第2節　ルネサンス・キリスト教ヒューマニズム
にみる証言⋯⋯⋯⋯⋯⋯⋯⋯⋯⋯⋯⋯⋯ 31
1. ジャン・ジェルソン（Jean Gerson, 1363-1429）⋯⋯⋯ 31
2. 《cogitatio-meditatio-contemplatio》の連続性を解く⋯⋯ 36
3. ルネサンス・キリスト教ヒューマニズムと霊性⋯⋯⋯ 44

第3節　証言と経験⋯⋯⋯⋯⋯⋯⋯⋯⋯⋯⋯⋯⋯⋯⋯ 50

第2章　経験と啓示⋯⋯⋯⋯⋯⋯⋯⋯⋯⋯⋯⋯⋯ 57

第1節　解釈学的神学における語り性⋯⋯⋯⋯⋯ 59
1. 解釈学的神学の中心的論点 ⋯⋯⋯⋯⋯⋯⋯⋯ 59
2. 啓示と経験の語り性 ⋯⋯⋯⋯⋯⋯⋯⋯⋯⋯⋯ 64
   啓示の語り性 ⋯⋯⋯⋯⋯⋯⋯⋯⋯⋯⋯⋯⋯⋯ 67
   経験の語り性 ⋯⋯⋯⋯⋯⋯⋯⋯⋯⋯⋯⋯⋯⋯ 72

第2節 啓示──プラクシスが現れるところ ……………… 78
　　1. 経験なしの啓示はない ……………………………… 78
　　2. 啓示の中核としてのプラクシス ………………………… 84

第3節 第二バチカン公会議における「啓示」概念 ……… 92

第3章 証言の中で啓示を聞く …………………………… 105

第1節 《信の証言》が生まれるところ ……………………… 106
　　1. 信への戸惑い、語りの二重性、語り得ぬこと ……… 106
　　2. 証言の解釈学から物語的自己同一性へ ……………… 110
　　3. 証言の形象化 …………………………………………… 120
　　　　ミメーシス1：先形象化（préfiguration） …………… 122
　　　　ミメーシス2：統合形象化（configuration） ………… 125
　　　　ミメーシス3：再形象化（réfiguration） …………… 126

第2節 戦後日本の外国人宣教師の証言 ……………………… 127
　　1. 戦後日本の外国人宣教師の証言資料作成、その方法 … 127
　　2. 《聞き手》と《語り手》 ……………………………… 134

第3節 想起を聞く ……………………………………………… 138
　　1. 《わたし》の歴史のむこう …………………………… 139
　　2. あなたの歴史から誘引されるわたしの歴史 ………… 142
　　3. 対話の齟齬に形成される新しい閾 …………………… 146

第4節 断絶と呼びかけ ………………………………………… 151
　　1. かけがえのない時──カイロス ……………………… 151
　　2. 与えられた環境 ………………………………………… 158
　　3. 断絶──《わたし》を引き渡す ……………………… 163

第5節 宣教活動の中で揺れる自己 …………………………… 169
　　1. どこへ、何のために行くのか ………………………… 169
　　2. 文化の交差する十字路 ………………………………… 176
　　3. 宣教とは何か？ ………………………………………… 179

目　次　　　　　　7

 4.　《わたし》は誰か？ ………………………………………193

第6節　回心の道を物語る ……………………………………202
 1.　本質へと向きを変えること ……………………………202
 2.　本質へ立ち返ることと実践 ……………………………209
 3.　神と民との仲介となる人 ………………………………218

終章　結論………………………………………………………225
参考文献………………………………………………………235
あとがき………………………………………………………251

装丁　桂川　潤
装画　Sr. Gabriela Pia von Däniken

序　章

> 私が父のもとから〔将来〕あなたがたに派遣することになる弁護
> 者、父のもとから出てくる真理の霊が来る時、その方が私について証
> しするであろう。あなたがたも証しする。はじめから私と共にいるの
> だから。
> 　　　　　　　　　　　　　　　　　　　　　　（ヨハ 15.26-27）

　あなたがたも証しする。はじめからわたしと共にいるのだから。

　この言葉は、現代を生きるわたしたちの心にどのように響いてくるだろ
うか。わたしたちはこの言葉をどのように理解しているだろうか。《あな
たがた》と呼びかけられる者たちとは、原始キリスト教会の時代を生きた
人びとのことであり、時代を経て、彼らと同じキリスト教信仰に生きてい
る今日のわたしたちのことでもある。イエス・キリストを証しする、証言
するということ──。もし、この《証言する》という行為が、イエスに呼
ばれた人びとに必要不可欠なものであるなら、この人びとはそれが本当に
意味することを知っていなければならないであろう。しかし、わたしたち
は、証しすること、証言することは非常に大切なことだとしながらも、実
は、それが何を意味することなのか、互いに共通な了解のないまま過ごし
ている。

　本論文は、「キリスト者の証言が、キリスト教成立の発端から今日に至
るまで、常に、イエス・キリストの伝承を担い、キリスト教信仰の要で
あったということを、どのようにして証明できるのだろうか」という根本
的な問いに動機づけられ、取り組んだ論文である。この問いを中心に据え
ながら、本論文では、今日、現代神学が、この問いに対してどのように答
えているかを概観し、また今、生きているキリスト者が、どのような意味
で、イエス・キリストの伝承を担う証言を行っているかを検討しようとし
ている。

　今日、宗教に対して自由で多様な所属の在り方が許され、宗教への偏見
や差別がほとんど表面化することのない時代にあって、キリスト者の証言

が、何か特別なものとして扱われることは到底ない。誰がどのような宗教を信奉していても、人びとの暮らしに直接影響を及ぼすことはほとんどないからである。第二次世界大戦後、新しい時代を迎えた日本では、信教の自由の下に「神々のラッシュアワー」[1]が到来した。当時、伝統宗教の再活動だけでなく、様々な新宗教の出現に比例して、様々な社会問題も吹き出した。その後は、止むことのない経済成長、消費社会、物質至上的な様相へと変貌し、グローバリゼーションの渦の中でさらなる新しいフェーズ、つまり、「他者なしに充足する社会」[2]が生まれ、増幅した仮想金融の暴騰、転落に、人びとは絶え間なく翻弄されている。そうした中、「神々のラッシュアワー」も影を潜めた今日では、宗教は、表層的なイメージとしての《スピリチュアル》にその名を変え、ある種のファッションと成り果て、かろうじてその地位を保っているかのようである。

　このように変動する日本において、今、キリスト者は、自分がキリスト者であるということ自体も、別に、そうであってもなくてもどうでも良いというような、ある種、麻痺された感覚になっているのではないだろうか。あるいは逆に、ひとたびそのような危惧を問題にしようものなら、宗教の原理主義、ラディカルな集団の一員とみなされるか、あるいは、そのような他者の視線から逃れようと宗教的無関心[3]を装っているのではないだろうか。

　このような状況にあって、あるいは一種の懸念から、次の二つの議論が生じるだろう。一方で、ある人びとは、このような状況を生ぬるいと見なし、「わたしたちは、証言しなければならない、証ししなければならない」

---

[1] 末木文美士『日本宗教史』（岩波新書、2006年）p. 219。

[2] 東浩紀『動物化するポストモダン──オタクから見た日本社会』（講談社現代新書、2001年）p. 125。

[3] 宗教的無関心、L'indifférence religieuse：現代のキリスト者の中には、特に西欧社会において、神という存在自体を「邪魔で余計なもの "superflu et encombrant"」（パウロ6世『福音宣教』）と見なし、無神論者とは別な意味で、自分の宗教に意義を見出せなくなった人びとがいるという見方があり、フランスのカトリック教会内で議論される。日本では別な社会的文脈で似たような現象が起きていると考えることができるのではないだろうか。Cf. Gérard DEFOIS, *Quand la foi chrétienne laisse indifférent... Que faire?* dans « *L'indifférence religieuse* » Volume 41, de Le Point théologique, Beauchesne, 1983.

と人びとを鼓舞しようとするだろう。2008 年、日本のカトリック教会は全教会を挙げて『ペトロ岐部と 187 殉教者の列福』を祝った。年間のテーマであり、その標語のうちの一つである「証 - 188 - 」は、心情的に、また、実践的な意味でも、現代のカトリック信者らに強いインパクトを与えた。17 世紀に生きて死んだ日本の殉教者たちが 21 世紀に生きるわたしたちに「証し」について何か語っているとするなら、永遠のいのちに向う希望と背中合わせに、牢獄、火刑、斬首という迫害の惨禍をも物語っている。たとえ彼らを、従来の英雄的な信仰と徳に加え、強靭な精神力によって栄冠を勝ち得た勝利者としてではなく、《ごく普通の庶民》としての姿を描きだそうと試みたとしても、この企画の根底に流れるメッセージは「迫害を恐れずどんな困難があっても証ししようではないか」という《奨励》であることに変わりはない[4]。

また他方では、他の人びとは、「事実、わたしたちはどうであろうとありのままのこの姿でもう十分証しししている。それでいいではないか」。あるいは、「もう、殉教の時代ではない、対話を」と言うかもしれない。つまり、証言の奨励に対極する「現状に安寧とした態度」の言い分である。アドルフォ・ニコラスはキリスト生誕 2000 年の準備の一環として企画されたシンポジウムの中で、「日本社会の価値観に染まった教会」の現状を指摘している。戦前、日本のカトリック教会にすでに潜在していた「日本社会に認知されたい」という心願は、戦後、自由の風を受け、日本社会に貢献する手段を往々にして講じるというかたちで開花した。その結果、「意識的にではないにせよ、無意識のうちに社会の価値観にアシミレーション（assimilation）、つまり、同化するようなプロセスを歩んだのではないか」[5] と言うのである。現状同化の内側では、いわば、塩味が大海の

---

[4] カトリック中央協議会、殉教者列福調査特別委員会『日本における殉教者、今日的意味とその位置づけ』：「現代人にとって福音のメッセージは、一見すると不合理で弱々しく、説得力に欠けるように感じられるかもしれません。それどころか、社会からは受け入れられず、反発を生むかもしれない、それでもなお、勇気をもってイエスの価値観に生き、それを証していくことこそ、いま私たちに求められる霊性ではないでしょうか」。
[5] 森一弘企画監修『日本の教会の宣教の光と影——キリシタン時代からの宣教の歴史を振り返る』（サンパウロ、2003 年）p. 226。

海水に溶けていくかのように、キリスト者が塩味の役割を果たすことが出来なくなり、証しは文字通り《潮解》の危機に瀕することになる。

証言の奨励か、その潮解の危機か——。しかし、このような議論を繰り返したところで、「あなたがたも証しする」とヨハネの福音が呼びかける決定的な表明の真意を理解する助けとはならないだろう。証言の本当に意味する内容は信仰の歴史において非常に根本的な問題であろう。旧約時代における《証言》は選ばれた民とその神との関係における正義の実現と関わっていた。新約時代に移ると完全な《証人》であるイエス・キリストにおいて救いの実現へと至る。イエス・キリストはメシアであり、神の子であると証言した人びとによって福音は伝えられ、今を生きるこの《わたし》にまで到達する。キリスト教が創始者イエスと《出会った、人びと》から《伝えられた、ことば》によって開始されたという起源を見ても、また、教会の創設以降、後の歴史において、イエス・キリストの源流を世に流伝するその方法が常に、キリスト者の証し、証言であり続けたということを見ても、キリスト者は証言の問題から離れることは不可能である。

証言の問題に関して、哲学、言語哲学の分野において、壮大な研究史がある。古代ギリシャ言語哲学以来、言語哲学の潮流の中に、すでに、証言問題はある種の萌芽として認められるが、時代を経て、言語と個人や民族が持つ内面性との結びつきを重視し、19世紀以降、言語哲学の3つの流れとして——（1）言語論の展開としてのフェルディナン・ド・ソシュール（Ferdinand de saussure）の系統、（2）現象学と言語、認識と存在への問いとしてのエトムント・フッサール（Edmund G. A. Husserl）——マルティン・ハイデガー（Martin Heidegger）の系統、（3）分析哲学のゴットロープ・フレーゲ（F. L. Gottlob Frege）の系統——展開された。特に、証言問題を哲学の問いとして取り上げた《ポスト・ハイデガー》時代における20世紀の4人の哲学者、すなわち、他者を経験すること、顔として現れる他者の超越の無限を説いたエマニュエル・レヴィナス（Emmanuel Levinas）、証言を証言そのものとして受け取り、応答として返す者との間に証言としての真の資格が生じるとしたポール・リクール（Paul Ricœur）、また、アウシュヴィッツ後の証言に、その不可能性を呈したプリーモ・レーヴィ（Primo Levi）とジョルジョ・アガンベン（Giorgio Agamben）が知られている。

序　章　　13

　神学的な関心から証言問題が論じられた例では、フランスの3人の神学
者、ジャン・ギトン（Jean Guitton）、バルボタン（Edmond Barbotin）、
クロード・ジェフレ（Claude Geffré）という人物を挙げることができる。
また、キリスト者の証言そのものを主題化したわけではないが、神学の主
体と言う意味での《証言者》の価値に注目し、神学的手法の構築として考
察された《文脈的神学》[6] の潮流がある。日本では、旧約から古代・中世キ
リスト教思想の根底を貫く「エヒイェロギア」の働き、「エヒイェに拠っ
てのみ突破できる」彼方からの「物語」を説いた宮本久雄の研究がある。
　その他にも、近年、全体社会の支配的文化において語られる《マス
ター・ナラティブ》と呼ばれる語りの中に埋没する被差別者やマイノリ
ティのコミュニティの声を拾おうとする流れ、『歴史を逆なでに読む』の
著者カルロ・ギンズブルグ（Carlo Ginzburg）、抑圧された者たちの証言
を聞く《サバルタン・スタディーズ》のガヤトリ・C. スピヴァク
（Gayatri C. Spivak）など枚挙に遑がない。《証言》という視点から、人間
の生の実態に介入するこれらの研究は、宗教、社会、文化、政治、そして
民族など様々な要素を横断的、学際的な探究が求められ、非常に広がりの
ある研究領域である。このような広がりの中で、本論文が参考とした直接
の先行研究は次の二つである。
　一つは、社会学者 J. M. ドネガニ（Jean-Marie Donegani）の研究で『選
ぶことの自由──今日のフランス・カトリシズムにおける宗教多元主義と
政治多元主義』[7] と題されている。この研究は、カトリック信者に対して
行われた綿密なインタビュー資料から、現代のカトリシズムにおける宗教
と政治の関係性を探究したものであり、政治社会学的領域における資的調
査方法を基礎に置いている。この調査研究はカトリシズムという時に醸し
出されるイメージがいかに誤ったものであるかの見事な提示に成功してい
る。カトリック信者のインタビューから明示されたのは、カトリック教会
という同じ所属にありながら、いかに多くの宗教的価値観の多様性と相反

---

[6]　Cf. Stephen B. Bevans, *Models of contextual theology* (Orbis Book, 1992).

[7]　Jean-Marie Donegani, *La liberté de choisir, pluralisme religieux et pluralisme politique
dans le catholicisme français contemporain*（Presses de la fondation nationale des
sciences politiques, 1993）.

する政治意識の異質性が見られるかということであった。政教分離の統治下における国家において、各宗教に対する外見的な先入観の奥に進み、深い次元での対話の必要性を求めると主張する上で、非常に重要な示唆を与えている。

もう一つは、『神から生まれた人びと——キリスト者の人生の神学的読解の試み』[8] を著したフランス人神学者 E. グリウ（Etienne Grieu）の研究である。この研究論文において、グリウは、ドネガニの研究と同様に質的調査の研究方法に則りカトリック信者に向けたインタビューを行い、証言テクストを作成するが、そこで作成されたテクスト資料を神学研究の基礎資料として取り扱っている。これまでにも人間の生きた経験を神学の基礎資料とみなすという理解は神学の解釈学的推移[9] の過程において人間の経験、人間の宗教的経験をどう扱うかという議論とともに深化してきている[10]。さらにグリウは、教会の中で、また社会的な関係性において、素朴に生きるカトリック信者らが語る証言を聞き込み、そのような人びとの言葉から、「信じるということは何か」という問いへの応答を引き出しつつ、神学的考察を行っている。また、キリスト者一人一人が生きてきた人生を読む上で、聖書テクストを媒介とすることで、神学が伝統的に主題としてきた救いや信仰の問題に現代的な答えを与えようとしている。

両研究とも非常に優れた研究であり、筆者はここから大いに学び、大いに刺激を受けた。ドネガニの研究が政治社会学的な領域からのアプローチであるのに対し、グリウの研究が同じ対象者であるカトリック信者を素材に扱いながらも神学的なアプローチが付されていることも非常に興味深く感じた。本論文は、これら二つの研究のレベルに及びもつかないものではあるが、しかし、日本という文化的な土壌において、キリスト者の証言を扱う時に、何か新しい論点を付け加えることができるのではないかと信じている。二つの先行研究とともに控えめにも世に新しい神学的視点を提供

---

[8] Etienne Grieu, *Nés de Dieu. Itinéraires de chrétiens engagés. Essai de lecture théologique* (Cerf, 2003).

[9] Claude Geffré, *Le Christianisme au risque de l'interprétation* (Cerf, 1997) 第一部を参照。

[10] A. E. マクグラス『キリスト教神学入門』（教文館、2002 年）pp. 262-272。

序　章　　　15

するものとなれるのではないかと考えている。

　本論文が対象としているのは、現代、日本におけるキリスト者の証言である。日本で生きているキリスト者の証言を読解することによって、キリスト者の証言が、今日も、イエス・キリストの伝承を支え、キリスト教信仰の要であるという証明を試みようとしているのである。

　しかし、ここで、《現代、日本に生きるキリスト者》と問題設定した場合に露呈されるのが、《現代性》と《地域性》とは何かという問いであろう。これに対する方策として、現代という時代を第二次世界大戦以降と狭く区切り、次に、地域性に関しては日本と設定するが、そこに生きる対象者としての《キリスト者》を、第二次世界大戦後来日した外国人宣教師と限定することにした。《対象者》を限定させるという方策を取ることによって、本研究が網羅するところの意味と限界と明示することができる。

　つまり本研究は、神学的主題と対象者への社会学的視点の間を行き来するような手法を用いるが、次に示すような限定の下に、研究が行われているということをあらかじめ述べておかなければならない。

　まず、本研究は《神学》の一領域の研究であり、本論では当然、啓示の問題や救いの問題を扱っている。しかし、第二バチカン公会議文書『啓示憲章』第1章2節に「見えない神がそのあふれる愛から友に対するように人びとに語りかける、（中略）それは、人びとをご自分との交わりへと招き、この交わりのうちに受け入れるため」とあるように、神と人間とのコミュニケーションが始まった、その継続的な啓示、交流としての啓示について扱っているのであり、教義の説明として論じられるような啓示の概念を類型化したり、それについて形而上学的な分析を施したりするようなものではない。

　次に、本研究は《人間経験》を神学的作業領野として措定し、その上で、いくつかの神学的主題を探究しようとするものである。したがって、本論の中で、経験の問題について多く扱っている。しかし、経験の問題を扱っているとは言え、実証主義的なレベルで、社会学や心理学で行われる事象に対する分析にのみ注力しているわけではなく、人間経験のうちに神の働きを見ていこうとする神学的かつ実存主義的アプローチとして人間経験を捉えているものである。

　最後に、本研究は《宣教師へのインタビュー》を収集し、それを分析し

ている。しかし、この分析は、量的な全数調査を行って、統計的な傾向を
表すような分析ではなく、証言に基づいた質的研究である。このインタ
ビューは、宣教師というジャンルの人びとを特別視し英雄化するために、
彼らの成功談を引き出そうとした意図があった訳ではなく、また逆に、日
本の宣教において責任の所在を明確化するために、彼らがいかに失敗した
かを引き出そうとした意図があった訳でもない。あくまでも、日本で生き
て、宣教師として働いた数かぎりない《キリスト者》を代表する一人の人
として、外国人宣教師の言葉を聞いたのである。その中で、唯一の特徴と
しては、日本が持っている特徴ある文化に対する外部者としての宣教師、
内部者としての日本人との相違において、日本の宣教を浮き彫りにするた
めに、日本人キリスト者に聞くのではなく、あえて、外国から訪れた宣教
師に聞いたという点である。

　本論文は、3章構成で成り立っている。
　まず、第1章では、証言の問題に関して自らの信じていることをどのよ
うに語ったら良いかという方法論について模索した二つの時代、原始キリ
スト教会の時代とルネサンス・キリスト教・ヒューマニズムの時代の証言
のあり方を概観する。
　次に、第2章では、現代神学の基礎としてすでに認知されている解釈学
的神学が人間経験をどのように理解してきたかを提示する。特に、人間経
験と神の自己啓示との関連性をどのように把握しているか、スキレベーク
スとメッツの神学から考察する。また、全教会的なレベルにおいて、第二
バチカン公会議『啓示憲章（デイ・ヴェルブム）』において確認された真
意を、第一バチカン公会議文書の『デイ・フィリウス』との比較分析に
よって明らかにする。
　最後に、もっとも長いセクションである第3章において、実際に質的調
査によって収集した外国人宣教師の証言を読み解いていく。《聞き手》と
しての《筆者》の読解を導いてくれるのは、リクールが提唱した《物語的
自己同一性》と、3つの《ミメーシス》による証言の形象化のアプローチ
である。この試みにおいて、キリスト者が素朴に語る言葉がキリスト者の
証言としてどのように形成されていくかを提示したい。

第1章 経験を物語る場としての証言

キリスト者によって語り継がれ、信仰の遺産として残された《聖書と伝承》は、キリスト教信仰にとっては要であり、いつの時代でも「キリストの神秘を教会の中に現存させ、実らせる」[11] 働きをする。《聖書と伝承》は信仰者が誤った信仰の受取り方を避けるための基軸であるだけでなく、信仰を刷新し、新しさをももたらすものである。

> 伝承とは、時間と空間を貫いて続くキリスト者の証言の連続性である。したがって、その意味で、伝承は常に新しく証明されるという条件においてのみ、生き生きと存在することができる。（中略）、証言は伝承を生み、伝承は証言を生む。証言とは、聖書を誕生させた生き生きとしたその中心から、今日に至るまで、いのちの通った循環を行うということである[12]。

通常、教会の歴史における伝承の発端は聖書にあると言われている。確かに、聖書には、イエス・キリストとその弟子たちの最初の出来事が書き記されている。しかし、たとえそれが発端であったとしても、聖書を文字通り理解したり、絶対化したりすることはできない。聖書テクストが時代的背景の下で記されたということは、すでに、聖書に関する研究において当然のこととされている。そうであるならば、教会の歴史における伝承の発端が聖書にあると言う時、そこで言われている真の伝承の発端とは、当時の人びとの中心で、聖書に書き残された言葉の元となっている生き生きとした証言だったということなのではないだろうか。この人びとの証言が

---

[11] 『カトリック教会のカテキズム（1997年）』第一部第二章第二項 80（中央協議会、2002年）、p. 31。以下、同書の概当箇所は番号のみを記す。

[12] *Dictionnaire de Spiritualité*, Ascétique et Mystique, Doctrine et Histoire（Beauchesne, 1991）, Tome XV, p. 139 ; Témoignage の項、pp. 134-141.

源泉なのであり、今日のわたしたちに至るまで人びとをいつも生かしてきた。したがって、キリスト教信仰を常にいのちの通ったものとするために、人びとの伝承の源泉である証言があったとするならば、聖書の時代に限らず、いつの時代にも、人びとの証言が神から来たものであるということが証明されなければならない。

ここ数十年、実存哲学や人格主義哲学の影響や、第二バチカン公会議以降の司牧宣教的次元における新しい福音宣教の動向により、昨今、キリスト者の意識のうちに、伝承を行うという行為、つまり、証言する信への関心が刺激されてきた。また、教会においても、証言という語が一般的に用いられるようになった。解釈学の発展により、《聖書と伝承》に対する多様な解釈の方法論が与えられたことも、語法としての証言の働きに関心が強まる結果につながったであろう。これらの方法論にしたがい、生き生きと中心につながっていたキリスト者の証言がどのような様態であったかを見ていきたい。

本章で行うことは、次の二つの時代における、教会の証言に関しての概観をすることである。この二つの時代には、時代が大きく離れているとはいえ、キリスト教信仰にとって、また教会にとっても大きなチャレンジを迎えた時期という共通点がある。また、証言の問題に関して、自らの信じていることをどのように語ったら良いかという方法論の模索という点においても、ある種の共通項が見出される時代である。キリスト者として証言するとはどういうことなのかを見ていく事例として取り上げてみたい。

まず、第一の時代は、原始キリスト教会の時代であり、その時期になされた「イエスをキリストと告げた」初期キリスト者の証言を取り上げた。第二の時代は、中世からルネサンスへの変革期であり、この時期の神学者あるいは自由思想家たちが残した証言についてである。この概観を通じて、時代の異なるこれら二つの証言の内的機能に見られる共通項と、本来、キリスト者の証言が人の経験と切り離せない次元に存在することを検証していく。

第1節 証言の起動

1. ケリュグマを包含する証言

　原始キリスト教会の創成期において、神の現存の発露を証ししたイエス・キリストを、自らの目で目撃し、証言者として告白しようとする使徒的証言の内的原理をかいまみることができる。イエス伝承の最古の集録としての「語録資料」（Q 資料）があり、そこには、復活信仰の成立以後もそれまでの遍歴生活を放棄せず、むしろ、ユダヤ教を内側から革新しようとする新しい運動の宣教師として国中を歩き回ったイエスの弟子たち、つまり、遍歴の霊能者（カリスマティカー）たちの伝承が書かれていた[13]。原始キリスト教会での彼らの宣教はケリュグマ的なキリスト宣教と呼ばれている。

　一般的に《宣教》と訳されている語、ケリュグマは、キリスト教最初期において、《信仰の言葉》《良き知らせ》《呼びかけ》を意味し、$\varepsilon \dot{v} \alpha \gamma \gamma \acute{\varepsilon} \lambda \iota o \nu$ と共に《福音》を示していた。動詞 $\kappa \eta \rho \acute{v} \sigma \sigma \omega$ は新約聖書で60回以上用いられ、イエスを宣べ伝える、そして、神の国を宣べ伝えるといったキリスト論的用語との特別な組合せで用いられている[14]。彼らにとって重要だったのは、イエスを通して神が何を行い、何を語ろうと欲したか、それが焦点であった[15]。

　ケリュグマを語るには使徒としての権威が必要であり、語る者たちは神の名において公に語った。語りは、主イエス・キリストの伝令者、使者と

---

[13] 語録資料の成立年代は 40-50 年、ユダヤ戦争よりも前に成立したものであろう。場所はパレスチナと思われる。生前のイエスの過激なエートスを信頼に足る形で体現することができた遍歴する弟子たちは、故郷を放棄、家族からの離脱、所有を批判、暴力を放棄するイエスと同じエートスをラディカルに兼ね備えていた。G. タイセン『新約聖書：歴史・文学・宗教』大貫隆訳（教文館、2003 年）、p. 56 参照。

[14] 使徒言行録 8 章 5 節「フィリポはサマリアの町に下って、人びとにキリストを宣べ伝えた」。同 9 章 20 節「『この人こそ神の子である』と、イエスのことを宣べ伝えた」。同 20 章 25 節「わたしは、あなたがたの間を巡回して御国を宣べ伝えたのです」。

[15] G. タイセン、前掲書、p. 18。

しての権威を帯びて初めて許されるものであった[16]。復活の証言において、使徒には、絶対的地位が与えられ、聖書に見られる復活の証言はすべて使徒の権威に裏打ちされている[17]。

イエスの直弟子ではなかったパウロも、自分自身がいかに神の言葉を伝える者に相応しい者であったかを、使徒言行録、パウロの手紙を通して強く主張し[18]、そこでは、ケリュグマの伝令者としてのパウロの権威は人間によるものではなく神からのものと述べられている。「わたしの言葉（λόγος）も、わたしの宣教（κήρυγμα）も、知恵（σοφία）にあふれた言葉によらず、"霊"（πνεύματος）と、力（δυνάμεως）の証明によるもの」（Ⅰコリ 2.4）であった。パウロはここで、自分が語る証しとしての言葉や宣教は霊と力によるものと述べ、知恵の言葉との差異化を図っている。証言のケリュグマ的な発話では、霊と力、つまりパラクレートスの働きが不可欠である。このパウロの言葉のうちに、聖霊の語りであるパラクレートスと聖霊の権威を受けた人間の実存とが分ちがたく結ばれている様が見られる。

ケリュグマがどのように人びとに伝えられていたかは、パウロの説教を報告する使徒言行録の記述から垣間見ることができる。そこで、当時のケリュグマの典型的な表現の一例として、ピシディア州アンティオキアの会堂におけるパウロの説教（使 13.15-41）を取り上げてみよう。彼の説教の背景にはユダヤ教からの支配的な影響があり、その言説に包まれるようにして初期キリスト者の急進的、終末論的な主張が織り込まれている。

原始キリスト教会を取り巻く社会環境はヘブライズムとヘレニズムの二重構造であり、使徒たちによるケリュグマの語りもこの二つの文化に対応

---

[16] 「兄弟たち、あなたがたの中から、霊と知恵に満ちた評判の良い人を七人えらびなさい。彼らはその仕事を任せよう。わたしたちは、祈りの御言葉の奉仕に専念することにします」（使 6.3-4）。

[17] 「主は本当によみがえって、シモンに現れた」（ルカ 24.34）、「ケファに現れ、次に十二人に現れた」（Ⅰコリ 15.5）といった最古のケリュグマが示すように、復活のケリュグマも十二弟子への顕現に基づいて公的なものとされたようである。岩島忠彦『キリストの教会を問う——現代カトリック教会論』（中央出版社、1985 年）p. 83 参照。

[18] 「わたしたちの救い主である神とわたしたちの希望であるキリスト・イエスによって任命され、キリスト・イエスの使徒となったパウロから」（Ⅰテモテ 1.1）。

第1節　証言の起動　　21

するように組み立てられていた。すなわち、神殿崩壊後のユダヤ教の地方
の会堂では聖書釈義であるミドラッシュやクムランの解説方法がそのまま
伝統として保たれており、また、市民国家として終焉の危機に瀕していた
ギリシャ‐ローマ世界では一時的で解毒的な対処法ではあるが、苦しみか
ら解放されるため、また、困惑した状況から脱却するために、混乱と恐怖
にいた住民は犬儒学やストア哲学に融合された対話術による説教を聞くこ
とに慣れ親しんでいた[19]。ヘレニズム、ヘブライズムの両文化圏はそれぞ
れに固有の社会的危機感があり、人間の価値も尊重されず、自由も安全も
欠いた非常に不安定な世界ではあったが、すでに弁証法的な人間解放の営
みが行われていたのである。

　パウロは一行とともに安息日に会堂に入り、席に着く。彼は会堂長から
「会衆のために《励ましの言葉（パラクレートスの言葉）》（λόγος παρά-
κλησεως）があれば」と、会衆に向けて説教を促され、これに応え、立ち
上がって話しを始める。説教の導入（17-25 節）はおそらく直前に朗読さ
れた律法と預言書との関連から導かれたものであろう。この導入は、会堂
に充満する環境、すなわちユダヤ教に完全に適応すると同時に、キリスト
者の信仰とその理解の終末論的観点をも充たしている。出エジプトから続
く神の民への計画（17 節）はカナンの地への入植（19 節）と王国の建設
（21 節）を経て、イエスに至る（23 節）。導入の最後の箇所において、イ
エスを証しする証人ヨハネの出現（24 節）が述べられるが、それは「わ
たしの後から来られる方」（25 節）、つまりイエス・キリストを指し示す
主題の提示へと拡げるためである。26 節からの中盤、主題展開の初めに
聴衆への呼びかけの言葉として、今、この時を示すケリュグマ的なメッ
セージが発せられる。「この救いの言葉はわたしたちに送られました」（26
節）。主題の展開部（26-37 節）では、イエスの使命、死と復活に中心づ
けられたメッセージ（27-30 節）、実在するイエスの証人（31 節）が提示
され、さらに、ミドラッシュの伝統的解釈法を用い（34-37 節）、イエス
の出来事を律法の文脈の中に結合する。結論（38-41 節）は、キリスト者
にとって固有の主張で、ハバクク書1章5節の神の民への警戒的言説とと

---

[19] James I. McDonald, *Kerygma and Didache, The articulation and structure of the earliest Christian message* (Cambridge University Press, 1980), pp. 39-48.

もに、聴衆者にとってイエスの業が何を意味するかが一方的に宣言されている[20]。

このように、ケリュグマは、当時の環境に特有な弁証法的な語りという形式的語法の構造に守られて人びとに提示されている。五旬祭の日、聖霊降臨におけるペトロのエルサレムの人びとに向けての説教と（使2.14-39）、アレオパゴスでのパウロのアテネの会衆に向けての説教[21]の違いを見れば、文化圏の異なる聴衆に向けた当時の語り方に明らかな違いを認めることができる。ケリュグマ的なキリスト教宣教の萌芽はギリシャ・ユダヤにあった多様な語法に影響を受けており、それはとりもなおさず、パラクレートス、すなわち、聖霊の働きによって権威づけられた証言するに相応しい使徒たちの実存からくるイエス解釈として人びとに告げられていたのである。

2. イエス伝承、信仰告白と態度表明

原始キリスト教第一世代が生み出したパウロの手紙やイエスの語録資料を持って旅から旅へと遍歴した伝道者たちによる伝承によって、使徒団の権威と洗礼と聖餐の組織を持つ教会は形づくられて行った。この第一世代の宣教の根本動機は復活と呼ばれる「信仰体験」[22]であった。しかし、この第一世代も次々とこの世を去って行くという局面に見舞われた教会には、宣教を担っていた使徒たちの信仰体験に基づく権威の空隙を埋める何かが必要となった。また、原始キリスト教会第二世代の時期にあたる紀元後70年から120年、ユダヤ戦争で共通の神殿は失われ、パレスチナのユダヤ人キリスト教が弱体化する中で、残された人びとは原始キリスト教共同体を保たねばならなかった。

そこで人びとは教会の「使徒性」（apostolicitas）が本質的なものである

---

[20] McDonald, *op. cit.,* p. 50f.

[21] 使徒言行録17章22-22節。

[22] 「聖書では復活の『証人・あかし』という表現が多出するが、復活が『信仰体験』としてのみ認識可能な出来事であり、ゆえに体験者があかしするという形でのみ表明されうるものである」。岩島忠彦、前掲書、p. 82。

第 1 節　証言の起動　　　　　23

と考え、使徒的連続性を保つために[23]、イエスの話を物語るという間接的
なやり方を採って原始キリスト教における最高の権威（イエス）を動員し
た[24]。

　さて、ここで確認しておくべきことは、イエスの話を物語る人びと、す
なわち使徒性を付与された人びとには本質的にどのような特徴が与えられ
たのかという点である。ここからは、ポール・リクール（Paul Ricœur、
1913-2005）著の「証言の解釈学」[25] を参考に考察していく。

　イエスの話を物語るというやり方で使徒的連続性を保った背景の下で第
二世代が生み出したのが四福音書である。福音書における証言の第一の特
徴はイエスの出来事を目撃した証人が語るということである。第一世代が
残したであろう語録資料を参考にしつつ、福音書記者である証人が、自分
に到来したこと、ナザレのイエスが言ったこと、行ったことを物語る
（narration）。と同時に、第二の特徴として、目撃したことを物語るとい
うことだけに留まらず、これを語る証言者には信仰の告白（confession）、
信仰の発露（manifestation）という意味が付与されている。四福音書に
は、この第一の特徴《証言 - 物語》と第二の特徴《証言 - 信仰告白》を繋
ぎ合わせようとする様々な語法が見られるが、ルカとヨハネはその方法に
おいて両極に位置している[26]。

　各福音書はそれぞれの成立時代によってその性格が異なるが、ここで
は、ルカ福音書とヨハネ福音書の成立年代の違いからくる特徴を検討する
ことで、第二世代のケリュグマ的なキリスト教宣教がどのような証言の内
実に基礎を置いていたかを考察したい。

　ルカによる福音における証人はイエスの教えと数々の奇跡、受難と復活

---

[23] 使徒性が重んじられる点については、新約後期の牧会書簡が使徒の偽名であること
自体が使徒の権威を語っているように「真理」「真理の言葉」「真理の知識」という語で
ある aletheia、神からパウロへ、パウロからテモテへ「委託されたもの」を示す para-
theke の聖書における語の用法を分析することで明らかになる。岩島忠彦、前掲書、
pp. 137-144。

[24] G. タイセン、前掲書、p. 177。

[25] Paul Ricœur, "L'herméneutique du témoignage" (1972), *Lecture 3, Aux frontières de la
philosophie* (Cerf, 1972).

[26] *Ibid.*, pp. 119-127.

を見て、聞いて、語る者である[27]。証人となった使徒たちには聖霊という保証しかない[28]。福音書にみられるイエスの顕現（apparitions）は物語を語る者たちにとって、証言内部において、緊張と同時に、確証を得させ、それが契機となるという決定的な役割を担っている。証人に付与されたこの二つの特徴、すなわち、1）見て、聞いて、2）物語るという特徴は、目撃の即時的瞬間が、信の告白にもなるということを示している。

　原始キリスト教会において、生前のイエスの目撃証言と復活のイエスとの出会いの間に根本的な相違はない。生けるキリストに預言的なインスピレーションが与えられていたことと目撃者の記憶は連続する。ナザレのイエスの業と事実として起きた出来事の間にも、また、復活の主の出現と聖霊降臨における聖霊の現存との間にも本質的な相違はない。見て、聞いたことを物語る証言に、同じ信の連続性を見るのである。第一世代から第二世代への移行にある原始キリスト教会では事実や出来事を証しする者と意味や真実を証しする者との間に深い一致が守られていた。

　しかし、ヨハネの時代になると証言の意味が転化し始める。証人 μάρτυς は四福音書の 77 回中、ヨハネの福音に 47 回、証言 μαρτυρία は 37 回中 30 回と、これらの語は圧倒的にヨハネ福音書に出現しているが、ヨハネにおけるこの二つの語は第一義的にキリストに付された称号であった。ヨハネの福音はイエス・キリストを《証人、誠実な方 ὁ μάρτυς, ὁ πιστός》（黙 1.5）、《誠実で真実な証人 ὁ μάρτυς ὁ πιστὸς καὶ ἀληθινός》（黙 3.14）と呼ぶが、この《証人》とはルカ福音書のように証言という行為によってなるものではなく、初めから真実な証人として神的な存在規定がなされている存在である[29]。イエス・キリストのうちに神の現存が発露（manifestation）するという神学的内容を表すものとして、啓示が証人の第一義的意味となっているのである。イエス・キリストは神の現存を発露

---

[27] 「あなたがたはこれらのことの証人となる」（ルカ 24.48）。

[28] 「わたしたちはこの事実の証人であり、また神が御自分に従う人びとにお与えになった聖霊も、このことを証ししておられます」（使 5.32）。

[29] ヨハネの黙示録の冒頭では「イエス・キリストの黙示（啓示）᾿Αποκάλυψις ᾿Ιησοῦ Χριστοῦ」が「イエス・キリストの証言 τὴν μαρτυρίαν ᾿Ιησοῦ Χριστοῦ」と同義語となっている（黙 1.1-2）。

第1節　証言の起動　25

し、啓示する証人なのである。この前提がその後の証言の意味領域を転化
させていくのである。

　イエス・キリストに付与された証人としての二重の証言の内容——イエ
スは自分自身を証しし[30]、イエスにおいて、神が、神自身を証し（発露）
する[31]——によって、弟子が後に模範とする証言の意味内容は《目撃した
出来事を証言する》から、《神が行われるより優れた証言[32]をする》へと
転化した。この傾向は原始キリスト教会が世からの糾弾を受ける過程で、
教会の受苦とイエス・キリストの受難の同一視により、証言の「告白－態
度表明」として、さらに強力に推し進められていった。つまり、聖霊の働
き、パラクレートス（弁護者）の働きとして現れる証言は逆説的に、証言
の内部に、世からの糾弾への異議が存在していたことを明示しているので
ある[33]。

　上記のように、ルカとヨハネにおける証言の意味内容には違いがある
が、次のように、煎じ詰めれば共通した二つの要素がある。原始キリスト
教第二世代における証言には、二つの要素——告白としては語る証人の内
部には信念の刻印があり、外部的な業としては態度表明という語り——が
ある。

　こうして、新約聖書における証言は「（内的に）キリストの受難をモデ

---

[30]「たとえわたしが自分について証しをするとしても、その証しは真実である。自分が
どこから来たのか、そしてどこへ行くのか、わたしは知っているからだ」（ヨハ8.14）。
[31]「父がわたしに成し遂げるようにお与えになった業、つまり、わたしが行っている業
そのものが、父がわたしをお遣わしになったことを証ししている。また、わたしをお遣
わしになった父が、わたしについて証しをしてくださる」（ヨハ5.36-37）。
[32]「わたしたちが人の証しを受け入れるのであれば、神の証しは更にまさっています。
神が御子についてなさった証し、これが神の証しだからです。神の子を信じる人は、自
分の内にこの証しがある」（Ⅰヨハ5.9-10）。
[33]「だれが世に打ち勝つか。イエスが神の子であると信じる者ではありませんか。この
方は、水と血を通って来られた方、イエス・キリストです。水だけではなく、水と血と
によって来られたのです。そして、"霊"はこのことを証しする方です。"霊"は真理だか
らです。証しするのは三者で、"霊"と水と血です。この三者は一致しています」（Ⅰヨハ
5.5 8）。

ルとし、（行為として）苦難を忍ぶ業を行うこと」となった[34]。リクール
は以上の分析を通して、キリスト者の証言は「（信仰の）告白－（業の）
物語（態度表明）」の間で、心的な揺らぎを経験するにもかかわらず、裁
きという契機によって統一を保つ」と結論している。福音書において終末
論的な裁きという超越性のゆえに、使徒たちの信仰は《数々の業》と
《数々のしるし》を《見た》と宣言できるのである[35]。使徒たちの信仰は
福音書の中で生きた証言となって、実際に直面した危機である第一世代の
空隙を埋めることに成功した。この信仰は第二世代へと内部移行的に引き
継がれて行ったのである。

3. ディダケー

　19世紀にコンスタンチノープルで発見された『十二使徒の教訓
($\delta\iota\delta\alpha\chi\dot\eta\ \tau\tilde\omega\nu\ \delta\dot\omega\delta\epsilon\kappa\alpha\ \dot\alpha\pi o\sigma\tau\dot o\lambda\omega\nu$)』[36]によって、ディダケーの存在は確認さ
れた。ディダケーはケリュグマ的証言とは語りの内容も話し方も異なり、
教えを授ける、生活の実践を具体的に示唆するなど、教育的な機能を備え
た証言の語法である。新約聖書には《教える、教えを授ける》という意味
を持つ動詞 $\delta\iota\delta\dot\alpha\sigma\kappa\omega$ が名詞 $\delta\iota\delta\alpha\chi\dot\eta$ とともに《福音を告げる》ことと区別
され[37]、キリスト信者特有の生き方の規範[38]や基準[39]、あるいはキリスト

---

[34] 「兄弟たちは、小羊の血と自分たちの証しの言葉とで、彼に打ち勝った。彼らは、死
に至るまで命を惜しまなかった」（黙12.11）。

[35] Ricœur, *op. cit.*, p. 127.

[36] 佐竹明訳「十二使徒の教訓」荒井献編『使徒教父文書』（講談社、1974年）参照。
Aaron Milavec, *The Didache, Text, Translation, Analysis, and Commentary* (Liturgical
Press, 2003).

[37] 「毎日、神殿の境内や家々で絶えず教え（$\delta\iota\delta\dot\alpha\sigma\kappa o\nu\tau\epsilon\varsigma$）、メシア・イエスについて福
音を告げ知らせていた（$\epsilon\dot\upsilon\alpha\gamma\gamma\epsilon\lambda\iota\zeta\acute o\mu\epsilon\nu o\iota$）」（使5.42）。

[38] 「今は伝えられた教えの規範（$\tau\acute\upsilon\pi o\nu\ \delta\iota\delta\alpha\chi\tilde\eta\varsigma$）を受入れ、それに心から従うようにな
り」（ロマ6.17）。

[39] 「あなたがたの学んだ教え（$\tau\dot\eta\nu\ \delta\iota\delta\alpha\chi\dot\eta\nu$）に反して、不和やつまずきをもたらす人び
とを警戒しなさい。彼らから遠ざかりなさい」（ロマ16.17）。

教初期の教理[40] を示していた。また、《勧告する》《教える》《情報を伝える》の語として、ギリシャ・ヘレニズム文化の中で広く一般的な用語として教育を意味する *παραινέω*[41] や、情報を与えることを意味する *κατηχέω*[42] も頻繁に用いられ、こうした語の使用頻度により、第一世代の時代から使徒と呼ばれた者たちが精力的に教えの活動を行っていたことが推測できる。

　ディダケーの起源は生前のイエスの教えにあり、四福音書にはイエスが弟子たちや群衆に向かって《教えた》場面が数多く報告されている。イエスは格言や実践的知恵の遵守を通して人びとに呼びかけていた[43]。また、イエスの教えの斬新さは語る内容や材料にあっただけでなく、聴衆にいのちをもたらそうとする語り方にもあった。聴衆の生活の様々な側面に新しい光が注がれ、新しい可能性が開かれ、僅かでも、イエス自身の内に発していた預言的洞察が聴衆に分け与えられた。イエスの弟子や群衆という聴

---

[40]「わたしたちは、死んだ行いの悔い改め。神への信仰、種々の洗礼についての教え（*βαπτισμῶν διδαχῆς*）、手を置く儀式、死者の復活。永遠の審判などの基本的な教えを学び直すようなことはせず、キリストの教えの初歩を離れて、成熟を目指して進みましょう」（ヘブ 6.1-2）。

[41]「パウロは人びとに忠告した *παρήνει ὁ Παῦλος*」（使 27.9）。「しかし今、あなたがたに勧めます。元気を出しなさい *καὶ τὰ νῦν παραινῶ ὑμᾶς εὐθυμεῖν*」（使 27.22）。

[42]「わたしは他の人をも教えるために *ἄλλους κατηχήσω*」（Ⅰコリ 14.19）。

[43]「その日の苦労は、その日だけで十分である」（マタ 6.34b）。「医者を必要とするのは、丈夫な人ではなく病人である」（マコ 2.17）。マタイによる福音の「山上の説教」にも見られるように、マタイ全体の語調の中に包み込まれ、イエスの発話は失われた可能性もある。しかし、イエスの教育的言述の柔軟性のある威力は、特に短い句の中に、新しい時代への適応に耐え得るものとして残されている。McDonald, *op. cit.*, p.81f 参照。イエスの教えは比較や対句などの修辞的な技法によって強調されるが、典型的な構造を持っている。例えば、マタイによる福音書 6 章 7-11 節では、次のような構造が見られる。まず（1）教育的な教えが述べられるが、ここでは時にパラレルな詩句のバランスを目指して繰り返される（7 節）：「求めなさい、そうすれば、与えられる」。次に、（2）前句を調節するための同様な主題で理由、目的が述べられる（8 節）：「誰でも、求める者は受け……」。そして、（3）修辞的な問いが現れ（9-10 節）「パンを欲しがる自分の子どもに、石を与えるだろうか」、（4）結論での決め言葉で締めくくる（11 節）：「あなたがたの天の父は、求める者に良い物をくださるにちがいない」。

衆がどのようにイエスの教えに反応していたか、その描写から伺える。

　イエス自身、この預言的洞察によって、当時一般的に行われていた聖書的、解釈的伝統の奥にある原理的深層を探求していた。当時のユダヤ人の伝統では、聖書釈義から吸い上げた教えを分派ごとの研究として留保していたが、イエスはこの分派主義から脱却し、彼の解釈を通って見出した教えを人間の普遍的共同体に向けようとした可能性がある。なぜなら、イエスが周りの人びとを集めて形成した正義の共同体の基準や質は明らかに世のそれとは異なっていたからである[44]。イエスの解釈は彼自身の預言的実践や教えと一致し、ユダヤ教を背景に持つ同時代の人びとと共鳴していた[45]。その洞察は雷鳴の光のように、真実の状態へと人びとの洞察を導いた。決断を必要とするような真実を語る時のために備えるようねらいが定められていたので、聴衆が自分たちの経験を内省する助けとなっていたといえる[46]。イエスが何を教えたかを厳密に把握することは難しいが、彼の教えがどのように結実したかは、聴衆の姿をみれば明らかに示されているとわかる。

　原始キリスト教会のキリスト者はユダヤの伝統釈義による教えの形式に定義づけられた環境において、同時に、ギリシャ・ローマにおける様々な教育方法からの影響下で生前のイエスの教え方を受け継いでいく。このような中で、イエス・キリストへの信仰を基軸とした集団形成の過程において、原始キリスト教会のキリスト者は「キリストにおける神の救済の業」という中心的論題に基づく教えを語っていたのである[47]。

　ジェームズ・I. マクドナルドによれば、この初期キリスト教徒の教えの特徴は、(1)「指示的‐命令的」語法、(2) 終末論的究極性、(3) キリストにおける新しい生き方への関心事、(4) 旧約聖書の解釈方法の踏襲という四つの点である[48]。「キリストにおける神の救済の業」を主張する語り

---

[44] 「しかし、あなたがたの間では、そうではない」（マコ 10.43）。

[45] McDonald, *op. cit.*, pp. 83.

[46] *Ibid.*

[47] *Ibid.*, pp. 87.

[48] *Ibid.*, p. 88f. (1) 教えは人の生き方と回心の経験の分岐点としての洗礼と密接な関係にある。「洗礼を受けてキリストに結ばれたあなたがたは皆、キリストを着ているか

第1節　証言の起動　　29

としてのディダケーは、本来、生前のイエスが行った真実への洞察へと聴衆を招いていたが、次第に初代教会のキリスト者を取り巻く文化圏に存在していた様々な要素を取り込む中で、自由に変容していった[49]。なぜ、文化によって、ディダケーが変容したのか。それはその変容がキリストにおける新しい生き方への呼びかけとこの生き方を中心に形成される集団として、教会の伝統的権威の伝達と受容とを目的としていたからである。変容のきっかけは次の通りである。

　ギリシャ・ローマ世界に住む異邦人から、散らされたユダヤ教徒の地方の会堂まで、派遣される説教者には広い範囲の宣教の旅が要求されていた。そのために、説教の書簡は広範囲に渡る宣教を見越した一つの技術的な解決策にもなっていた。使徒言行録やパウロの書簡に見られる典型的な

───────────

らです」（ガラ 3.27）。決定的に悪を脱ぎ捨てるという、新しい生き方に入るための「指示的－命令的」結合が意味あるものとして示唆される。(2) 教えはキリストの愛、キリストの再臨、最後の審判における様々な教え、つまり、いわゆる終末論的究極性（eschatological telos）に方向付けられる。「なんとかして捕らえようと努めているのです」（フィリ 3.12）。「頭であるキリストに向かって成長していきます」（エフェ 4.15）。(3) 教えは「キリストにおける新しい生き方」に、根本的な関心事を置く。教師は、この生活を描写し、推奨するため、キリスト者の信仰生活に反する事柄（律法の下にある生活、あるいは異邦人の生き方）を例に持ち出し、キリストの道を最優先するよう人びとに命じる。そのために「二つの道」（『十二使徒の教訓』の冒頭にも記される「二つの道：いのちの道、死の道」。この主題は、倫理的教えとしてすでにヘレニズム文化圏では根深い二元主義として、また、ヘブライズムでは、人の心の善悪の傾き、義の道を選ぶよう命ずるラビの思想にすでにみられる）のモデルや、善悪の目録が利用されたが、本来は、キリスト者の関心事である神の恵み、聖霊の働き、無償の愛、イエスの受肉や贖いに注目させるためであった。(4) 初代教会における幾つかの教えには、律法、詩編、預言書、箴言など、旧約聖書から発展した言説があるが、キリスト中心的な意向から逸らされているわけではない。旧約聖書は唯一その時代の書き物として権威があり、教えがなされる時は通常、旧約聖書の解釈が並行して行われていた。

[49] すでにパウロの手紙の中には、パウロの手の中に完全に入ってしまった教えの数々が述べられている。「主は、福音を宣べ伝える人たちには福音によって生活の資を得るようにと指示されました」（Ⅰコリ 9.14）。「既婚者に命じます。妻は夫と別れてはいけない。こう命じるのは、わたしではなく主です」（Ⅰコリ 7.10）。McDonald, *op. cit.*, p. 90 参照。

初代教会における証言者は司牧的説教者として、生まれたばかりの教会を成長させるために働いた者の姿で現れる。福音書とはたとえその文書が生前のイエスの物語を時間の流れを追って描写していたとしても、その中に、イエスの死後、宣教に携わった司牧者たちが、どのようなあり方で宣教の権威を身に受け、その権威を自分のものとして内化し、また、どのように宣教に赴いていったかを読み取ることができる文書である。書かれた年代が幅のある新約聖書の中には、イエスの死後、イエスをキリストと証言する者たちの姿が《目撃証人》から《説教者としての証人》まで、重層的に描かれる。一見、目撃証人と説教者としての証人との区別は難しいが、いずれにせよ、各時代において、社会的背景の違う世界に向けて旅をし、手紙を書いた使徒と呼ばれる人たちの存在を垣間見ることができる。

　原始キリスト教会において、キリスト者の証言が、誰に、何を、何のために伝達したのか。この問いに答えるためには、神学的複雑さの問題だけではなく、初代教会に共存し始めたユダヤ人と異邦人の間の文化的複雑さ、人間関係の確執の問題を見なければならない。パウロの言葉に代表されるように、教会の内部には文化圏の異なる人びとの問題が起こっていた。また、教会の外部でも、教会に向けての迫害が起こっていた。その二つの問題が起こっている状況において、説教の役割として、「生きる力をわき起させ、奨励すること（empowerment and encouragement）」、この二つの側面が大変重要となっていたのである[50]。このような司牧的説教者が主張したのはそれぞれ異なる内なる緊張と外からの迫害のために、各地方教会は自分たちが各教会の資源を強化するための司牧的責任を持つと認め、教会内に集う者たちは皆、兄弟であり、愛し合わなければならない、これこそイエス・キリストの教えであるという内容であった[51]。こうして、ケリュグマとディダケーの証言の語法は説教という明確な提示の枠組みの中で、イエスが任命した伝達者としての権威を委譲された説教者にしか発することの出来ない勧告（exhortation）というジャンルの語り方へとその後変容することになる。

---

[50] David Dunn-Wilson, *A Mirror for the Church, Preaching in the First Five Centuries* (William B. Eerdmans Publishing Company, 2005), p. 17.

[51] *Ibid.*, p. 18.

第2節　ルネサンス・キリスト教ヒューマニズムにみる証言

1.　ジャン・ジェルソン（Jean Gerson, 1363-1429）

　中世のキリスト教史は教皇グレゴリウス1世（在位590-604年）の没年から1500年頃までの900年の長きに渡るが、それは四つの時期に区分される。第一期のグレゴリウス1世死後からカール大帝治世（742-814年）に至るまでの約200年間はイスラム教からの進撃や東ローマの圧力によってローマ教会は弱体化し、古代から積み上げられて来た文化、建築物の損失衰退に見舞われ、先の見通しのつかない非常に不安定な時代であった。しかし、第二期、800年頃からカール大帝による「大キリスト教国家」の設立と統治によってローマ教会は勢いを盛り返し始め、第三期（11-14世紀）の中世の頂点である新しい創造、新しい世界の誕生と呼ばれる時代を迎えることになる。学校、修道会などの組織は刷新され、教皇グレゴリウス七世の大改革による教会制度の整備がなされた。また、大学が発展したことにより、神学的言説も新たな展開を見せていた。信徒の間でも、信徒の信仰実践運動（confraternitas）によって信心の躍動が沸き起こるなど、キリスト教文化は多彩な拡大を遂げ、都市を中心に農村の隅々まで増殖し続けた。しかし、第四期に入っていく1300-1350年の間に、それまでの中世の黄金時代に翳りが見え始め、教会は、アヴィニョン遷居とそれに引き続く教会大分裂（Schism）によって致命的な打撃を受け解体し始める。

　この第四期の中では、1337年から1453年には百年戦争があり、その間に、教会大分裂（1378-1417年）が到来し、ペストの大流行によって、ヨーロッパは高い死亡率、長引く不安の中で混迷した。とはいえ、まるで低迷にしか見えない中世の終焉期にあたるこの第四期こそ、「近代ヨーロッパの多くの国々が民族国家に成長していった時代」[52] であったと言われる。高位聖職者と修道会士の質と量が共に減退したことで、ある意味、悪影響を被った教会では、すでに改革の声が各地で上がり始めていた。こ

---

[52] M. D. ノウルズ他『キリスト教史3——中世キリスト教の成立』上智大学中世思想研究所編訳／監修（平凡社、1996年）、p. 19。

の時期は戦争や分裂という代償を払いながらも、逆に、西方キリスト教圏において、地域や国、中央集権への関心が生まれ、ラテン語圏としての統一的な文化単位が壊れ、全面的かつ恒久的なヨーロッパの細分化が始まるという決定的な時代の始まりなのである。「15世紀初頭のヨーロッパ中部・西部では、それまでの400年間にはかつていかなる時代にも見られなかったほどの多様な様相を示した」[53]。この時代は後のマルティン・ルター（Martin Luther, 1483-1546）による宗教改革、それに対する対抗宗教改革（cf. トリエント公会議 1545-1563年）に先立つ意味で、前宗教改革の時代と呼ばれることもある。

　前宗教改革の時代は霊性の次元において多様な側面が見られる。この時代、一方では、ウィリアム・オッカム（William Ockham, 1285-1347）の思想（唯名論）に代表される高度に発達した思弁神学の《新しき道（via moderna）》があり、他方では、前者のあまりに極端な論証的神学の動きへの反動として、ライン河周辺のマイスター・エックハルト（Meister Eckhart, 1260-1327）の存在もあり、ヤン・ヴァン・ルースブルーク（Jan Van Ruysbroeck, 1293-1381）による神秘神学を基礎とした在俗信徒によるベギン運動（Beguines/Bégardisme）[54]や、ジェラルド・グロート（Gérard Groote, 1340-1384）[55]と、彼の死後間もなく創立された共同生活兄弟会（Frères de la vie commune）[56]が《新しき敬虔（devotio moderna）》

---

[53] 同上、p. 155。

[54] ベギン運動の中心的人物であった Marguerite Porete（1250-1310年）の記した書、『単純で無となった魂の鏡』（*Le miroir des âmes simples et anéanties et qui seulement demeurent en vouloir et désir d'amour*）は、異端の烙印を押され焚書（1306年）となり、後に Porete 自身も火刑に処される（1310年）。Bernard McGinn, edit., *Meister Eckhart and the Beguine Mystics: Hadewijch of Brabant, Mechthild of Magdeburg and Marguerite Porete*（Continuum, 1994）, Sean L. Field, Robert E. Lerner et Sylvain Piron, *Marguerite Porete et le Miroire des simples âmes*（Vrin, 2013, Etudes de philosophie médiévale, 102）, 國府田武『ベギン運動とブラバンドの霊性』（創文社、2001年）参照。

[55] Georgette Epiney-Burgard, *Gérard Groote, fondateur de la Dévotion Moderne: lettres et traités*（Brepols, 1998）参照。

[56] John van Engenm, *Sisters and Brothers of the common life: the Devotio Moderna and the world of the later Middle Ages*（University of Pennsylvania Press, 2008）参照。

として信仰のムーブメントを新たに展開していた。また、《信心業》という側面から見れば、各種の行列や、悔悛者、鞭打ち行者、市庁や同業組合（ギルド）らによるさまざまな祭典等[57]、信仰と世俗性の入り混じった民衆独自の宗教的表現も生まれていた。

　中世終焉において、信仰表現の多様化した時代のもう一つの流れとして《中間の道（via media）》、すなわち、ルネサンス・キリスト教ヒューマニズムの流れがある。《中間の道》はすでに北イタリアを中心とした世俗的、人間中心主義的文芸復興運動に影響を受けつつ、伝統的キリスト教の教えに根ざした教会刷新を探究する中で始まったものである。1395 年にパリ大学の総長となったジャン・ジェルソンは、この《中間の道》の流れを汲み、ルネサンス・ヒューマニズムを代表する中世最後の教会改革者と呼ばれた人物である[58]。

　ジェルソンの神学的営為において特に注目したい事柄は、彼の著作における《神秘（mystique）》という概念である。《神秘》は中世終焉に至るまで、キリスト教思想において鍵となった概念であり、常に信仰言語の中心的主題として多くの神学者が取組んできた問いであった。キリスト教信仰の伝統において、偽ディオニシウス・アレオパギタ（Pseudo-Dionysius Areopagita, 5-6 世紀）の《De mystica theologia》は中世全体を通して、特に 8 世紀頃から、サン＝ヴィクトル学派（Saint-Victor）、聖ベルナルドゥス（Saint Bernard, 1090-1153）、聖ボナヴェントゥラ（Saint Bonaventure, 1221-1274）という一連の《情動的神学（la théologie affective）》に連なる人びとに繰り返し読まれ、彼らの神学的考察の基礎となっていた。

　ここで重要な点は、キリスト教の文脈における神秘の主題が教父時代から始まり、その後、中世全体を貫いて、15 世紀まで、常に《観想（contemplatio）》と呼ばれていたプラクティカルな祈りの信仰実践と切り離さ

---

[57] M. D. ノウルズ他『キリスト教史 4 ——中世キリスト教の発展』上智大学中世思想研究所編訳／監修（平凡社、1996 年）、p. 558。

[58] Brian Patrick McGuire, *Jean Gerson and the Last Medieval Reformation* (Pennsylvania State University Press, 2005).

れず語られてきた事実である[59]。つまり、神秘という主題には常に観想といういうキリスト教信仰の実践面での伝統が合一していたのである。ジェルソンは15世紀初頭、《De mystica theologia》として、神学的文脈において、観想を初めて理論的に主題化し、その重要性を訴え、キリスト教信仰における神学的言語の軌道修正を試みた神学者であった。ジェルソンは、中世の神秘家と呼ばれる多くの人びとが観想という実践を通して、彼らの経験した内的信仰をどのように言葉に変えて行ったかを提示し、《De mystica theologia pratica》によって、観想の包括的な体系化を試みたのである[60]。逆を言えば、当時の神学的議論において、神秘の主題がいかに信仰実践からかけ離れていたかを想像することもできよう。

　1395年、パリ大学の総長に選ばれた後の14世紀を閉じる時代、フランスは、教会大分裂、軍隊や政治の不安定さによる社会的困難にあり、ジェルソン自身、パリ大学が教会分裂の問題に関わる中で、これまでコミットしてきた神学に対する自信を失い、一度、大学を辞職し、ブルージュに逃れていた時代があった(1399-1400年)。すなわち、1398年、パリ・シノドスにおいて、「フランスは、ベネディクト13世(アヴィニョン教皇)が退位を受け入れるまで、アヴィニョン教皇の至上権下には入らない」と決議された結果、当時、ガリカニズムの有効性に賛同し、教皇の自発的退位の要請に反対していたジェルソンは、パリ大学を離れなければならなくなったのである[61]。彼自身の信仰の闇を過ぎ越しながら、その間、親兄弟に対する信仰の励ましの手紙を書き、思索に集中した。一度、教会大分裂の問題から身を引いたジェルソンであるが、後に、教会大分裂の終結に至る1414年のコンスタンツ公会議において、彼自身が公会議至上主義の意味

---

[59] Yelena Masur-Matusevich, *Le siècle d'or de la mystique française: De Jean Gerson à Jacques Lefèvre d'Etaples* (Edidit Archè, 2004), p. 75.

[60] Gerson, *Œuvres complètes, vol. III*, pp. 250-292. Jean Gerson, *Sur la théologie mystique*, Textes introduits, traduits et annotés par Marc Vial (Librairie Philosophique, VRIN, 2008).

[61] Marc Vial, *Jean Gerson: théoricien de la théologie mystique* (Etudes de Philosophie Médiévale, VRIN, 2006), p. 40.

第2節　ルネサンス・キリスト教ヒューマニズムにみる証言　　35

を説き、事態の収束に貢献したことは枚挙にいとまがない[62]。

　さて、ブルージュから呼び戻された 1400 年より、ジェルソンはパリ大学の神学部他、全学部に対する改革プログラムを草案し始めている。この草案の中核に存在した狙いが「難解な研究言語を話す学生ばかりの大学では十分ではない」[63] という強い意向であった。この言葉からも当時のパリ大学における神学部の様子が伺える。信仰実践と切り離された言語のみが横行する神学的言説に包囲された状況への打開策をブルージュに逃避している間、ジェルソンは考え続けていたのであろう。1402 年、神学を学ぶパリ大学の学生たちへの二つの授業[64] の一つとして《神秘神学》の前編である《思索編（de mystica theologia tractatus primus speculativus）》を講じている。当時、大学での神学的潮流であった論証のみによる神の存在証明が、いかにキリスト教信仰にほど遠いかを、ジェルソンはあからさまに批判したが[65]、単なる批判に終わらせず、神秘神学における経験の学としての「神秘経験の思弁的神学の理論」を提示しようとした。1407 年、前編として《思索編》を、後編として《実践編（ De mystica theologia pratica ）》を完成させたが、1402 年の《De mystica theologia》による講演は実践的な改革プログラムの前提となる理論の提示であった。

---

[62] James L. Connolly, *John Gerson: Reformer and Mystic*（B. HERDER BOOK CO, 1927）, Louis B. Pascoe, s.j., *Jean Gerson: Principles of Church Reform*（E. J. BRILL, 1973）.

[63] Brian Patrick McGuire, *Jean Gerson, Early Works*（Paulist Press, 1998）, p. 11.

[64] もう一つの授業は《*Contre la curiosité des étudiants*（学生たちの興味への反駁）》; Brian Patrick McGuire, *op. cit.*, p. 134.「悔い改めて福音を信じなさい」（マコ 1.15）の福音をキーワードに、学生達に与えられた神学的営為の時間を単なる知的な論証のみに浪費することのないように、神秘神学の主題と共に述べられた。

[65] Jean Gerson, *Sur la théologie mystique*, Textes introduits, traduits et annotés par Marc Vial（VRIN, 2008）, 以下 *Theol, myst. sepc.* I, 7, p. 63.「信仰心が少ないか、あるいは全く信仰心のない人が、他の信仰心の篤い人の書いたものを研究できたり、その書と対峙し、そこから何か結論を引き出したり、論駁したり、論を支えたりできるということを信じられるだろうか。神学校では全く信仰経験のない論文とともに日常経験でそういったことをしているのである」。

2. 《cogitatio‐meditatio‐contemplatio》の連続性を解く

《De mystica theologia》のプロローグ[66]で、神秘神学の系譜の端緒としてのディオニシウス学派の主張を理論的に解明することが本書の目的であると謳うジェルソンは、特に、この解明はこれまでの神学者らが取組んできた《観想》のアスペクトの分析によって行われ、自分の考察は、伝統的神学の線上に位置するものだと主張している。彼は「神秘神学はその営為から来る知識そのものに達するために、篤い信仰心の中心にある内的経験に基礎を置いている」[67]と述べ、探求すべき神学が経験的な特徴を持っていることを明示し、神秘神学に関する言説が基礎を置く主要な事柄について本質的に明確にすることにこの書の目的を置いている[68]。

ジェルソンは、将来、教会や社会を指導する立場となる学生たちに向けて、神秘の仕組みを分からせようとこのように訴えていたが、それはとりもなおさず、この学生たち一人一人が観想による信仰生活を志向する可能性を持つかけがえのない存在であると確信していたからである。神の恩寵を他者に伝達する宣教の準備過程において、まず、その人自身の生の根底にある情動、つまり、魂の渇きを見逃すわけにはいかない。その人を突き

---

[66] *Theol, myst. sepc. Prologue,* p. 41.

[67] *Ibid.,* I, 2, p. 53.

[68] *Ibid.,* Introduction par Marc Vial, pp. 7-31. 四部構成のうち、第一部においてイントロダクションでも述べられた神秘神学の経験的特徴についての命題が、サン=ヴィクトルのリカルドゥスを参考に魂の機能における情動的領野の検証（三つの感覚と三つの魂の情動的機能の二つの側面）によって説かれ、第二部では、この二側面を援用して、三つの主題「考え事《cogitation》」「内省《méditation》」「観想《contemplation》」のそれぞれに対して三つの情動的機能を当てはめることで、神秘神学を知的観想の情動的側面として理解させようとする。それは、魂の最上級であり神との合一でもある情動的潜在力の現実化への試みであり、神の神秘的理解の特殊性が情動的特徴のうちにあることを示そうとしているのである。第三部では、思弁神学と神秘神学の違いが分かりやすくて維持され、最後、第四部において、以上の事柄が神の愛との関係性において論じられる。「神的直観や愛がなければ、理性的魂は、それが方向付けられる究極性に到達することはできない」（p. 179, la trente-cinquième considération）。

第2節 ルネサンス・キリスト教ヒューマニズムにみる証言 37

動かす霊的な渇きこそ神の恩寵とつながる可能性そのものだから、それ
を、注意深く導く術を得なければならない、ジェルソンはそう考えてい
た[69]。「人間の内的経験こそが神との一致を可能にする場」であるなら
ば、キリスト教の伝統として用いられて来た観想という実践的行為は、信
仰を保持し、刷新し続ける上での重要な機能である。そして、その働きを
説明し、理解するための神秘経験の思弁神学は、ジェルソンにとって大学
で教授すべき真の神学の内容だったのである。

　大学における学生たちの信仰生活の刷新の延長には、教会における信仰
生活の刷新が見据えられていた。最終的にはそこを目指すことに余念がな
かったジェルソンは、パリ大学の総長という自分の役割を活用し、学生た
ちの向こうに無数に散在する一般の民衆、子ども、女性、病人の姿を視野
に入れながら、学生たちに神学を教授した[70]。教育のため、特に貧しい人
びとの教育のために、ラテン語と共に一般的に地方で使われている言語を
用いて、短い言葉で分かりやすく福音を宣べ伝えるようにしなければなら
ないと考え、『一般民衆を教育するための司祭の指導書』[71] を著し、全て
の制度上の責任者に対し、観想による信仰生活へと移行せよと呼びかけた
のである[72]。

---

[69] Brian Patrick McGuire, *Jean Gerson, Early Works, op. cit.*, p. 179.

[70] ジェルソンが信者として四つの区分に分けていたのは、小教区の司祭たち、信徒や
修道者、若い人びと（子ども）、そして病人であった。Brian Patrick McGuire, *op. cit.*,
p. 180 参照。

[71] この書は三部構成で出来ており、第一部は、十戒の指導である *Le miroir de l'âme*
「魂の鏡」：十戒を用いながら、人類の救いの計画について神の秩序を人間のうちに構築
する——その概論はおもに信仰の要約である。第二部は、*Examen de conscience* 「意識
の糾明」：告解の仕方を説明する——大罪とそれに付随する小罪の糾明の仕方が述べら
れる。第三部は、*La science de bien mourir: La médecine de l'âme* 「良く死ぬための学
——魂の医者」：よく死ぬための知恵とは何か。病気の時に勧めたい事柄と問いかけ、
祈り、死のための準備が説かれている。Elisabeth Germain, *Langage de la Foi à travers
l'Histoire. Mentalité et Catéchèse: approche d'une étude des mentalités* （Fayard-Mame,
1972）, p. 27 参照。

[72] 大学人であるジェルソンがこのように一般民衆への宣教に力を入れていたのに対し、
周辺の人びとは「無知な人や無能な人に宣教する博士」と非難している。ジェルソン

38 　第1章 経験を物語る場としての証言

　さて、ジェルソンによる神秘神学理論であるが、すべての出発点とし
て、ディオニシウスの神秘神学の情動的性質を前提としている[73]。その理
論は魂の特別な機能に関する論とは距離を置きつつ、その心理的な面の理
論に沿って一気に進め、心理的なものが持つ力の現働化の可能性という条
件を明確にしながら認識の理論のうちに広げられていく。情動的な力の現
働化は、ディオニシウス学派の示す神との合一と同等の本質を成すもので
あり、情動的に思考を止揚するものとして理論化される[74]。心理的な面に
関して、サン＝ヴィクトル学派における《感覚、理性、知性》という魂の
三つの機能に従い、感覚の作用としての《cogitatio》、理性の作用として
《meditatio》、知性の作用として《contemplatio》と三つに区分し、それぞ
れの特徴とその連続性について説明される。

　《cogitatio》《meditatio》《contemplatio》の三つの作用全体は、その
《難しさ》と、その《実り多さ》という考慮すべき二つの秩序によって分
析される。つまり、《cogitatio》は容易である、しかし、そこからの実り
は期待できない。《meditatio》は難しい、しかし、実り多い。そして、最
終的に、《contemplatio》については容易である、しかも、実り多いとい
う。

　　「《cogitatio》は簡単である。それは、実際の感覚や、無秩序に浮か
　　ぶ感覚的な想像によって、無媒介に即座に形成され、その先には行か
　　ない。私たちは私たちの感覚を、ある時はこちら、またある時はあち

は、『イエス・キリストに子どもたちを導く義務』（*Du devoir de conduire les enfants à
Jésus-Christ.*）の中で、次のように反論している。「皆、私にもっと大きなこと、重大な
仕事をするようにと言う。彼らがなぜそう言うのか私には分からない。実際に、私のこ
の小さな仕事は神の恩寵の救いによって、地獄の口の中や地獄の門から魂を無理やり奪
い取ることよりも大きいことであるのに。大切なことは、イエス・キリストが与える成
長という望みによって、子どもの魂を教会の美しい庭の中に植えることなのです。もし
も教会を改革したいなら、子どもから始めなければなりません」。Élisabeth Germain,
op. cit., p. 26 参照。

[73] ここからの分析は Mark Vial, *Jean Gerson: théoricien de la théologie mystique* を参考
にした。

[74] *Ibid.*, p. 61.

らというふうに、いつでも、どこにでも、し向けることができる。対象物がそこにあればいい。感覚的なイメージの到来、イメージを持つ何らかの現実にはそれ自体何の困難も生じない。私たちが欲するまでもなく、そのような感覚を刺激するものは向こうから来て、私たちの目の前に現存する。《cogitatio》が容易であるというのは、そうした感覚的イメージによって形成され、その結果、即座に生じるということだからである」[75]。

　このように、《cogitatio》は、容易なものとして下位であると説明される。容易という意味は努力を必要としない行為ということである。厳密に言えば、感覚は努力を要しない、意志の努力を要求しない。とはいえ、感覚が魂の行為を必要とするかどうかに関してジェルソンは何も言わない。ただ、理性に向かうための第一の出発点としての感覚と述べられる。
　続いて、《cogitatio》と《meditatio》の対照性を示すために《cogitatio》の作用が向けられる対象が複数でそれへの注意も散漫するのに対し、《meditatio》は一つだけの対象物へと注意が集中している状態に注目する。

　　「《meditatio》は困難を伴う。秩序のない実際の感覚、感覚的イメージを超えて、それは、さらに先に行こうとし、また、一つの地点に不動でそれを保つ。そうしようと思う全ての人は、概して、難しさを経験するものである。《meditatio》は、他のものに気を散らす事なく、自分が考察したいと思う一つのものに向かって注意深く自分の感覚（sa cogitation）を掌握する行為の中に存する。何か一つの事が成就する時、《cogitatio》は《meditatio》に成る。《cogitatio》が存在しなくなるのではない、《cogitatio》が、ただ《cogitatio》だということを止めるのである」[76]。

《meditatio》が本質的に困難であるということは明快である。色々なも

---

[75] *Theol, myst. sepc.* IV, 22, p. 119.

[76] *Theol, myst. sepc.* IV, 23, p. 121.

のに気を散らしがちな感覚が一つのことへと集中するには困難が生じる。さらに、感覚の対象が複数であるということと一つであるという比較も重要である。《meditatio》は、物事から本質を決定づける時に作用する。「一つのものに向かって」というのは、変わらない要素がそこに存在するということである。そのような存在に向かっていくために、物事を特徴づける全ての要素を脇に置くための精神的な解離を実行する必要がある。つまり、時間と場所を切るということである。さらに、精神的な作用としての《削剥（dénuder）》の必要を説き、《meditatio》における抽象化の働きもみている。《cogitatio》から《meditatio》へ、そして、《contemplatio》に至る連続性の中で、最終段階におけるその容易さと実り多さについて次のように説明される。

> 「《meditatio》の際に獲得された状態、様々な感覚的なものから知性が取り出され、引き離された状態にあって、《contemplatio》の容易さは神的素晴らしさの内から、つまり、《contemplatio》が引き上げられる神の恵みの照らしから来る。実際、《meditatio》が正しく行われたならば、《cogitatio》が《meditatio》に成るように、《meditatio》は《contemplatio》と成る。一度、真理に専心する探究が導かれたならば、また、何らかの本質があらわにされたならば、その激しい探究のおかげで、それら本質を取り巻く出来事が起きる。感覚的な《cogitatio》の闇が深ければ深いほど、《meditatio》は《cogitatio》の闇に巻き込まれていく。しかし、《meditatio》の作用が頻繁に行われれば行われるほど、《contemplatio》の状態は獲得され、知性の光は清められ、より明らかになっていく」[77]。

《contemplatio》の状態を獲得するためには、頻繁な《meditatio》の習慣（habitus）が必要であるが、同時に、神的素晴らしさとしての神の恵みによる照らしがなければその状態は獲得されることはない。ここでジェルソンは、知性が抽出されること、また、感覚的なものから引き離されるという状態が必要なことを強調しているが、それはまさしく《contempla-

---

[77] *Theol, myst. sepc.* IV, 24, p. 129.

tio》の状態に至るために、《meditatio》による理性の作用を習慣化する必要性を訴えているからである。《meditatio》は、魂、光、あるいは知性への眼差しを浄化させる。そして、感覚的な状態《cogitatio》を超えさせようとする習慣は、魂の眼差しを霊的に鍛え、様々な対象物を照らすといった潜在力に自信をつけさせることができる。

　ジェルソンの三つの作用における《contemplatio》において、最終的に人間の側から対象とするのは、神（の属性）ではない。そして、あくまでも《meditatio》の延長線上にあるものとしても、それは、叡智的な、あるいは、抽象的なものだけでもない。ジェルソンは理性や感覚に働きかける現実も同等に視線を向けるよう促す。《contemplatio》は、人間が、自らの人生において、現実なるものであるという認識のより高度な次元において存する。ジェルソンの主題は、第一に、明快さという点であり、第二に、《contemplatio》が様々な事象の複雑さから統合された認識において存するという点なのである。「もし、誰か、様々な原理に関して明快で、完璧な認識を持っている人がいるならば、その人は、そのものの中に、そして、そのものによって、何らかの結論を見ることができるだろう。そのような結論は、諸原理の光を知らない人によって見いだされた結論よりもさらに明快な方法によって導き出されるだろう」[78]。

　では、《contemplatio》の次元において、人間と神との関係性はどのようなものなのであろうか。ジェルソンは神認識に至る道としての情動（affection）について次のように解説する。

　　「《cogitatio》《meditatio》《contemplatio》の三つの様態はわたしたちが呼ぶところの三つの情動 (1) 欲望、願望、あるいは現世欲、(2) 信心、改悛、後悔、あるいは祈り、(3) 愛、どんな愛でもいいわけではなく、恍惚的な神秘的な愛、つまり、神的な何ものかのうちに導きながら、喜べる愛、に相応する。もし、何かが存在するなら、わたしはその存在のことをないがしろにはしない。事実上、認識においても、わたし自身が発見した何かしら起こりうる情動に関して名づけられる違いを他人から教えてもらうなどということは決してない。しか

---

[78] *Ibid.*

し、同様に、《cogitatio》が魂の不注意さから来る眼差しや、うわ言に傾きがちな眼差しであるならば、何の実りももたらさぬ先見性なく揺れ動く情動が立ち現れて来るのである。わたしたちが呼ぶところの、欲望、願望、あるいは現世欲がそれである。しかし、魂の先見性があり、真理の探究や何か天上のものを発見することに専心する《meditatio》は、最初の情動とは異なるものである。もし、魂の具合が悪くなければ、探究や発見に傾くであろう。この情動には先見性があり、揺れ動いたりはしない。難しさはあるが、実りをもたらす。それを信心、改悛、後悔、あるいは祈りと呼ぶ。つまり、この情動は、純粋で謙遜であり、最も大切な真理、善の愛に向かって激しい方法で勇気を出して向かっていく。《meditatio》は非常に難しいものとして内省されるが、最後に、そこからは自由で、超越した考察としての《contemplatio》は、それ自体、魂に存在する情動を持つ。自由で超越した、純粋で、抽象的な愛である。したがって、わたしたちが呼ぶことのできる恍惚で、歓喜をともなう愛は、この上なく、筆舌に尽くせない容易さと、得も言えぬ喜びから成っており、信心の向こう側で、すべての感覚をしのぐのである。これが、神秘における隠れた神の知恵である。これが、わたしたちの探究する神秘神学である。それは、精神の向こう側で、神秘的な解釈へと至らせる。わたしがこれまでに読んだところによれば、《contemplatio》や、信心、愛徳、慈善的な愛と言われていた。したがって、間違えてはならない。愛のない《contemplatio》は、《contemplatio》の名に値しない。わたしたちは、この二つの《contemplatio》を区別しよう。真理の探究がより厳密であるように。また、《contemplatio》が知性の認識的な力において、そして、それに相応するのは、情動的な力においてであることを知ろう。そこに神秘神学は存在する」[79]。

　ジェルソンはこの説明の中で、情動的な活動は認識作用に相応するかのごとく表現している。この情動的な活動は先行する認識のすぐ後に表出しているようであり、また、同時に起こっているようでもある。魂の情動的

---

[79] *Theol. myst. sepc.* V, 27, p. 141.

な動きそのものによって生成され、観想された何ものかへと生成してい
く、内省者の目には、初め、認識されていた対象であったものが、愛の対
象と変わっていく。このように、ジェルソンの神秘神学の本体は、生々流
転のような連続性によって構成されている。したがって、魂の情動力とい
う仲介者によって、愛の神的認識へと導かれていくプロセスが三つの作用
の連続性ということになる。

　　　「神秘神学の思弁的認識を獲得するためには、理性の魂の性質とそ
　　の力を知る必要があり、認識同様、情動も知ることがふさわしい」[80]。

　ここでは認識と情動を同等レベルで考えつつ、同時に、情動の力の方が
常に認識の力よりも上位に置かれている。それゆえ、感覚的な味わいが想
像力よりも上位に、理性よりも意志の方が上位に、純粋理性よりも神との
合一の方が上位にくるという秩序に置かれることになる[81]。神の霊にもっ
とも近く動かされる情動の力を強調しているのである。ジェルソンは、感
覚的な《cogitatio》の状態にあった認識が《meditatio》を通過して、いつ
しか愛の情動に変容してしまうという現実に、見えない神の介入を確認す
るのである。「愛のうちに変容しない認識は完全な認識ではない」[82]。つま
り、ジェルソンの神学において、人間の認識や情動は、根本原理としての
隠れた神からくる愛を映す鏡である。人間は見えない神の働きを享受する
ことができるというすべての前提の下に出発したジェルソンの神秘神学
は、子どもや知識人といった社会的な階層に特化されることなく、同時
に、認識と情動の両側面を必要とする意味では教育的側面を兼ね備えてお
り、まさにルネサンス・キリスト教ヒューマニズムにおける中間の道
（via media）を代表する神学の一つである。

---

[80] *Theol, myst. sepc.* II, 9, p. 71.

[81] André Combes, *La théologie Mystique de Gerson: Profil de son évolution*（Desclée,
1963）, p. 105.

[82] *Ibid.*, p. 107.

3. ルネサンス・キリスト教ヒューマニズムと霊性

ジャン・ジェルソンの生きた14世紀後半から15世紀にかけて、ヨーロッパ各地域ではそれぞれのキリスト教信仰復興運動を展開していたが、その背景には、信徒の間に拡がった新しい知的関心の興隆、つまり、人文主義、ヒューマニズム運動があった。洗練された文学的なスタイルへの称賛、個人への関心、古典の文学や学問への献身など、ヒューマニズムに属する潮流はどれも、当時の無味乾燥な神学とは対極のものであり[83]、キリスト教ヒューマニズムはこの知的階層の発動力によって、無味乾燥な論証的神学への反動として動き始めていた。初期のキリスト教の文献が相次いで発見され、新約聖書のギリシャ語の知識の深化によって、それまで以上にキリスト教ヒューマニズムのカテゴリーに属する人びとは彼らの深い動機のうちに、そもそもキリスト者とは何だったのか、イエス・キリストの弟子たちに脈々と流れていた源泉は何だったのかと問いかけ、初代教会にあった純粋さを再発見したい、再現したいと強く望んだのであった[84]。

キリスト教ヒューマニズムがキリスト教の源泉に立ち返ることを目指すものであるという時、ジェルソンが指摘した観想による信仰生活の実践神学的内容から見て、鍵となる事柄は幾つかあるが[85]、中でもこの時代、またその後の時代に継続するキリスト者の証言問題から重要な点の一つは人間の魂に関する問題である。

事実、14世紀後半にみられる長引く戦争、ペスト、教会の堕落、大分裂、そして、その中にある憎しみや残忍さなど、様々な人間の闇に包まれた状態の中で、そのような惨禍を生き延びようとする人びとの底力には恐

---

[83] M. D. ノウルズ他『キリスト教史4──中世キリスト教の発展』、p. 558。

[84] 川村信三「十六世紀における教父思想復興の一事例──キュリロス再版を手がけたカニジウスのケースを考える」『カトリック研究』73号（上智大学、2004年）、pp. 89-145の前半に詳しい。

[85] Yelena Masur-Matusevich, *op.cit.,* pp. 248-305に8項目のテーマで神学的内容の特徴が示されている。1）神との関係、2）宇宙的側面、3）神秘的行程、4）観想の山、5）ジェルソンとルター、6）ジェルソンと教会、7）キリスト中心的側面、8）霊的な貧者と探求の神学。

第2節　ルネサンス・キリスト教ヒューマニズムにみる証言　　45

るべきものがあったと思われる。このような地獄のような苦悩の中にあっても、なぜ、魂は、無限の善と神の愛を待ち望むのか、魂が待つ神への揺るがない信頼はどこから来るのかと問う底力があった。

　ジェルソンの神学的営為によれば、その根本理由は創造主である唯一の神への信仰に依って立つ魂の本性に求められていた。神は自らに似せて人を造った。だから、失楽園後の魂はずっと《自分の本当の父》[86]の記憶を保ち続けている。魂の内に本来的に蓄えられた記憶は神的記憶として、神自身を宿している。ジェルソンの神学は、徹底して聖書思想に貫かれた受肉的神学の方向性を保持しており、それは魂における神的潜在性を意味した。大宇宙（macrocosm）の発見と、その内部における人間という小宇宙（microcosm）を発見した当時のヒューマニズムの思想に対応するがごとく、教会内部においても、創造主（creator）の内部に被造物（creature）が存在する合一性（la syndérèse）に根本理由を求めていたのである。

　人の魂の内奥に、神的記憶が刻まれているがゆえに、人は神の善を求める。それは、人間の外側から冷淡に何かを規定されるような人間には不可知の神の意志に対して人が服従するということではなく、ジェルソンは、人の内側から、すなわち魂から、信仰の力が湧いてきて神の親しみのある業に応答するかたちで人は神の徳を求めるのであると述べている[87]。ジェルソンに基づくならば、それほどまでに人の魂の重要性が認められなければならないのである。キリスト者が神との合一、神との交流を図るためには、人間自身の内奥にある魂が放つ内的光に気づかなければならない。その発見によって初めて、どれほどの無知や悪癖があったとしても、人間の尊厳を失うことなく、神とつながっていくことが可能となるのである。司牧者の精神的、倫理的責務は、キリスト者一人一人のうちに彼ら自身の魂の内的光を発見させることである。

　キリスト教の源泉に立ち返るにあたってのジェルソンのもう一つの特徴は、数ある神の名の中から、特に、《善》という概念を選んだという点であった。人間の魂は《神の無限の善》からくる恩恵に与っているおかげ

---

[86] *Ibid.*, p. 252.

[87] *Ibid.*

で、人間性の脆弱さにより、何度、神を裏切っても、なお存在することができる[88]。ジェルソンは、《善（bonum）》という概念によって人間と神との交流的関係性をより明確に示唆しようとした。これは、キリスト教神学のみならず、同時代の一般的な次元においても何らかの概念的一致を見出だすことを可能とした。《神の無限の善》を強調することは、逆説的に、人間性が《非一善》であるという現状を露呈する。小宇宙としての人間性への回帰を謳うヒューマニズムの潮流はこの点においても、ジェルソンの神秘神学と一致していた。

　一般の信徒養成を見越して、信仰の本質を探究する方策のために取る手段として、信者個人の内部で行われる《観想の道（via contemplativa）》に訴えかけた《ジェルソンの神学的転回》は、1429 年のジェルソンの死後、ルネサンスの風潮が拡大するヨーロッパ全土で、特に 15 世紀において、修道院を媒介として広まっていった。彼の手書きの原稿は写本され、翻訳された。1483 年にはケルンで全集が刊行され、1512 年以前にはすでにほとんどの修道院の図書館に、彼の全集が所蔵されていたと言われる[89]。15 世紀全体を通して、様々な修道院内部では、修道士ヒューマニストたちが厳格な修道生活をリードする熱情に燃え、それと同時に、文学的、霊性的ヒューマニズムを主張する望みも表現された[90]。また、自律し

---

[88] *Ibid.*, p. 254.

[89] *Ibid.*, p. 311f.

[90] *Ibid.*, pp. 310-331. ジェルソンの影響はフランスのみならず、ドイツ、オーストリア、イギリス、オランダ等の修道会に拡がり、多くの主要都市の教会でジェルソンの説教集が説教として用いられた。修道士たちは、ジェルソンによって始められたヒューマニズム神秘主義の伝統を永続させていくが、それは、三段論法と抽象概念の不毛な研究分野への流れに対する生きた抵抗として行われた。15 世紀のジェルソンの新しい信奉者たちは、慎み深い禁欲さ、霊的なキリスト中心性、愛を優先させること、観想の道、心の純粋さ、愛徳などをジェルソンの教理とし、その線に従っていった。修道士への影響として次のような人物が見られる。ウィーンの Nicolas Kempf（1414-1497 年）は、情動性を重んじ、神学理解を経験や行為に変えて行くという方法論を生み出した。フランスの Jean Raulin（1443-1515 年）は、クリュニーの修道院の修道士として、ジェルソン神学のモチーフを、特に、女子修道会の養成のために活用している。他、Arnold de Bosch（1450-1499 年）、Jean Vitrier（1456-? 年）、Jean Geiler de Kaysersberg

た学校を成立させる独自の意識的願望によって教会の再興を推進していた《新しい敬虔（devotio moderna）》の動向の中にも、《敬虔、信心（devotion）》を共通項としてジェルソンの霊性を吸収する動きがあった[91]。

14世紀半ばに生まれたジャン・ジェルソンという一人の神学者の思想と、その後の影響を概観すれば、ルネサンス・キリスト教ヒューマニズムの核となる個人の経験に訴えかけたキリスト教信仰の態度は、修道士ヒューマニストらによって、教会内部で、一世紀以上に渡って発酵し、人びとの間に静かに浸透し続けて行ったと言える。しかし、その先にあったものは、ジェルソンが思い描いたような、この世の時空間の中心（chronotope）に立つ一人の人間が個人の救いに立脚すると同時に、集団意識に認められた使命に生きるという正義の共同体[92]としての教会の到来ではなかった。後の16世紀がどのような時代であったかを見れば、個人主義や個人そのものに対する関心、個人の自分自身に対する、あるいは自分自身の業績や死後の名声に対する関心が[93]、民衆の底辺から強まった時代にあって、教会内部で発酵し続けていた神秘神学も、修道院の高い塀や閉鎖的な図書館を自由に抜け出し、様々な文化的交流をする中で、思いもよらない形に変容していったことは明らかである。

教会大分裂の後も、教会は政治的混乱に苦しんでいた。1500年直前の歴代の教皇たちは個人的な性格や政治的野心のために、政治的、さらには

（1445-1510年）など。

[91] *Ibid.*, pp. 332-349. "devotio moderna"の歴史的中心地であるWindesheimにジェルソンの神学が研究されていた痕跡があり、ジェルソン神学は神秘の思弁として扱われている。15世紀ルネサンス期における「信心（devotion）」について、一般の熱狂的な信心と修道院文化における信心のあり方に対立があったとする説があるが、それに関しては慎重にならなければならない。ジェルソン神学の研究が修道院文化においても、"devotio moderna"の学校においても行われていたとする時、ある種の共通項と微細な神学的理解の差異が生じることになるであろう。"devotio moderna"において、ジェルソンの影響を受けたとされる人びと：Jean Mombaer（1460-1501年）、Nicolas de Cues（1401-1464年）。また、ジェルソンに対して反対の立場を取った人物として、クザーヌスの弟子Vincent von Aggsbach（1389-1464年）が挙げられる。

[92] *Ibid.*, p. 261.

[93] M. D. ノウルズ他『キリスト教史4——中世キリスト教の発展』、p. 489.

48 　第 1 章　経験を物語る場としての証言

軍事的な抗争に巻き込まれ、その結果、教皇庁は一個の政治権力、あるいは、国家となり、教会としての信仰上の性格とは関係なく、ヨーロッパの新しい民族国家と同じように独自の外交を展開し、戦争を行う主体という新しい立場に置かれることになってしまったのである[94]。

　このような状況下で、素直に信仰に生きたいと願う人間なら、政治権力に翻弄される教皇庁の指導体制に組織される集団の中では、息苦しく、矛盾を感じたのは当然のことだろう。もちろん、華美な芸術、絵画、文学が爛漫と花開いたイタリア・ルネサンスと、民衆のレベルではさほどルネサンスの恩恵に浴さなかった神聖ローマ帝国とでは、ルネサンス、ヒューマニズムという用語の意味に関しても、また、15 世紀に培われたキリスト教神学あるいは人びとの宗教的信仰に関しても大きな違いがあったのは確かである。

　しかし、ただ一つだけ共通項がある。それは、このルネサンス、ヒューマニズムの時代に、人間の個人的な事柄や自分が信じている事柄を自分の経験を基軸に語り始めたいという欲求が芽生え、しかもそれが、自由に成長し始めたということである。15 世紀後半から 16 世紀のヨーロッパは大航海時代に入り、政治経済的に大きく変動した時代だった。それはまた、人間を取り巻く macrocosm が解明されればされるほど、その中心に立ち竦む人間という microcosm への究明の力が増して行く時代でもあった。

　16 世紀には、古代文献学の発展によりキリスト教神学の中に聖書学が組み込まれ、当時の大学における神学研究では、ヘブライ語、ギリシャ語、ラテン語という三つの古代言語が必修となり、どの時代よりもユダヤ教に関する知識が重んじられるようになっていた[95]。神学者らは世俗の文献学の甚だしい発展の速度に合わせつつ、キリスト教神学が他の様々な哲学の一分野に陥らぬよう神学の本質を誇示すべく、聖書研究に余念がなかった。形骸化した教会制度や信仰を刷新し、聖書に基づく信仰を実現しようとした 1510 年代の動きとしての《福音主義》の流れに連なる人びと

---

[94] 同上、p. 494 以下。

[95] Marie-Madeleine de La Garanderie, *Christianisme et lettres profanes: Essai sur l'Humanisme français (1515-1535) et sur la pensée de Guillaume Budé* (Honoré Champion, 1995), p. 19.

は、16 世紀初めに、宗教改革の口火を切ったマルティン・ルターをはじめ、デジデリウス・エラスムス（Desiderius Erasmus Roterodamus, 1466-1536）、トマス・モア（Thomas More, 1478-1535）、フランス・ヒューマニストの系譜では、ジャック・ルフェーヴル・デタープル（Jacques Lefèvre d'Etaples, 1450?-1537）、ギヨム・ビュデ（Guillaume Budé, 1467-1540）など多く、存在していた。

　ルネサンス・キリスト教ヒューマニズムの時代の人びとは、変動する世界、新たに見出される過去の歴史という急激な変化と、増大する情報量という無限に拡散し続ける時空間の中で生きていた。その人たちは聖書が物語る世界、聖書の中に描かれる一つだけの物語、聖書的宿命に参与した人間性の歴史において、自分たちが生きた時代、つまり、当時の《現代》に生きた個人の生を結合させようと努力した人びとである。

　宗教改革とそれに引き続く対抗宗教改革が、単に、教会の指導体制に対する息苦しさや憤りゆえのものではなく、キリスト教の信仰の源泉に立ち返るためにはどうすればいいのかと自問する動きであったことを忘れてはならないだろう。キリスト教改革運動に参与した人びとは《福音主義》に連なるヒューマニストの国際的な同志感覚の中で自分たちの教会が聖書の世界に描かれる純粋な姿に立ち返ることを切に望んでいた。16 世紀、各地方で作成され、人びとに信仰内容を伝えるために起用された《カテキズム》という語は、古代用いられた《カテケイン》の復元として援用され、方法としての問答形式も、昔はそうであっただろうという予想を基に用いられたという[96]。カトリック教会は、トリエント公会議（1545-1563 年）を経て、聖書と伝承に基づいた教えを編纂した。

　また、ルネサンス・キリスト教ヒューマニズムは、キリスト教神学としてこのように堅固な教理を打ち立てた一方で、教会という一つの権威から自由に旅に出る思想の道をも開いていた。『エセー』を著したミッシェル・ド・モンテーニュ（Michel de Montaigne, 1533-1592）は、モラリスト、自然主義者、懐疑主義者という範疇の哲学者として知られるが、ルネサンス、宗教改革の嵐の中で、キリスト教信仰を捨てる事はなかった人物

---

[96] J. カルヴァン『ジュネーブ教会信仰問答——翻訳・解題・釈義・関連資料』渡辺信大編訳（教文館、1998 年）、p. 116.

である。モンテーニュがキリスト教側に立つ者としてはばからなかったの
は、彼にとってのキリスト教が教義的、神学的事柄ではなかったという点
からくる。キリスト教信仰はモンテーニュにとって理論の問題ではなく実
践レベルの問題であり、生活様式ないし生活態度だった[97]。モンテーニュ
は生きた経験を持つ人間として、自分の実経験に即して、「信仰の自由に
ついて」[98]語った。彼の『エセー』以降も、自由思想家たちによる自らの
経験に基づく生きた経験の証言は、後の世代にも引き継がれて行くが、そ
れらは、カトリック教会内に堅く据えられたカテキズム、教理という言語
体系とは対極に、自由に思想の世界を旅して行くことになる。

第3節　証言と経験

　以上、二つの異なる時代に現れたキリスト者の証言について概観した。
それによって言えることは、「キリスト者が他者に何かを伝えたい」とい
う証言の根源的欲求の底に、それを語る者の《経験》という領域が顕在し
ているということである。
　まず、原始キリスト教会における信仰の発露である証言はイエス伝承を
受け継いだ者たちの態度表明であった。福音を語るための権威を委ねられ
た者たちは使徒と呼ばれ、使徒という一人の人間の内に働く力、霊、デュ
ナミスを経験することによって初めて、彼らの信じた事柄を証言として他
者に伝達できた。証言は人を励ます効力を持つ言葉であり、パラクレート
スと呼ばれていた。
　次に、中世終焉期から近世初期のルネサンス期では、相次ぐ戦争や経済
危機があり、教会の制度や人間の道徳、価値観、信仰までもが大きな揺さ
ぶりを受けた状況にあって、キリスト者が自分たちの信仰経験に再度立脚
するという方法によって他者へ語る言葉の回復を試みていた。ルネサン

---

[97] ミシェル・セール『哲学を讃えて──フランス語で書いた思想家たち』米山親能他
訳（法政大学出版局、2000 年）、p. 19.
[98] モンテーニュ『モンテーニュ随想録』関根秀雄訳、第 2 巻第 19 章「信仰の自由につ
いて」（国書刊行会、2014 年）pp. 788-792.

第3節　証言と経験　　　51

ス・キリスト教ヒューマニズムにみられる証言は、理性的反省による信仰
の整合性から出て、自由に、個人の経験に根ざすことを可能とする観想と
いう方法と聖書学的基盤を得ることによって成立したものであった。
　教会の歴史的見地からすれば、キリスト者の経験に基盤をおくことに
よって興された信仰の刷新運動は論証的神学の行き過ぎに対する違和感と
しても立ち現れ、それぞれの時代に特徴的な表現方法で存在していた[99]。
こうした刷新運動の一つ一つがキリスト教信仰の正当な伝承として評価さ
れるかどうかはここで詳細に検討出来ないが、刷新運動においてキリスト
者の証言を発出する過程で、個人の経験という次元が関係しているのは明
らかである。では、この場合の《経験》とはどのような事を指すのであろ
うか。以下、このキリスト者の証言を支える経験の考察はペルソナによる
経験を論じたジャン・ムルーの宗教経験に関する神学的理解に依拠して
行っていきたい。

---

[99] Dom Pierre Miquel, *L'expérience spirituelle dans la tradition chrétienne* (Beauchesne,
1999), p. XXIII.「啓示は 2 世紀の終わりから、特に 4 世紀にかけて、異端者と言われる
神学者たち、教父たち、また各時代の公会議において、ヘレニズム期の精神構造で考え
られていた。倫理ではストア学派、ドグマは新プラトン主義が適用された。次に、12
世紀、聖トマス・アクィナスとそれに引き続くスコラ主義において、アラブ哲学から受
け継がれた理性主義を制し、説き伏せるために、啓示はアリストテレス思想の鋳型の中
に流し込まれ、燃える柴の内に存在する神と一致させるための方策を練った。そして最
後に、18 世紀、《古典的》護教論は、啓蒙主義時代、よりよく弁護するためだけの口実
のもとに信仰を馴化させた。理性によってのみ立証される《自然宗教》は感情によって
経験でき、啓示においては信仰と交替可能であるとされた。この三つの《理性主義》の
波は、神が《絶対他者》でありながら、《常にともに在る》神であり、見ることも予知
もできないというユダヤ的土壌から啓示を根こそぎにした。これらそれぞれの理性主義
の波は《神秘主義》の波に先行されるか、あるいは、後のその波が押し寄せた。第一
に、教父の時代にはモンタノス主義者（派）le montanisme（2 世紀に Phrygia で預言者
モンタノス Montanus が始めた聖霊を重視した終末的預言を行った一派）やマッシリア
派 le messalianisme（4-8 世紀のメソポタミア・シリア・小アジアにおける耽禱派
Euchites の托鉢修士）が起こった。第二に、中世期では新しき敬虔 la devotion moderna
とベギン運動 les béguines が起こり、第三として、革命後、啓蒙時代における敬虔主義
le piétisme、天啓論 l'illuminisme、マリア崇拝 les dévotions mariales がある。このよう
に毎回、情動的な信仰心が概念的神学に抵抗するように涌き起こる」。

ジャン・ムルー（Jean Mouroux, 1901-1973）は、その著書『キリスト者の経験――神学入門』[100] において、宗教は「聖なるもの（l'Être Sacré）」との関係そのものであり、本質的な二つの構成要素――従属の原理としての礼拝、呼びかけの原理としての愛――を実現するものであるとし、ペルソナによる宗教経験の特異性を論じている。宗教経験は統合や合一という、経験に本来備わった包括的な特徴を持つが、同時に、また常に、経験の具体的な要素に関してはばらばらに断絶され得るという危険性も孕んでいる。ムルーは経験を人間の包括的な一つの行為とみている。したがって、彼の研究の方法は内在的宗教観と共同体的宗教観、あるいは、内在的宗教観内にみられる知的、意志的、感情的、美学的などの要素を別々に取り出して探究するそれとは基本的に異なり[101]、実存主義の立場を取っている。ムルーによれば、経験を探究する場合の陥りやすい点は次の二つに集約される。

第一は、「経験の脱ペルソナ化（la dépersonnalisation de l'expérience）」である。つまり、経験を個々の人間存在から切り離し、抽象化する「経験主義（empiriste）」や、感情の動きや印象を中心的概念とする「情緒主義（l'expérience sentimentale）」のように、経験が実現すべきはずの人間存在の外側に、あたかも、何か「純粋主体の受動性（la passivité subjective pure）」のようなものがあるかのような錯覚を引き起こす思考である。

第二は、その逆で「観念論的定義（une définition idéaliste）」である。観念論者は物質や事象よりも理性や精神を優位に置き、この線にしたがって、経験に関してもある特別な類型としての純粋な構造と見なしてしまう傾向になる。こういった立場の人びとは経験において精神の全能性が表明され、経験から唯一真正な真理を引き出せると考えている。このような概念が用いられることによって、宗教経験は理性的経験と同一視され、精神から定位された活動が本質とされ、宗教は宗教以外からは隔絶、あるいは、「自己の絶対的自律性（l'autonomie absolu du moi）」と解される。この二つは両者とも、人間のペルソナに対して不忠実な態度であり、神のペ

---

[100] Jean Mouroux, *L'Expérience Chrétienne. Introduction à une Théologie*（Aubier, 1952).

[101] *Ibid.*, p. 19.

第3節　証言と経験　53

ルソナと人のペルソナが接触する経験であるはずの宗教経験を毀損する考え方である[102]。

　　ペルソナが、世界と自己自身と神と関係を取る時、そこに経験がある。厳密に言えば、経験とはペルソナが世界、自己自身、神との関係性を取る行為なのである[103]。

　このように、ムルーは徹底したペルソナの見地に立ち、「ペルソナが（関係を）《取る（se saisir）》」という行為を強調する。経験は「身をもって知った（éprouvé）」あるいは「生きられた（vécu）」ものでなければ経験とは言えないというのがムルーの立場である。彼はこの態度によって初めて、経験という語の意図的、包括的な使用が可能であるとしている。
　ペルソナに依拠した経験の包括的理解を前提とし、ムルーは「経験（l'expérience）」のレベルを「体験的（l'empirique）」、「実験的（l'expérimental）」、「経験基盤的（l'expérientiel）」の三つに分け、それぞれの経験における内省の如何を指摘しながら、宗教経験の特殊性について述べる[104]。まず、「体験的」レベルでは批判的反省がなく、ただ生きられたというだけで何も明らかにされない。凝り固まりやすく、したがって、部分的であり、表層的である。ここでは経験の個々の要素が提示されることが多い。「実験的」レベルは体験と同じく個々の要素を——ここでの要素は測量できる要素であるが——重視しようとするが、体験よりも意識的な行為であり、単なる体験には留まらない。実験的レベルでの経験は客観的、普遍的理性において、我々が科学と呼ぶところの世界観を構築するために

---

[102] *Ibid.*, p. 19ff.

[103] *Ibid.*, p. 21.

[104] *Ibid.*, p. 24.「体験的（l'empirique）」「実験的（l'expérimental）」「経験基盤的（l'expérientiel）」と訳したが、どの語も日本語に訳した時には「経験」と訳されることが多い。例えば、empirisme は経験主義（経験論）と言われ、expérimentalisme もまた、実証主義 positivisme との兼ね合いの中で経験主義と呼ばれることがある。L'expérientiel の訳としては哲学的分野での認知意味論で用いられる「経験基盤的」を参考にした。「身体性に関しての客観主義と経験基盤主義の対比」< http://yanaseyosuke.blogspot.jp/2013/06/blog-post.html >.

意識的に、世界に働きかけたり、操作したり、調整したりする。

以上二つの経験レベルでの行為、すなわち、1) 体験的レベルにおける無批判な行為、2) 実験的レベルにおける再現可能で合理性に基づく行為は、内奥の深みにつながらなくてもよいという理由により、三つめの「経験基盤的」レベルでの行為とは異なっている。もちろん実験的レベルの経験においても、科学への個人的、能動的コミットメントを伴い、そのコミットメントによって生み出された事象にも対峙しなければならないだろう。とはいえこうした科学的実験そのものがその個人に対し、人間存在に関わる全面的なリスクを要求することはない。実験における行為は普遍性と整合性を求めるということにおいて、実に個人という特殊性を剥ぎ取らなければならないのである。確かに実験を行う人は科学的知への献身や客観的で普遍的理性に留まる態度が必要である。しかし、実験の内容や目的が、その人個人の内奥の深み、すなわちペルソナにつながらなくとも何らかの実験を行うことは可能である。

それに対し、三つめの「経験基盤的」レベルにおける経験は、ムルーによれば、個人の人間性、ペルソナの考慮なしにはあり得ない。この経験は経験を構築する全ての要素と経験の動きを引き起こす全ての原理を伴いつつ、ペルソナが他の誰をも代入できない個別な関係性を獲得する。一つの経験は意識が把握するところの明快さのうちに、また、愛を与えようとする寛容さのうちに組み立てられ内省される。ムルーは、ここでの経験を「完全なるペルソナ（pleinement personnelle）」の経験と名づけている。このような前提に立つならば、「すべての真正な霊的経験」[105]は経験基盤的な経験のうちに含まれる。体験的レベルの経験は批判し、そこから越え出て行こうとするために可能な出発点にはなり得るだろう。また、実験的レベルの経験もそこに留まらせ、統合させるために部分的で予測的な一つの段階、一つの時機をもたらすだろう。それに対して、経験基盤的レベルでの経験はすでにペルソナという独自の場を得ており、そこにおいてこそ、精神自ら自分の全てを使い、全てを実現させ、その結果として、全てを取りもどすことができ、全てを見分けることが出来るのである。

---

[105] *Ibid.* ムルーは「すべての真正な霊的経験 toute expérience spirituelle authentique」について、註の中で、内省的哲学に関する H. Gouhier の記述を参考にしている。

第3節　証言と経験　　　　55

　ムルーの示した経験の三つの段階は現実的に考えれば、もちろん、明確
な境界線で区別することは不可能であり、区別することにさほど重要な意
味はない。例えば、最初の宇宙飛行士であれば、自分の命を賭けた実験以
上の行為に自己の存在を全面的に投じなければならないことを知っている
だろう。このような経験は「身をもって、生きられた」経験であるばかり
か、人類の将来の運命にも、また、根源的な人間存在の意味にも触れるか
らだ[106]。実験的レベルにおける経験の場、特に、未知の領野へ踏み込ん
で行く科学実験現場での行為者は必然的に、自分自身への内省を余儀なく
され、歴史的出来事に対する責任も問われねばならない。
　したがって、問題にすべきは経験における内省というあり方である。経
験は内省如何で何かを明らかにすることもできれば、何も明らかにできな
いことになる。ムルーに従うなら、宗教経験が神と人間の関係を明らかに
するという時、そこでは必ず、経験基盤的レベルにおいて内省が行われて
いなければならないということであろう。神と人間の親密な関係を表明す
るキリスト者の証言問題の奥には人間経験と内省という主題が潜んでお
り、近代、解釈学的神学が取組んで来た中心的主題でもあるのである。

---

[106] Edmond Barbotin, *Le témoignage* (culture et vérité, 1995), p. 30.

第2章　経験と啓示

　キリスト教における信仰の伝承は、キリスト者の証言、すなわち《語り継ぐ》という行為なしには存在しない。前章では、《キリスト者の証言》という一つの行為でつなげてきた信仰の歴史の一端があることを概観し、この行為の基底には人間の経験と内省という次元があることを確認した。証言とは経験を語ることなのである。その意味で新約聖書は、イエスの後の時代の人びとが経験した良き知らせを当時の文化背景に彩られた語りの枠組みで表現したものである。同じことは後の教会の歴史の中で積み重ねられてきた伝承にも言うことができる。人びとは自らの受けた信仰を自分の経験から語る。当然、語りの枠組みは時代によって変化する。前時代に用いられた語りの枠組みでは自分の経験を表現しきれなくなった時、人びとの生きた経験から湧き出る思いは新しい語りの枠組みを求め、新しい言葉を発しようとする。そうして新しい証言が生まれるのである。キリスト教の長い歴史において常に定式化されてしまった言説を打ち破るようにして、人びとの経験から奔出される証言がこの宗教の刷新を可能とし、信仰の永続性を保ってきたと言えよう。

　それでは、時代によって、また、人びとの経験によって、語り方に違いが生ずるようなキリスト者の証言が、キリスト教に固有で、信憑性のあるものであるためにどのようなものであるべきなのだろうか。2000年前、あるいは、500年前のキリスト者の証言と現代を生きる人びとの証言がどちらも同じ、イエス・キリストに従う者たちの信仰の伝承に連なるものであるために何が求められるのだろうか。特に、あらゆる面で変化が著しく激しいといわれる現代世界にあって、伝統的な神学表現に対して了解不可能[107]であると訴える人びとの信仰生活において、キリスト教信仰の伝承

---

[107] 岩島忠彦「キリストの救いを、今日どのように理解するか──E. スキレベークスの場合」『カトリック研究』42号（上智大学、1982年）、pp. 155-179, p. 342。キリストの救いに関する伝統的神学表現は現代人にとってもはや了解不可能となっているという問

を受け継いでいくための信仰を語る枠組みが与えられているのであろう
か。神学は、現代、受けた信仰の伝承としてのキリスト者の証言が信仰の
新しい響きだとみなすために、キリスト者の証言の基底においてそれを語
る人びとが真に神との一致を経験していることを明証しなければならない
であろう。それはどのようにして可能なのか。このような問いに答えるこ
とは現代神学の一つの義務であろう。またそうすることによって、神が
今、この世界の時間と空間に真に関与していると積極的に表明することが
できるのであり、それこそが神学に与えられた権利と言うことができる。
前章では、キリスト者の証言がキリスト者の経験から奔出されたものであ
ることを確認した。それに続いて第2章では、証言の基底にあって潜在的
に働いている経験に焦点をあて、そのキリスト教的固有性を見るととも
に、キリスト者固有の証言というものの神学的位置づけを探っていきた
い。

　A. E. マクグラスの指摘によるならば、《経験と神学》の関係には二通
りの主張が認められると言う[108]。一方は、経験を「キリスト教神学の基
礎資料」とみなし、神学は純粋にそれを解釈できると主張する。他方は、
経験が語られるものである限り、すでに、また、常に、解釈された経験で
しかないことに着眼して、「キリスト教神学も人間の経験が解釈される枠
組みを提供する」ことしかできないと主張するものである。前者の考え方
によれば世界のあらゆる宗教は「基本的には同じ宗教経験への人間の応
答、しばしば《超越の経験の核心》とよばれるものへの人間の応答」[109] と
定義される。この考えはキリスト教が他宗教と共通基盤に立つことを可能

題が指摘される。本節で問題にしようとしている経験と啓示の問題に関してもこのよう
に問うべきである。「事実キリストにおける救いが体験として存在すること、さらに、
それに適切な言語表現が与えられることは、神学的反省にとって死活の問題となってく
る。しかるに、キリストの救いについての伝統的表現（例えば、犠牲・贖い・贖罪な
ど）は、現代人にとって、ほとんど了解不可能なものになってしまっている。事が信仰
の中心に係るだけに、これは重大問題である」。
[108] A. E. マクグラス『キリスト教神学入門』（教文館、2002 年）、p. 265。Alister E.
McGrath, *Christian Theology: An Introduction,* 5th Edition（Wiley-Blackwell, 2010）参
照。
[109] 同上。

とし、キリスト教神学も全人類共通の経験に関わるものであると主張でき
る点において有益である。しかし、マクグラス自身は全人類共通という
《宗教経験》について疑問を投げかけ、その《曖昧さ》を指摘している。
なぜなら、《共通基盤としての宗教経験》という理論が信頼に値するのは、
「宗教的言語や行動から共通の中核的経験を取り出し、宗教的言語や行動
がその経験を物語っているもの、あるいはそれへの応答であることが証明
出来る場合だけ」[110] だからである。人間経験における内省という場でも、
それは決して固定的な基礎資料と呼べるものではない。こうして《経験と
神学の関係》に対しては、後者の《解釈されるべきものとしての経験》と
いうアプローチを選択すべきことが導き出される。マクグラスの指摘する
この後者のアプローチは解釈学的神学と呼ばれる神学の方法論であり、本
節で扱うところのキリスト者の証言の基底にある経験と内省、また、経験
と啓示の関係性はこの方法論に立脚している。

　こうして本章の目的を次のように表現することができる。まず、解釈学
的神学の目指す方向性を理解し（1節）、その方法論を基礎とした現代神
学の議論の中で経験と啓示がどのように理解されてきたかを提示すること
（2節）、そして、第二バチカン公会議を経て現代神学が提示した啓示の理
解を受け入れた教会がそれをどのように表現したか、『啓示憲章』の分析
を通して確認する（3節）。

第1節　解釈学的神学における語り性

1.　解釈学的神学の中心的論点

　クロード・ジェフレ（Claude Geffré, 1926- ）は、近代、神学は外的な
理性論理だけに頼るのでなく、主観的な実存性だけに頼るのでもない第三
の道において哲学議論における《解釈学への移行》と同じ道を歩んできた
として、神学の解釈学的転回に対し積極的な評価を与えている[111]。この

---

[110] 同上、p. 267。

[111] Claude Geffré, *Le christianisme au risque de l'interprétation*（Cerf, Cogito Fidei, 1997）.

60 第2章 経験と啓示

哲学的な議論における解釈学への移行は第一にディルタイの議論から始まっている。当時、歴史的知の否認と思弁的知の否認という二重の哲学上の葛藤が生じ、この葛藤の中から解釈学は生まれた。ディルタイ以降の解釈学は実証主義による歴史的知の主張、続いて、リクールらの《生きた解釈》なしには過去を復元することはできないとした哲学的解釈学、さらに、存在の思想を復活させたハイデガーの新しい存在論、解釈学的現象学へと至っている。

　一方、神学の方法論をめぐっては思想体系の転機と呼ばれた解釈学をめぐる議論に並行して、それまで概念基礎を与えてきた古い存在論（形而上学的神学）の解体が起こり、従来の神学的方法論の歴史的、思弁的側面が見直され始めた。こうして、思想の枠組みが大転換を遂げる時代に、神学的行為それ自体が揺さぶられて、神学の根本的な枠組みの転換が起こっていたのである。これがいわゆる「知から解釈へ」[112] の転換である。「信仰の知解」から「信仰の解釈学的理解」へ。このような転換の過程を通った結果、議論の的となったのが、それまで神学が当たり前のように使用してきた「言語」[113] そのものに関する問題である。

　ジェフレは、解釈学的神学を神学のまったく新しい場とみなすべきだという。解釈学的神学を神学の新しい場とみなした上で、それが福音的な言語であれ、あるいは、教義的な言語であれ、神学において用いられるすべての言語に関して、言語は生み出されるものであるという条件を考慮に入

---

[112] *Ibid.*, p. 23. ジェフレによれば「すべての言説（discours）は仮のものであり、相対的」である。「言説とは、ある一つの知ではなく、言説をつかむ何かしらの視界に対して解釈可能で相対的な一つの言語活動（un langage）である。様々な現実それ自体が多岐に渡れば渡るほど真理も複数になる。この（神学が解釈学的状況にあるという）意識は神学を破壊へと導くわけではない。しかし、キリスト教メッセージとしてたった一つの正統解釈のように紹介される教義神学に対しては用心深くさせ、より謙虚に、より疑問を投げかけるようにしていくことになる」と述べる。

[113] *Ibid.*, p. 25. 「キリスト教メッセージの伝達という側面においても、伝達という営みは一回きりの構成された知の繰り返しなのではなく、イエス・キリストにおいて明らかにされる常に新しい現実化であると考えられるようになる」とジェフレは述べるが、ここで言う言語（langage）という点は、証言と、証言を構築する基底にある経験的言語という領域も含まれる広い範囲の対象と見るべきである。

れ、分析されなければならない。つまり、このような新しい神学の場での
神学は、もはや、自律発生的で、自己―肯定的な言説の砦に閉じ込もるこ
とはできない。神学は今後、主体として、神学的営為を司る言語／言語活
動そのものを究明し、同時代的に社会に散りばめられたメッセージやコ
ミュニケーション、さらにそのメタ構造などを分析しつつ、同時に、客体
としても、教会論的なメッセージの多様性を社会学的読解によって解釈さ
れるリスクを負う必要がある。

　このようにして神学は、言語／言語活動そのものに対する反省と手順に
関する検証を要求されることとなった。つまり「神学の新しい場」は「人
文科学的な領域」による挑戦を真正面から受けたのである。

　この傾向は「《知から解釈へ》という推移の時代」（解釈学成立期）、さ
らにそれに続く「解釈するとは何かを問われた時代」（新しい解釈学まで
の過渡期）[114] において顕著であった。神学の新しい場の登場によって、
神学を営む者たちは多大な努力を払って、聖書テクストの構造分析、心理
的分析、意味論的視点、現象学的、存在論的アプローチなどすべてを踏襲
し、解釈するということがどういうことなのかを経験した。これはたしか
に必要なプロセスであり、神学理解を深める上で大いなる貢献であったと
言える。

　けれども、ありとあらゆる探究を行ったとしても、純然たる「神学の新
しい場」であるためには不十分なのである。神学は、神学の背後にあるも
のを提示したり、注解したりするだけでは満足することができない。神学
的行為それ自体が、キリスト教の真のメッセージを産出する場として存在
できなければ意味をなさないし、そのメッセージが信憑性をもつと確認で
きる場でなければならない。神学という営為そのものが、キリスト者の言
語活動の実践の場とならなければ、最終的かつ十全な神学的行為の場とは
認められないからである。

---

[114] *Ibid.,* p.33.「解釈学の危機」は「西洋思想の危機」にも相当する。その例として、
解釈学へのイデオロギー批判（ハーバーマスによるガダマーの批判）、ソシュールら言
語学からのテクストの真性に関する問題提起、構造主義と解釈学の問題、ラカン、レ
ヴィストロース、フーコーなど、アンチ・ヒューマニストからの批判、そして、デリダ
によるハイデガ　批判などがある。

62　　　　　　　　　　　　第2章　経験と啓示

　そこでジェフレは、解釈学的神学の固有性として未来の先取りである場
のない場のための「希望の実践（la pratique de l'espérance）」という新し
い解釈学的神学の場を措定する。

　　　実践神学としての神学は新しい存在の可能性の創始者である。（中略）
　　　語ることは現実に基づいて何かを言うことである。しかし、言語活動
　　　における一つだけのアプローチでは足りない。語るということは《存
　　　在－現象（onto-phanie）》として、また、啓示と神のことばの神学を
　　　必要前提事項とする《存在の発露（manifestation）》として、言語活
　　　動の存在論的次元の再認とならなければならないのである[115]。

　主体としての神学は現象を解釈し、そして、神学が客体としてみなされ
る場合には、存在の発露が解釈される。したがって、主体としても、客体
としても、神学という《希望の実践》の考察において、目指す方向性と考
察の力を汲み取っているところの源泉が明示されなければならない。解釈
学的神学の場は、このような《プラクシスの神学（la théologie de la pra-
xis）》の可能性の場と承認されて初めて、神学の新しい場としての地位を
獲得できる。要するに、解釈学的神学における中心的論点は、新しい神学
の場としてのプラクシスの神学において、どのような神学が行われようと
しているのか、この神学の方法論的問題という点にある。この方法論的問
題に答えるために、ジェフレは、P. リクールの解釈学（これを「新しい
解釈学」と言う）における「テクスト世界」（monde du texte）を参考に、
次のように説明している[116]。

---

[115] *Ibid.*, p. 30f.
[116] *Ibid.*, pp. 49-55. ジェフレは「テクスト世界」の特徴を述べる。簡単にまとめると次
のようになる。
　1）テクストの客観性：リクールは、従来の解釈学にあった「説明」と「理解」の間
にある対立を超えようと試みる。テクストの客観性を打ち立てるために構造主義的方法
を受け入れ読解しつつ（説明）、構造主義によってなされる意味の脱構築には抵抗し、
解釈学的理解を諦めない（理解）。テクストは理解できる真理を仲介していく作品とみ
なされる。
　2）テクストの自律性と仲介の役割：テクストが生み出された次元に注目する。「言説

第1節　解釈学的神学における語り性　　　63

　「テクスト世界」のアイデアは、テクストを重視した解釈学による理解
の移行をよく表している。リクールは、テクストの客観性のために構造主
義を受け入れ、テクストの主観性のために存在論的解釈学を受け入れ、さ
らに、テクストの自律性のために言語学に基づきながら分析をするのだ
が、それらの諸科学の言いなりにはけっしてならない。テクストは、あく
までも真理を仲介することのできる独自な《世界》であると主張してい
る。もし、テクストが真理を仲介する独自な世界であるということを神学
が受け入れるならば、今後、神学が対象とするものは単なる反映でしかな
いような生まれたばかりのことば（une parole originaire）ではなく、ま
た、事実性を示すしかない歴史的出来事（un événement historique）でも
なくなる。そうなれば、テクストは歴史的に解釈され得る行為（acte d'in-
terprétation historique）としてのテクストとみなされ、新しい世界の構
造化（nouvelle structuration de monde）を促すものであるということに
なる[117]。
　たとえば、聖書的（あるいは教義的）テクストは日常言語の機能を超え
た詩的言語と同様に、何かを《明らかにする》ことができる。また、この
テクストが差し出す《新しさ》を前にして、人間は《新しさ》そのものを

───────────

(le discours)」は「一つの世界」を生じさせるが、元来ことばの原初を生むものはあら
ゆる意味のうちで「話されたことば（la parole）」の出来事が「言説」へと跳躍するこ
とである。「生きたことば（la parole vive）」の次元で隠れている出来事の跳躍は、「言
説（le discours）」が「書かれたもの（l'écriture）」へと跳躍する時にはっきりと表明さ
れ、特にそれが「作品（l'oeuvre）」になったとき記されたスタイルによってより明らか
になる。このような「パロール」から「ディスクール」そして「エクリチュール」へと
いう移行のうちに、最初に意図された作者の意向からは自律し、テクストそのものが独
自の「いのち」を持ち始める。テクストはそれが生み出された文脈とは関係のない別の
文脈において幾度も読まれ、多様な読解を生み出すことができる。こうしてエクリ
チュールは客観化を促し理解のすべての条件として距離を置くのである。

　3) テクストの主観性：リクールは「最終的に私がテクストによって自分自身のもの
にするのは提案された世界である。それはまるで隠された意図のようにテクストの後ろ
にあるのではない、まるで作品が拡がり、発見され、現われるというように、テクスト
の前にある。したがって、理解するということはテクストの眼前で理解するということ
なのである」(Paul Ricœur, *Exegesis, op.cit.*, p. 214)　と述べている。

[117] *Ibid.*, p. 57.

享受することができる。テクストの背後に意味や真理を探すのではなく、テクストの成立の歴史によって事実関係や意味内容を理解するだけでもない。解釈する者がテクストを目の前にして解釈する行為のうちに、存在の新しい可能性や新しい世界を存在させる意志を経験するのである。このように、テクストと人間の間に生まれる場が、個人的回心、倫理的、社会的新しい実践の発露の場となる。解釈学的神学はこのような場で営まれる。ジェフレは、そうした意味で、解釈学的神学は真の啓示神学、神のことばの実践が発露される場としての神学であると言っている。

> テクスト世界が差し出す開きは享受する側も同様に求められる。それは思想と言語に関する作業であると同時に、政治的実践（praxis politique）であるとも言える[118]。

　ジェフレは、このように、解釈学的な理解は社会的かつ政治的実践へとつながっているゆえに、プラクシスなしの解釈学的神学はないと断言する。これは解釈学的神学を特徴づける定義である。
　以上、見てきたように、解釈学的神学は神学を観念から引き離し、真に《意味のある実践》へと向かう。解釈学的神学は初めから定式化された真理を《繰り返し言う》ことではなく、真理を《行う》ことである。キリスト者が意味のある実践を行い、真理の到来に介入する可能性を導くことである。

2.　啓示と経験の語り性

　解釈学的神学は定式化された真理を繰り返すことではなく、真理を行うことである。この神学理解の変化は神学を営む主体としての実存的態度に決定的な影響を及ぼした。真理を繰り返し述べる神学が向かう対象はすでに存在する《語るべきもの》という観念の次元にあり、神学はその観念の次元の内容を説明すればよい。しかし、真理を行う神学では、《語る》という行為そのものの次元にまずは自らが位置し、そこにおいて自らを内省

---

[118] *Ibid*., p. 62.

第1節　解釈学的神学における語り性　　65

しつつ、《語るべきもの》を生み出さなければならない。このような根本的な転換によって、暗黙の了解として定式化された神学的言説は解体され、新しい物語が生み出される可能性の場が現れる。

　さて、解釈学的神学の移行期において《語る》行為そのものに注目し、《語り性》の作用を意義づけてきた神学研究の歴史がある[119]。カール・バルト（Karl Barth, 1886-1968）は著書『和解論（教会教義学IV-1）』（1953年）において、「和解はいわゆる一つの歴史である。したがって、それを知りたい者は歴史のように知らなければならない。それを考察したい者は歴史に対して考察するようにしなければならない。それを話したい者は歴史のように語らなければならない」[120] と述べている。ゲルハルト・フォン・ラート（Gerhard von Rad, 1901-1971）は『旧約聖書の神学』（1957年）で、「旧約聖書にもっとも相応しい神学的言説は物語のうちに住まっている」[121] と述べ、また、原始キリスト教会における黙示文学研究の専門家であるエルンスト・ケーゼマン（Ernst Käsemann, 1906-1998）は、ケリュグマの実存的解釈を主張したルドルフ・ブルトマン（Rudolf Bultmann, 1884-1976）に対し、「大切なのはケリュグマを宣言するだけでなく語ることである」[122] と対立的な意見を呈している。近代、聖書解釈学の新

---

[119] Christoph Theobald, *Le christianisme comme style: Une manière de faire de la théologie en postmodernité*. Chapitre IV, Les enjeux de la narrativité pour la théologie (Les Editions du Cerf, 2007), pp. 459-481. テオバルドは、この論文で、神学が信仰の学としての自律性を保つために見出だし、吟味してきた「語り性（la narrativité）」に関する探究を、歴史的な流れに従って、三つの世代に分類し、整理している。それによれば、第一世代は物語の発見の時代として、K. バルト、フォン・ラートらであり、第二世代は、物語神学、ポスト・ナラティブ時代の危機に対峙した世代として J.B. メッツ、そして最後、第三世代に、神学的根拠に裏付けされた物語神学の展開を行った P. リクールである。

[120] K. Barth, *Dogmatique* (1953), IV: *La Doctrine de la réconciliation*, 1 (1953) (Labor et Fides, 1966), p. 164.

[121] G. von Rad, *Théologie de l'Ancien Testament*, 1 (1957), (Labor et Fides, 1963) p. 111.

[122] E. Käsemann, 《Les débuts de la théologie chrétienne》 (1960), dans *Essais exégétiques* (Neuchâtel, Delachaux et Niestlé, 1972), p. 188 ; 《Le problème du Jésus historique》 (1953), dans *Essais exégétiques*, pp. 145-173.

しい探究によって発見された「語り性」(la narrativité) はその後、J. B.
メッツ (Johann Baptist Metz, 1928-) の論文《物語の短い弁明》[123] によ
る決定的な実践的基礎神学によって根拠づけられ、歴史的 (物語的) 認識
論 (Michel de Certeau, 1975)[124]、聖書釈義の文学的ナラトロジー (R. Al-
ter, 1981) [125] と展開し、リクールの著書『時間と物語』以降、現代神学
の方法論として主要な要素となっている[126]。

　語るという行為そのもの、つまり《語り性》を対象とした解釈学的神学
のアプローチは、伝統的教えとして作用し、定式的になっているような
《啓示》の言語を解体し、相対化する一方で、言語の基底で覆い隠された
まま潜伏する流動的な《経験》に対しては、その権威の再興をもたらす。
啓示には告白的な次元での *lex credendi* と *lex orandi* の二つの次元に加え
もう一つ、教義的次元という特別な言語規定が絡み、教導権による教会権
威の作用が付随している。教会権威は信ずべき事項を教会に与えられた権
威によって開示できるが、同時に、人びとが素朴に告白する時の言葉にな
らない言葉、つまり、下からの告白に対して、ある種の圧力をもたらしか
ねない。解釈学的神学はこのような複雑な力関係に絡み取られた石化の危
機にある啓示の概念を《信仰の告白》へと引き戻すことを試みる。そのた
めに、P. リクールの「啓示の解釈学」[127] を参考にし、啓示における語り
性の神学的根拠がどのようなものであるべきかを確認する。もう一方で、
経験が内包する潜在的権威は、固定化した啓示における解体の方向性とは
逆に、語り性の次元を通って引き上げられなければならない。誰にでもあ
る月並みな経験とみなされ、ないがしろにされやすいキリスト者の日常的

---

[123] Johann Baptist Metz, "A Short Apology of Narrative" in *Why narrative?: readings in narrative theology*, edited by Stanley Hauerwas and L. Gregory Jones (W.B. Eerdmans, 1989), pp. 251-262.

[124] M. de Certeau, *L'Ecriture de l'histoire* (Gallimard, 1975).

[125] Robert Alter, *The Art of Biblical Narrative* (Basic Books, Second Edition, 2011).

[126] Dan R. Stiver, "Theological method", in *Postmodern Theology*, Kevin J. Vanhoozer (Cambridge, 2003), pp. 170-185.

[127] Paul Ricœur, 《Herméneutique de l'idée de Révélation》; Paul Ricœur, Emmanuel Levinas, Etienne Cornélis, Calaude Geffré, *La Révélation*, Facultés universitaires Saint-Louis. Bruxelles, 1977.

な経験が、固有で、一回的であると同時に、普遍的な経験として扱われな
ければならない。経験の語り性に関しては、エドワード・スキレベークス
（Edward Schillebeeckx, 1914-2009）を参考にする[128]。

啓示の語り性

　啓示が多様で類比的な信仰告白の言語であるとする見方から、P．リ
クールは啓示の五つの多様な現れ方を描き出している。すなわち、《預言
的言説（prophétique discours）》と《物語的言説（narratif discours）》の
二つの大きな特徴に加え、三つのモデルとして、命令法的言説、知恵の言
説、讃歌の言説である[129]。

　《預言的言説》には、自分の名ではなく他者の名によって自分自身を告
知するという特徴がある[130]。つまり、預言者自身とその背後の他者とい
う二重の語り手があたかも一体化したような言語形態を取っている。預言
者は他者の言葉を仲介し、人びとに言葉を聞かせる役割を担っている。こ
の役割は、イスラエル信仰共同体の組成や初期キリスト者の共同体の確立
のためには有効であったが、しかし同時に、啓示を他者の言葉の範疇に閉
じこめてしまうという危険性をも含んでいた。すなわち、他者から与えら
れた託宣や予見がそのまま預言者自身の指し示す未来へと同一視されるこ
とによって、その結果、啓示された細かな内容が歴史的推移において最終
的に目的化されてしまうという危険性をも孕むことになるのである。リ
クールは、この言説が到達する帰結を考慮するならば、啓示そのものと預
言者的言説の両者を同じものと考えることはできないと述べている[131]。

　預言的言説の対極に共観福音書や使徒言行録にみられる《物語的言説》
がある。「物語という形式はまるで出来事自体が何かを語っているようで
あり、語り手の存在は消えてしまっている。人びとの視線は物語られる出

---

[128] Edward Schillebeeckx, *Christ: The Experience of Jesus as Lord*（Crossroad, 1986）. 初
出は 1977 年。

[129] Paul Ricœur,《Herméneutique de l'idée de Révélation 》, *op. cit.*, p. 16.

[130] 「主の言葉が私に臨んだ。行って、エルサレムの人びとに呼びかけ、耳を傾けさせ
よう」（エレ 2.1-2）。

[131] Paul Ricœur, *op. cit.*, p. 18.

来事そのものに向かうので、語り手に向けられることはない」[132]。リクールは言語学者ベンヴェニストの主張を引用し、物語的言説には、神の痕跡すなわち神が刻印したと思わせる《出来事》へと聴衆を向かわせる特殊性があると指摘する。また、告白が物語られる時にはもはや、インスピレーションは最前列にはない。神の足跡は言葉以前の歴史のうちにあり、言葉は後からついてくるのである。したがって、物語的言説には預言的インスピレーションが示される時のような無時間的印象とは異なる《物語の主観的時間》[133] というものが生じる。こうして語り手は共同体に向けて語られた出来事を包み込む時間を与えることができるのである。

　教会共同体の歴史の中で、預言的言説と物語的言説は二つの極を成し、互いに補い合ってきた。物語は人びとの確信のうちに立ち現れる歴史であるが、その脆弱さのゆえに不意の脅威に蝕まれる危険がある。この脅威を前に、神の存在を明確化するため、預言的言説は力を発揮する。預言的言説と物語的言説が代わる代わる出現し、両者が織りなした教会の歴史の構造に注目すべきであろう。啓示を理解するためにはこのような歴史の構造という次元をみる必要がある。

　解釈学的アプローチは啓示という概念を信仰の告白という語り性の次元へと引き戻した上で、啓示の語り性における《真理への客観的透明性》と《考える主体の自律性》という相対する二つの哲学的主題に対し、《人間経験における解釈の諸構造》の解明を通して理解しようとする。真理の客観的透明性とは、事柄の発露（manifestation）を眺めることであり、考える主体の自律性とは、発露したものに反応する際の人間の自己理解を眺めることである[134]。こうして啓示の概念から啓示の語り性へと、啓示の主題設定が変更されることによって、伝統的に拮抗していた二つの哲学的主題は統合的探究の場として新たに規定されることができたのである。

　《真理への客観的透明性》に関して、現象学や存在論から取組むのではなく、テクストやエクリチュールの存在地点から出発するリクールは[135]、

---

[132] *Ibid.*, p. 19.

[133] *Ibid.*, p. 21.

[134] *Ibid.*, p. 36.

[135] *Ibid.*, p. 37.

第1節　解釈学的神学における語り性　　69

ユダヤ教、キリスト教、イスラム教など、《書の宗教》と呼ばれるものの多様性とそこから生じる文化的限界を認めつつ、詩学（le Poétique）の概念を投入することによって、新たな次元へと超えられるとしている。実証的な基準を置き、参照し、適合させ、対象の現実性を明確にしながら、真理の概念というものは承認されていくが、詩情（poésie）が取り扱われる場合は異なった方法が取られる。詩情は叙述的機能を一旦停止させることで存在する。詩というものに触れるために、実証的な基準で立証する必要はない。詩という言語は詩そのものに向かって自らを開花させ、自らを祝うために存在するのである。リクールは、日常言語機能にはない詩学の機能のみが対象としてのテクストに向き合う時に、わたしたちが後天的に持つようになった能力に先行する本来的な秩序への帰属を回復させるものであると主張する[136]。

　啓示的言説というテクストに備わる「テクストの自律性」、「作品別による表現の特殊性」、「テクスト理解の超越性」という三つの特徴的基盤としての諸規定が考えられるが、それは、詩学的機能によって打ち破られる。詩学的機能によって、著者にも、読者にも属さない、ある秩序が生起する。この生起は人間の実存の原初的地平における生起であり、ここに存在するという生来の地平における生起でもある。リクールはこのことを詩学的機能と「同延的で（coextensive）」、「啓示的な（révélante）」機能と考える[137]。新しき世界、新しい契約、神の国と呼ばれる聖書的言説における世界の顕示は聖書テクストの前に繰り広げられる。それは、解釈する者たちに受け取るようにと示され、その者たちが受け取った《何か》である。すなわち、聖書テクストの《何か》が、非直接的に、叙述的、教訓的、情報的言説の先を目指しているのである。詩のテクスト世界が日常の現実世界や世俗内部の事柄という様々な破片をかき分けながら、ある通路（la voie）を切り開いていくように、聖書テクストによって投企された新しい世界も同じように通路を開く。すでに聖書の中で語られた経験は一旦過去のものとして閉じられているにもかかわらず、今という平凡なわたしたちの経験世界をかき分けて、一つの道（un chemin）を切り開いて行く

---

[136] *Ibid.*, p. 38.
[137] *Ibid.*, pp. 40-41.

のである[138]。

　二つめの主題である《考える主体の自律性》の問題解決のため、現れた
ものに対する人間の自己理解の分析の中心的カテゴリーである《証言
(témoignage)》が登場する[139]。証言という行為は、発露された何かを眺
める時の「自律 – 含意 (l'auto - implication)」を意味する。これは、啓
示理解を助けているだけでなく、考える主体の詩的な《語られたことば
(la parole)》による自己形成や、自己同一性の理解をも助けている機能で
ある。《証言行為》の固有性を理解するために、次のように、解釈学的ア
プローチによる三つの準備概念が述べられる[140]。

　一つめの準備概念は、様々な象徴の世界に取り巻かれる自己 (Cogito)
に関連している。内省はその本質として常に仲介的な働きであるから、自
己への無媒介な意識は存在しないはずである。内省とは、存在するための
努力や存在し続けたいという欲望に支えられた証言行為を通して、何かを
《自分のものとする (l'appropriation)》ということである。二つめの準備
概念は、内省の様態である。内省には《何かと距離を置く》という作用が
ある。距離を取ることなしに、世界、文化、そして、伝統への帰属意識で
さえも獲得することはできない。内省は常に経験の後に起こる。その主体
として経験を維持し、経験の中心で、《突発的》に現れるのである。三つ
めの準備概念は、帰属と距離化の弁証法の延長線上にあるテクスト世界に
おける主観性と客観性に関する問題である。テクストを前にテクストと自
分の間で解釈し理解するということは、自分の完璧な理解力をテクストに
認めさせることではない。むしろ自分自身をテクストにさらすことであ
り、テクストに自分自身をさらすことによって、より広げられた自分を受
取ることである。

---

[138] *Ibid.*, p. 42. リクールはここで一般的な解釈学のうちに個別の地域的解釈学、聖書的
解釈学、哲学的解釈学が往来する様子を一つの方法論的原則 (organon) と呼ぶ。この
ような解釈学的アプローチによる聖書の相対化の作業の後、聖書は実存の壮大な詩作の
一つと述べ、啓示の非宗教性が啓示の理解を助けるとした上で、しかし、聖書のそのす
べての断片が、名づけることのできない名、つまり解釈の中心点である神の名を参照し
ていることから、無二の書であると結ぶ。

[139] *Ibid.*, p. 43.

[140] *Ibid.*, pp. 43-47.

第1節　解釈学的神学における語り性　　71

　以上の準備概念を考慮した結果、内省が《根源的肯定（l'affirmation originaire)》へと合流しようとする《道程》において証言が生起することが分かる。根源的肯定は、純粋行為の内部を超えることはない。その外側で表明するのでも、その内側で保ち続けているのでもない。常に、始動するという状態にある何ものかであり、そこで「わたしは、わたしである」と言っている。また、根源的肯定はそうした各自の意識と同一視されるにもかかわらず、同時に、個人に宿命づけられた諸々の現実的な意識の限界を否定する行為、すなわち、《剝離（剝ぎ取られること）（le dépouille-ment)》をも意味する。実際、剝離は、内省秩序の一つであり、投機的行為でもある。秩序のもとに理性の経験的対象を捨て去り、いかなる条件にも制約されない思想に支持を与える抽象的な超越を捨て去るという行為は内省から生じている。さらに、内省において、剝離によるこの運動によって、人は絶対性が自らを示すしるしと邂逅する。この動きは範例や象徴を探究するような抽象化の動きとは異なり、規範の抽象性の下にある。今、ここで、正当化できないものを凌駕すると証明する出来事や行為の下に人びとが新しく切り開いていくことのできる根源的肯定への道、それが証言行為なのである[141]。

　証言行為の真偽は根源的肯定を通して純粋な心のコミットメント（l'en-gagement）の次元に行き着き、試される。しかし、この次元に到達した上で、証人は自分が目撃したもの、あるいは、一つの行為（作品、生涯をも含む）の絶対的な特性に注意を向け、目撃証人として語る場合に実際に見たことから完全に逸脱することもできる。つまり、偽の証言である。証人であるということは、ある意味、何々について語るだけでなく、何々に有利に語ることでもある。また、それとは逆に、命の危険を冒してでも目撃したものを忠実に証言するという時もある。このような場合、その証人は殉教者という名前に変わる。このような証人は自分の証言に深く関与し過ぎてしまい、それ以上に試練をも被ってしまう。したがって、証人がもし、自分の言葉に背かず、偽証をしたくないと望むのなら、自分の意識を露わにする内省という次元において、ある種の不均衡が生じていることに気づかなければならない。判断を留保することも可能であろうが、一旦、

---

[141] *Ibid.*, p. 48.

意識を露わにしていく内省の過程に言及した後に、矛盾なく、完全なる自己自身を生じさせることはできない。

このように見ていったなら、結局、わたしたちは、人間経験における内省を考察する上で、神的存在が歴史的人間経験に関与するということを全面的に認めざるを得ないのである[142]。内省そのものが根源的肯定へと向かう運命に定められている限り、わたしたちは、神的存在の歴史的表明に頼らざるを得ない。啓示における語り性の神学的根拠は、このように、何びとにも属さない真理の客観的透明性という言葉の詩的発露と、神的存在に依拠する内省の機能によって明示されている。

経験の語り性

《真理の客観的透明性》と《考える主体の自律性》の関係性は、20世紀初頭から現代に至る長い間、近代主義思想との対峙を余儀なくされた伝統的スコラ神学にとって難問であった。ギリシャ思想の影響による真理の《抽象性、普遍性、不変性》の純粋概念に枠づけられたキリスト教思想は、近代、実証主義、経験主義が主張する《生きられた経験》との相克に陥っていたのである。E. スキレベークスは「《真理》の概念」[143]という論考において、20世紀初頭から、第二バチカン公会議直前の神学が陥った袋小路の歴史的変遷[144]を辿っている。神学は、この期間、《経験と概念の関係》の整合性のために多大な努力を払ってきた。スキレベークスは1950年以降、カトリック神学における経験と概念の関係の矛盾解消のために三つの基礎神学の傾向があると認めている。

一つめの傾向は、《経験のみの重視》である。この主張によれば、神認

---

[142] *Ibid.*, p. 52.

[143] Edward Schillebeeckx, 《Le concept de 《Vérité》》, dans *Révélation et Théologie* (Approches Théologiques I, Editions du CEP, 1965), 論文の初出は1962年。

[144] *Ibid.*, pp. 232-237. 《真理そのもの》と《真理の占有》との違いにおいて、諸概念と抽象性は必然的な役割をもっている。E. スキレベークスは、20世紀初頭における、最初のスコラ哲学が近代主義と対峙する時代の問題から、《非神話化》という解決に至るまでの歴史を四段階に分け説明する。(1) 近代主義と対峙するスコラの伝統、(2) ピオ12世の回勅《Humani generis》を巡る論争、(3) 1950年代のカトリック神学における経験と概念の関係、(4) 非神話化という解決策。

第1節　解釈学的神学における語り性　　73

識の客観的真理を明示しようとする諸概念には、非概念的領域が存在しない。無限を志向する人間精神の《主観的ダイナミズム》である経験にこそ非概念的領域が存在するという[145]。概念は経験を誘起するきっかけに過ぎないものであるとし、したがって、情動的経験のダイナミズムの優位を主張するが、それ以上の何も説明はなされない。この主張は、経験と概念の関係性の問題を露呈するだけで、それらをつなぐための解決策を何も持たない。

　二つめは、《認識の非概念的領域》としての認識の基底に、《客観的ダイナミズム》があると主張する傾向である。この主張は、概念自体を意識の次元では説明されていない現実という非概念的領域から生じた限定表現であると考える。そうだとすれば、現実とは概念に対する前概念であるともいえる。そこから、トマスの認識論や近代の現象学にしたがって、このような意識や経験を暗示する前概念において、《説明を志向する》ダイナミズムが諸概念を生成しているのだと説明する。生成された概念は循環し、意識や経験といった非概念的領域にも影響を与えることができる。このような認識論で言うならば、たとえ諸概念が不適切で、抽象的な表現を有していようとも、それ自体、生成された表現としての現実的価値を持つ必要はない。諸概念は《真理を有するもの》なのであり、《真理そのもの》とは区別される。神認識に関する諸概念に関しても、同様に、それは、信仰行為において受容されるところの啓示という非概念的領域に起源を持つものと説明される。

　三つめは《非神話化》の傾向で、ここでは経験と概念が完全に二つの別のものとして扱われている。この主張によれば、《信仰についての諸概念》は客観的な思想の単なる表現でしかない。したがって、それは、理解不可能なものであり、理解する必要もない。なぜなら《経験の非概念的領域》こそが、人間の実存に基づき、信仰を肯定し、特別な意向を保持しているのだから、理解を求める必要などなく、信仰行為のみで十分なのである。諸概念を必要としないとするこの傾向は、一つめの、経験を重視する傾向

---

[145] Cf. Joseph Maréchal, *Le point de départ de la métaphysique: Leçons sur le développement historique et théorique du problème de la connaissance*（Desclée de Brouwer, 1947）.

を急進的に推し進めた結果、現れたかたちである。カトリック神学の場合、この《非神話化》の手法では、ドグマに関する再解釈の可能性が完全に断たれ、神学的言説の構築が不可能となることから推奨されることはけっしてない[146]。

《真理の概念》は確かに、生きられた経験に注目を注いだ近代思想によって柔軟性を獲得することができた。《人間の歴史性》は具体的諸状況とは無関係に措定された《人間性（nature humaine）》といった伝統的概念に比べれば、より流動的に、より自然に、わたしたちを、真理の概念へと導くことができるであろう。《現実は真理である》と認める近代思想では、覆い隠された神秘的源泉としての存在論的基礎がたとえ不変であったとしても、人間による解釈の余地もゆるされている。つまり、《真理そのもの》は不変であるが、《真理を有するもの》は進化し、発展すると考えられているからである[147]。この近代思想の中から現れたところの《絶対的真理などあり得ない》とするような、時に、無神論として現れる相対主義（時に、無神論として現れる）に対して、スキレベークスは《遠近法主義（perspectivism）》的認識論を用い、真理の信憑性を主張した。絶対性へ向かう認識の原理的特性のゆえに進化する人間意識は現実の連続性のうちにある。もちろん、わたしたちの歴史的視点は転変しやすい視点ではあるが、把持することのできない絶対性へと開かれる窓となる可能性がある。つまり、真理が変化するのではなく、視点が変化／進化するということなのである。人間の認識が内側から成長していくのだと主張する遠近法主義的認識論は、人間の認識全体が絶対性へと秩序づけられることを根拠に据えながら、わたしたちの特別な視野から生じる痕跡も、確実に、歴史に刻まれると主張したのである。

第二バチカン公会議会期中、スキレベークスは、このような遠近法主義的認識論を自らの神学の基礎としていたが、公会議終了後の比較的早い時期にこの方法論を全面的に手放し、《解釈学的転回》と呼ばれる新しい神学的方法論への移行を遂げた[148]。この転回における中心的な概念として

---

[146] Edward Schillebeeckx, *Révélation et Théologie, op.cit.,* pp. 223-237.

[147] *Ibid.,* p. 224.

[148] Daniel Speed Thompson, *The Language of Dissent: Edward Schillebeeckx on the Crisis*

第1節　解釈学的神学における語り性　　75

作用したのが、すでに争点となっていた《経験》に関する問題であった。スキレベークスは「神の救済的活動が、実際に、ナザレのイエスにおいて起るかどうかという問題は、ある程度、経験として立証されるべきであり、宗教言語において表現されなければならない」と述べ、その結果、「神学者の《仮説》（信仰のテーゼ）は、何らかの仕方で人間の現実や人間の世界と社会において、つまり、わたしたちの歴史的経験において検証され、現実の中に自らの支柱を見つけなければならない」と主張している[149]。

　第二バチカン公会議後、現代社会においてより一層明らかになった点とは何か、スキレベークスは次のように述べている。

　　多様なイデオロギーや世界史の《共通市場》で競合するような世界観
　　の中で、中世における神の至福直観といった自明の社会的真理をその
　　まま主張することはできない[150]。

《人間主体の具体的／歴史的経験》と《その経験が住まう複雑な社会状況》という二つの事項を[151]、神学の中心的関心事として維持し続けなければならない。スキレベークスの解釈学的転回[152]は、経験の学を基底とした神学的営為への根本的転回と言い換えることができる[153]。

---

of Authority in the Catholic Church（Notre Dame, 2003）, p. 22.

[149] Edward Schillebeeckx, *Jesus: An experiment in Christology*, trans. by Hubert Hoskins（Harper Collins Distribution, 1983）, p. 618.

[150] *Ibid.*

[151] Daniel Speed Thompson, *op. cit.*, p. 22.

[152] Edward Schillebeeckx, *Jesus, op.cit.*, p. 23. スキレベークスは 20 世紀における広範囲に渡る領域の文献研究において、意味論、構造主義、言語分析、批判理論等、様々な学派、あるいは、様々な哲学者の思想を通ったが、1966 年の明らかな解釈学的転回において、スキレベークスの興味は主に、Martin Heidegger, Hans-Georg Gadamer そして Paul Ricœur らの人間学的解釈学に集中していた。

[153] Daniel Speed Thompson, *op. cit.* p. 24. スキレベークスが経験について分析した多くの著述を D. トンプソン（D.Thompson）は、次の四項目にまとめている。(1) 具体性、解釈的経験とその固有の要素、(2)《理論》あるいは《モデル》、歴史的伝統に明示され

76　　　　　　　　　　　第2章　経験と啓示

　経験は総じて解釈された経験である。新しい経験はすでに獲得していた
知識と共に相乗効果を成し、新しい視界を開き、新しい現実を発見するこ
とである。解釈する思考と経験はけっして切り離すことはできない。経験
によって、新しい思考が生まれ、新しい思考によって、さらなる新しい経
験が内省される。つまり、経験と思考は解釈のうちに循環関係にある[154]。
経験が解釈を呼び起こし、さらに解釈が経験を呼びおこすというこの様態
には、必ず、言語を介した社会性が接合しており、人間経験は間断なく
《与えられる現実》を言語によって経験することになる。しかし、その一
方で、現実へ接近するための解釈学的原則はスキャンダルであり、手に負
えない現実に対する躓きの石でもあり、また、時には、現実に対する驚く
べき啓示にもなり得る。スキレベークスは神学的営為において考察すべき
《経験の権威》を再興するために、経験の概念の中立性の根拠に、この
《現実》というアスペクトを置く。現実というものは絶えず《隠れた磁石
の役割》のように、人間の投企や内省を導いている[155]。現実の中での知
識は完全に客観化されることも、完全に関連付けられることもない。た
だ、経験、思考、解釈の三本の線が複雑に絡まりながら、過去、現在、未
来への期待という同一線上で走っているような次元において、経験の権威
は、経験の弁証法的主張のうちに、経験そのものの姿を顕すのである。し
たがって、経験は、無尽蔵の現実において終わりなく参照によって支えら
れ、また、制限もされる。経験は、現実を制御することではなく、現実を
制御しようとする全投企において、自分自身が現実に導かれることを許容
する。この経験こそが人間の道を開いていくのである[156]。
　解釈的循環の連続性において現実を制御しようとする投企の中核で《語
り性》が働いている。人間の歴史的時間性に起因した語り性を通してのみ
認識をゆるされた自己は、語り性によって、世界を把握し、世界を経験す

た人間主体の前－理解、(3) 解釈された経験における客観的《現実》の氾濫、(4) 解釈
的枠組みという新時代性。

[154] Edward Schillebeeckx, *Christ: The Experience of Jesus as Lord* (Crossroad, 1986),
pp. 31-36.

[155] *Ibid.*, p. 36.

[156] *Ibid.*, p. 33.

る。経験を事実によって（*ipso facto*）保持する者は誰でも目撃者（*witness*）となり得るというのは、語り性が常に何らかの動きを触発し、他者へと向かう生の新しい可能性を開くからである。つまり、経験のうちにある語り性の本来的な構造自体が経験の権威を回復することができるのである[157]。スキレベークスは、心的／社会歴史的枠組みの内部においてしか場を持つことのできない経験の認識構造に対して、言語が深く影響していることを指摘している。以下、非観念的な意味で、解釈学的アプローチによる《啓示》理解へと進む前段階として、スキレベークスの主張する言語の内包する七つの重要な要素を挙げる。

　1）言語は経験の媒介であると同時に表現の手段でもある。言語なしでは真理だけでなく虚偽さえも証言できない。経験理解のためには観念的言説も含む全ての言語的アスペクトによって発露する人間の認識活動を考慮しなければならない。2）人間の意識は認識世界の現実を説明する機能のみならず、無意識の欲望、語られない隠された次元をも含んでいる。表現されなければならないことが抑圧される可能性もある。3）人間が生きる社会という客観的形態は人間の生きる世界の外側に存在することはない。それは、経験が意識の構造を凌駕する過程にあって、人間の内面を貫いて存在する。経験は社会−経済的な要素に媒介されるという事実から、批判的に検証されるという条件の中でしか、存在が許容されないことが分かる。したがって、《直接経験》は、批判分析によって受容される必要がある。4）話者の言語と状況というアスペクトは、非常に特別な位相のうちに契機を有している。それゆえ、社会的、時代的文脈を考慮することが必要となる。5）言語は経験の解釈のみならず、多様な経験を統合する人間知性が創造した理論やパラダイムも使用する。6）人間の経験意識に接近する際には、潜在意識と内省意識との関係を考慮しなければならない。超越の経験においては特に、象徴の働きが参与することを知るべきである。それゆえ、原型的象徴と文化的象徴の違いを明示する必要がある。超越の象徴は宗教的には中立でありながらも、啓示経験の仲介として働くことが可能である。7）宗教言語の非宗教的アスペクトを配慮しなければならない。宗教言語は人間の認識による経験的背景から表象された要素をいつも

---

[157] *Ibid.*, p. 37.

含んでいる[158]。

　スキレベークスは、人間経験の構造を一元的な現象としてではなく、複雑に絡んだ言語機能の網状組織のように捉えていた。意識のアスペクトを検討したり、文化的／社会的文脈を考慮したりすることで、その構造の複雑さはさらに明らかにされるだろう。しかし、あくまでも解釈学的神学が目指すのは、限りない現実との接触を図る語り性が経験内部の複雑さの中核から神の現存の啓示に関わっているということを明らかにすることである。では、そのような経験と啓示はどのように表出するのであろうか。

第2節　啓示──プラクシスが現れるところ

1.　経験なしの啓示はない

　語り性は、一方では、神的真理を保持すると主張しながら固定的言説と化していく書き記された啓示において、生きた人間経験を回復させ、また他方では、時間の経過とともに忘れ去られる経験が、神的真理を受容するという威力を再興させる。つまり、啓示と経験は、語り性という一つの場を介してつながっているのである。この場は、人間の実存を離れることはできない。語り性は、啓示と経験の統合を呈示する解釈学的神学における非常に重要な概念である。その重要さを認めた解釈学的神学は、神学研究の立ち位置を根本から刷新させ、それによって新しい神学的営為を開始した。

　時代を遡れば、《自己の内的歴史》と《事物の外的歴史》との区別や、《体験された歴史》と《観察された歴史》という《主観／客観》の相違によって、啓示と信仰と歴史の関係を理解しようとした動向は、すでに、自由主義神学のうちに始まっており、啓示理解のための新しい視点が求められていた。H.R. ニーバー（Helmut Richard Niebuhr, 1894-1962）は、その著書『啓示の意味』において「神学は、キリスト者の生の物語を想起し、キリスト者がその歴史と信仰における限られた視点から見えるものを

---

[158] Edward Schillebeeckx, *Church: The Human Story of God*, trans. by John Bowden (Crossroad, 1991), pp. 16-21.

第2節　啓示──プラクシスが現れるところ　　79

分析することによってのみ、その探究の道を進むことができる」[159]と述べている。したがって、語り性を介する経験と啓示の関係性は、近代以降、兼ねてから問われていた主客問題への一つの応答であったとも言えよう。

　ここで重要なことは、《経験なしの啓示はない》[160]という一貫した態度である。解釈学的神学において、この基礎的態度が明確な基底として据えられなければならない。そのためにスキレベークスは、二つの表現形式によって経験と啓示に関する問題領域の規定をしている。一つは、キリスト教信仰を正当化するためのキリスト教信仰の外からの単発的論述は存在しないということであり、もう一つは、救いは人間の生と経験の外にはないということである。この二つの問題領域の設定によって、一方で、啓示の概念が断定的／記述的な言語の排他性に対して抵抗していることが表明され、もう一方では、前‐言語的な経験領域に、救いがもたらされることが表明される。このことをスキレベークスの言及に従って要約するならば、啓示の概念は語りの特別な方法のメタ理論的表現であり、それは、記述や説明とは異なる言語でありながら、実質的経験の基底にある実在に対しては、非直接的な表現である[161]、ということになる。では、《経験と啓示の関係性》を証す言語とはどのようなものか、スキレベークスは三つの段階を経て次のように説明している。

　第一段階として、神の啓示が人間経験や思想の内側で経験されるという時の《位相》について述べられる[162]。人間は確かに思考や言葉という表現形態においてのみ、神の啓示を知ることができる。この場合、宗教的言語が元来《応答的》な言語であると同時に、《解釈的》であることが考慮されなければならない。わたしたちは現実を経験する。つまり、わたしたちに向けられた手に負えない現実を経験しているのである。このことをスキレベークスは《境界的経験（boundary experiences）》と呼ぶ。この時、そのような現実と対峙するわたしたちの生活において繰り返し内省させた

---

[159] Helmut Richard Niebuhr, *The Meaning of Revelation*（Westminster John Knox Press, 2006）p. 22. 初出 1941 年。

[160] Edward Schillebeeckx, *Christ, op.cit.* p. 45.

[161] *Ibid.*, p. 46.

[162] *Ibid.*, pp. 46-49.

り、自分自身に基礎を発見させたり、あるいは次の計画をさせたりするような《何か》を経験することがある。また、不可能性から人間を自由にするような何かを《賜物》のように感じることがある。わたしたちが、責任を負うべき行為の源泉である現実に直面せざるを得ない時に、何かが、この現実を経験すべきではない、あるいは、経験できないといった問いが引き起こされることがある。わたしたちは、このような動きを《抵抗》として感じている。しかし、この抵抗こそがまさに、経験における神の啓示の考察を導いていくことができるのである。この抵抗によって人間は、一時的で移ろいやすいシステムの囚人になることが避けられる。応答‐解釈の循環の中心で自分自身を保つことができるのである。

《境界的経験》において受ける賜物は、けっして個人の次元に還元されるものではない。賜物とは、今、生きて、すべてのもののうちで働く創造主から人間に与えられるものである。それは、意味全体の基に据えられたものであり、人間に未来を開いていく。

世界に対して責任ある態度を維持したいと思う者は誰でも、《神の語りのように》感じる神の啓示の経験を宗教的言語の伝統と歴史的共存性の同一線上において、厳しい現実の経験であると認めざるを得ない。なぜなら、神の啓示は、人の経験や宗教的言語が対峙する現実に対して《内的参照（an inner reference）》だからである。「啓示は、経験の歴史的地平に、超越的意味の《発露（manifestation）》として現れ、《発露》の肯定的応答によって理解されることができる」[163]。したがって、神の啓示は、人間のこのような《プラクシス（praxis）》が繰り広げられる歴史的地平に輝くのである。この感覚は、世界内における人間存在の直接的出会いであり、歴史的共存性の《内にあって（within）》、深みと高みの出会いの感覚である。賜物や神の恵みは上や下から啓示されない。《水平に（horizontally）》訪れる。神の啓示は人間の歴史の内に、人間存在と他者の出会いの内にある。

第二段階として、スキレベークスは人間の歴史的共存性において一人一人に与えられる啓示の経験とはどのような経験であるかについて、信仰者／非信仰者の違いからくる問題を指摘している。考察の初めに、信仰者／

---

[163] *Ibid.*, p. 48.

第2節　啓示——プラクシスが現れるところ　　　81

非信仰者の違いを考慮する場合、経験と解釈の関係性に対して混乱が生じるのをまず知る必要がある。《わたしは宗教者である》と公言する者だけが、非信仰者とは違った方法で解釈をしたり、違った世界の中に生きていたり、違った経験をしたりするということではない[164]。確かに、神の啓示としての恵みの経験や賜物の経験が人間に与えられるという時、それを受容する側において、これまで獲得してきた《世界観、思考方法、言語》の多様性が原因となり、受けとめ方に相違が現れるということはある。したがって、その結果、人間は神の啓示を《実際に経験している》と言えるのか、それとも単に《解釈している》ということなのかという混乱が生じてくるのである。

　この分析のため、ジョン・ウィズダム（John Wisdom）の《二人の旅人と美しい庭》[165]のたとえ話が用いられる。二人の人が長い旅を終え、出発した場所に戻ると、そこは人の手によって世話の施された美しい庭となっていた。その庭は電気フェンスや生け垣に囲われていたにもかかわらず、また、旅人の不在にもかかわらず、きれいに整えられていたのである。なぜ、このような美しい庭となっているのか、そして、誰が、この庭を手入れしたのか？　ここから、《信仰者》と《非信仰者》の間に議論が展開していく。「庭師はわたしたちの目には見えない。その人の声を聞くこともできなければ、その人に触れることもできない。しかし間違いなくどこからか庭師が来て、この庭の手入れをした」と信仰者は言う。それに反して、もう一人の懐疑論者は言う。「それは想像上の庭師のことを言っているのか？」。懐疑論者は、目に見えない、触れることもできない庭師など存在しないと主張する。この対話を理解するために二つの強調点が浮上する。一つめの強調点は《明白な経験》である。経験の明白性を強調するのであれば、二人が見た庭は一つの庭なのだから、二人は同じ経験をしたということになる。もう一つの強調点は《解釈の相違》である。二人の解釈の違いを強調するのであれば、一人は、対象であるその庭を《神の創造》と理解しており、そしてもう一人は、勝手に美しい庭となった単なる《現

---

[164] *Ibid.*, p. 50.

[165] John Wisdom, "Gods（1944）", in *Philosophy and Psycho-Analysis*（Basil Blackwell, 1989）, pp. 149 168.

実》としてその庭を理解しているということになる。

　スキレベークスは、この逸話をめぐって議論された幾人かの神学者や哲学者の応答を参考にするが、最終的に、対象の背後に拡がる背景の相違によって、人が経験するところの自然性と歴史性の両方に《両義的である（ambivalent）》という概念が浸透していることに注目し、経験の基底としての《解釈的経験（interpretative experiences）》には、両義性が備わっていると主張する[166]。つまり、この世の現実に向けられた視界は隠喩的／象徴的言語の中で解釈され、表現されていくのである。明白な経験のうちに解釈の相違が起こるのは当然である。

　したがって、経験と解釈はこの両義性のうちに切り離されることはない。わたしたちの経験においても両義性の理論は全面的に浸透しているはずである。たとえば、宗教言語を介して神の啓示の経験を理解しているという時、解釈的経験の基底において、《啓示の命題的理解》（例：すでに獲得されたものとしての信仰宣言）と弁証法的調和による《啓示の経験的理解》との間には何の対立もないであろう。命題的理解によって生成した宗教言語が、もし、言語経験的なコンテクストにおいて確認されなければ、それは何の意味ももたらさないことになってしまう。しかし、逆に、そのような宗教言語を言語経験的において全く理解できない場合も起こり得るのである。美しい庭の話の中の懐疑論者のような人も存在する。少なくとも信仰者であれば、命題的理解によって獲得された啓示的言説の全てを経験的理解において受容すると期待したいが、必ずしもそうとは言えないであろう。言語なしの解釈はない、解釈なしの経験もない。そのような意味で、信仰者／非信仰者の違いに関わらず、両者は、解釈的経験の基底において同じ線上にあると言える。

　第三段階の説明として、以上、第一段階と第二段階での《歴史性》と《両義性》に特徴づけられた人間経験のうちにこそ《超越》があることが述べられる。超越は、信仰者／非信仰者に関わりなく、人間存在の基底に置かれた経験の《内》にあるという点が、ここでも強調されている。スキレベークスによれば、この《超越の内在性》は《語りえぬもの》の神秘的／倫理的主題化によって、その真意が見出されるのだと言う。

---

[166] Edward Schillebeeckx, *Christ, op.cit.*, p. 54.

第2節　啓示──プラクシスが現れるところ　　83

　神秘的、宗教的主題化に取組む場合、わたしたちは、しばしば、信仰に
応答する宗教的人間の起源や源泉を考察しようとする。しかし、たとえ
ば、この方法では、《宗教的現実と他とは違う》という言い方にもみられ
るように、この世と他の世という二元論的な言説に陥る危険性がある。信
仰者は人間存在や世界を神的存在の象徴や発露とみなす。つまり、啓示さ
れたものと隠された神的存在とを同一視する作用が常に必要なのである。
神の本質は画一的な型の中に閉じ込められ、したがって、そのように限定
されるものではなく、自由に経験されなければならない。このような意味
で、宗教言語は常にわたしたちを驚かせるような現実の中に置かれていな
ければならない。
　人間は、生きた神を、宗教的／象徴的言語の創造を可能とする源泉とし
て現実の中で経験する。宗教的／象徴的言語は、たとえ人間が表明したも
のであっても、人間の自律や主導権によってのみ生み出されたものではな
い。生きた神を経験したという、その権威が与えるものである。人間は解
釈的経験において、その経験の中に現存する超越の神とその啓示に触れ
て、語りえぬところから何かを語ろうとするのである。スキレベークスは
さらに進んで次のように述べている。

　　神とその啓示は信仰者であるわたしたちにとって（人間とその世界の
　　現実に関する）解釈的経験と分離することができないほど強く結びつ
　　いている[167]。

　神とその啓示は現実に包まれた人間経験と分ちがたく結合している。饒
舌でありながら、抑制され、また、巧みに操作されてもいる知識に対し
て、現実は常に何らかの抵抗を示すが、この抵抗に逆らって、解釈的経験
によって、正当化しようとする人間の試みもある。つまり、一方には、回
答のように与えられた知識への抵抗があり、もう一方には、語りえぬ要素
として与えられた、生ける神の源泉との接触がある。こうして逃れようの
ない語りえぬものは、究極的に神秘的主題としての説明が求められる。そ
のようなものは無限にある。実際に勃発している抵抗運動、不正義に対す

---

[167] *Ibid.*, p. 56.

る苦しみ、悲嘆による苦しみなど、理性ではけっして説明できないような語りえぬものは数えきれぬほどある。これらは神秘的主題に依拠しつつ、批判的人間理性の構造にも属している。このように人間実存が経験しているものを神秘的／倫理的に主題化することによって、語りえぬものが本物であるかどうかを見極めていく。

　新約聖書には、ケリュグマ的な神秘主義とヤハウェの律法における霊性とが統合された正統的な表現が見られる。

　　　自由をもたらす完全な律法を一心に見つめ、これを守る人は聞いて忘れる人ではなく、行う人です。このような人はその行いによって幸せになります。(ヤコ1.25)

　この箇所はこの世界に《おいて》正義を求める時の神秘的／倫理的な生き方の一貫性をよく表現している。スキレベークスは、宗教的経験の基底であり、源泉であるところの神の神秘を実践的かつ倫理的に《主題化》していくことが語りえぬ神秘に対する必要な《解釈》であるとしている[168]。人と人との出会い、つまり、神に従う者たちの間に生まれる緩やかなかかわり合いの中に、神が現れる。人間の救済を不可能にする構造を解放して行くことを通してこそ神が現存するのである。当然、人間の倫理的行為には限界があり、現状を超えるより大きな要求を行うという時の倫理の限界を経験しなければならないであろう。人間の倫理的理性を超越する現実に驚きながら、わたしたちはしばしば限界へと至ることになる。だからこそ、倫理的主題における超越の問題は、究極的に、人間の理性的かつ倫理的責任の計画において、未来を十分に学び尽くせるものではないという神秘的主題へと統合していくのである。

2.　啓示の中核としてのプラクシス

　人間経験のうちに超越はある。この人間経験を基盤とした超越理解は解釈学的神学の基礎的考察として、キリスト論、教会論にも連結する主題で

---

[168] *Ibid.*, p. 60.

第2節 啓示——プラクシスが現れるところ 85

あり、その意味で重要な点である。人間経験のうちに超越があるということは人間の実存の中心で神の啓示を受け取り、表明しようとする人間の姿を示さなければならないということである。そのための基礎的考察は、論証的理論と相容れない。この問題領域には、《生きられた経験》[169] という実践的次元における洞察の方法論が必須であると同時に、また、それへの神学的基礎理解が求められる。

　たとえば、イエス・キリストをどのように理解するかという一つの問題において、従来のキリスト論的言説では「終末的人間」「最後のアダム」「新しい人間」「来るべき者の現存」のような人間の本性を変容し、高め、超えたところ、すなわち、《人間的な領域の外に》意味をおくアプローチがなされていた。そこでは、イエスの人間性は《超越的人間性》を具有するものであると説明されていた。しかし、現代神学では、このような論証的な説明ではなく、《人間的な領域の中に》イエスの超越を《物語ろう》とする。現代神学はイエスと人間の差異化を強調する論証的な神学議論にみられる相対的、絶対的超越性に関する質量、本質などの議論を避ける。人間の超越に向けられた探究はイエスという人、その人間性全体における救済的現実へ向けられているのである[170]。

　しかしその一方で、質量的な超越的人間性に関する議論を避けられたとしても、その反動として、イエスの人間性に関する一般論化という別の問題も生じる。この問題についても同様に、現代神学は敏感である。イエスの人間的特徴だけを強調し、《ありのままの人間であること（being human）》を、そのまま、イエス像の形成のために規範や基準とする言説があるが、これも避けなければならない。スキレベークスは、わたしたちがイエスに関心を抱くのはイエスの具体的な《人としての存在》がわたしたちにとって人間という語の概念理解の規範や基準となるからだと述べている[171]。つまり、解釈学的神学は、《イエスはどのような人間だったのか》という問いから、《人間であるということはどういうことなのか》という問いへの転換をもたらす。イエスは歴史に登場した《人間性のペルソナ

---

[169] Edward Schillebeeckx, *Jesus, op.cit.*, p. 621.

[170] *Ibid.*, p. 597f.

[171] *Ibid.*, p. 601.

(human person)》である。彼は人間であるということが何を意味するのかについて、次のように述べる。

> おそらくイエスは、真に、人間であることがどのような意味を持つのか、また、その事実を通して、神であることがどのような意味を持つのかを示すことができるという神が与えた啓示である[172]。

したがって、ここで探っていきたい超越とは、いわゆる人間からも現実からも乖離した観念的な意味での《超越的人間性（transcending humanity)》ではなく、《人間の超越（human transcendence)》[173] なのである。「神の啓示のかたちは人間イエスである」[174] と語られるところの《人間》という概念は歴史的であるという共通基盤に生きたイエスが有し、また、わたしたち人間も有する人間性である。イエスはそのような人間性を、神に属するものとして経験したことを知るわたしたち人間は、対照的に、人間はどのように神の啓示を経験するのかと問うことができるのである。このような前提に立つならば、人間経験の内なる超越とイエス・キリストの《生きられた経験》とが、いかに密接に関係しているかが分かる。スキレベークスは、イエスと後の弟子たちから現代へと継続する社会／歴史的文脈におけるそれぞれの啓示の受容の在り方について相関関係的なコミュニケーションモデルを打ち出している。啓示の経験は、歴史的な基盤の上に、また、啓示の出来事に属している[175]。つまり、人びとの啓示の経験は各時代の時代性によって制限された社会的／歴史的文脈にある現実という分母の上にある分子のように人間の実存の中から表明されるのである。したがって、イエスの生きた社会的／歴史的文脈の基盤の上にイエスが神から受けた啓示があり、新約聖書の社会的／歴史的文脈の基盤の上に福音書に示された啓示の経験がある。各時代の時代性という分母とその上の分子にある啓示の経験の比はどの時代も同じように福音を証ししている。つ

---

[172] *Ibid.*, p. 602.

[173] *Ibid.*, p. 597.

[174] *Ibid.*

[175] Edward Schillebeeckx, *L'Histoire des hommes, Récit de Dieu* (Cerf, 1992), p. 80.

第2節　啓示——プラクシスが現れるところ　　　87

まり、わたしたちが生きる現代においても、この社会／歴史的文脈の基盤
の上に、今を生きる人間が神の啓示を受容し、経験しているはずなのであ
る。

　イエス・キリストに端を発する歴史において、どの時代にも、神の啓示
は超越として人間の実存の中に存在した。人間の実存の中に起こる出来事
は解釈学的神学において、実践、プラクシス（praxis）と呼ばれている。
プラクシスこそが、人間の内なる超越のダイナミズムを説明するのにふさ
わしい概念なのではないか。ここからは、スキレベークスと同時代の神学
者J. B. メッツの考察を加えながら、プラクシスの概念を呈示したい。

　J. B. メッツは、基礎神学を成り立たせる哲学的、思弁的原則論の基礎
に、明確な姿勢でプラクシスの優位を据える。プラクシスとは、人間存在
におけるダイナミックなあり方での認識の動きを示し[176]、キリスト者と
して絶えず再生し、存在する時の人間の現実そのものを表すための概念で
ある。また、W. カスパー（Walter Kasper, 1933-）は、プラクシスとは
実践神学の探究そのものを指し、神学において明文化するための諸条件
や、明文化の機能そのものを問題視する神学的考察を推し進めることであ
る[177]と述べている。確かに、語りえぬものが語られるという一つの明文
化のプロセスに、神学が神学として成立するための必要条件や潜在的な能
力、また、キリスト教の起源的な次元——イエス・キリストとの出会いと
いった——として、プラクシスの次元と言われるものは拡がっており、そ
の次元を度外視することはできないであろう。もし、カスパーの言うとこ
ろの実践神学的探究がキリスト教の歴史において真に有効であるなら、キ
リスト教的言説はその諸概念の発生から神学そのものとみなされる言説に
至るまで、まったく純粋に、論証的、内在的な弁証法に従って展開される
ことはないという意味となる。つまり、ここで名づけられたところのプラ

---

[176] メッツは、この認識的動きについて、メタノイア、回心、脱出という三つの概念を
挙げ、これらは倫理的類型や教育的類型で説明されるものではなく、信仰の認識的類型
であると述べている。cf. J. B. Metz, *La foi dans l'histoire et dans la société: Essai de
théologie fondamentale pratique*, traduit de l'allemand par Paul Corset et Jean-Louis
Schlegel (Cerf, 1979), p. 70.

[177] Walter Kasper, *La théologie et l'église*, traduit de l'allemand par Joseph Hoffman,
l'édition originale en allemand; *Theologie und Kirche* (Cerf, 1990), p 18

クシスという人間存在の現実における認識のダイナミズムを通らなければ、信仰を内省するという意味での神学は成立し得ないということである。

しかし、プラクシスという言葉を聞くと、一般的に、人間が何かの活動をしているその状態に注意を向けがちである。G. ヘイティンク（Gerben Heitink）は、「プラクシスの理論としての実践神学は、現代社会のプラクシスにおいて、キリスト教信仰を仲介する神学的理論へと経験的に方向づけられる」[178] として、信仰の危機的状況への特効薬という即効的で司牧的な効用を実践神学に期待してはならないと言っている。むしろ人間経験や教会と社会の現状の基底からくる経験的なデータを用い、それを出発点として、自らの理論の発展や神学の方法論の構築を期待すべきである。ローマの信徒への手紙 12 章 4 節[179] には、教会のメンバーの多様な機能としてのプラクシスの描写と同時に、キリストの一つのからだというダイナミックな人間存在の集合的なプラクシスの理解がみられる。人間の宣教行為のうちに神の行為を見出し、論じるもの——《プラクシスの理論（the theory of praxis）》としての実践神学的態度——は、キリスト教の起源として重要な要素である。現代の実践神学も目指すべきことは人間の生きたプラクシスの全体を包括的に注視することである。ヘイティンクは、人間実存の内部にあって、キリスト教信仰を仲介するダイナミズム《praxis 1》を、現代社会の具体的な実践《praxis 2》において探究するという二側面の研究方法に言及している。両者は密接な関係を持ち、同時に、緊張関係にもある。したがって、一般的に指摘される外的な実践もプラクシスの重要な要素としてないがしろにするべきではない。しかし、外的な機能分析に終わるのでなく、本来の目的は人間経験の基底に存在する神の啓示の現実に触れることだと認識しておかなければならない。

このように、プラクシスとしての人間経験の内なる領野、さらには、人間社会の歴史に展開する共同体的領野が一つの枠組みとして規定される

---

[178] Gerben Heitink, *Practical Theology: History, Theory, Action Domains*（Wm. B. Eerdmans Publishing, 1999), p. 6.

[179]「わたしたちの一つの体は多くの部分から成り立っていても、すべての部分が同じ働きをしていない」。

第2節　啓示——プラクシスが現れるところ　　89

が、考察の枠組みとはいえ固定化されてはいない。それは、人間存在と世界の中心において、あらゆる言説やあらゆる諸実践、また、教会を構成する制度自体をも読み返す枠組みなのである。中心とその周辺を循環するような複雑で動的な関係性に決定づけられた枠組みである。

　啓示の中核としてのプラクシスは、人間実存としてのプラクシスである。この在り方は常にすべての《主体生成（le devenir-sujet）》のための連帯に関わる解放者として特徴づけられる[180]。キリスト者のプラクシスは自らの主体生成のためだけではなく、他者の主体生成にも参与する。また、その在り方は社会に対する積極的な働きかけだけではなく、社会―政治的次元の《苦しみを孕む構成（la constitution pathétique）》として理解されなければならない[181]。プラクシスを決定づけるのは人間の在り方そのものである。人間経験の内なる主体がさらに主体と成っていく歴史的基底にあって、言葉にならない苦しみを想起し、物語ろうとする人間の在り方がプラクシスを決定する。

　メッツは、苦難の記憶を想起し物語るキリスト者のプラクシスが、なぜ、キリスト者にとって決定的な役割を担うかという問いに次のように答えている。「苦しみの想起としての《想起》の類型と人間の苦しみの歴史を言語化するという《物語》の類型は、歴史の中に発展や勝者の姿しか見ないシステムから、わたしたちを逃れさせてくれるという決定的な役割を担っている。連帯も同じくそうである。アナムネーシスのうちに拡がった連帯において、わたしたちは歴史の犠牲者を想起することが可能とな

---

[180] メッツは、キリスト教の実践的解釈学の特徴として、その起源からしてキリスト教的プラクシスは社会の中にあり、常に社会からの明確な定義を要求される主体でなければならないと述べる。したがって、実践的解釈学は主体の外側では考察できない。プラクシスが社会の範囲内にある限り、キリスト者のプラクシスは倫理的にかつ、歴史的に決定づけられている。暴力には暴力でしか解決できないとされる憎しみへの抵抗を示し、イエス・キリストに遡る記憶とその記憶を物語ってきた歴史によって歴史的共同記憶のうちに常に語り続ける。倫理的、歴史的という二つの特徴を身にまとうキリスト者のプラクシスは、必然的に《主体》と成っていく運命にある。J. B. Metz, *La foi dans l'histoire et dans la société, op.cit.*, p. 76f.

[181] *Ibid.*, p. 78.

る」[182]。つまり、絶えず刷新されるためにはダイナミックな認識が他者との関係性に向かって絶えず開かれていなければならない。メッツは、その普遍的開きを受苦として、また、限界地点に据えられたキリスト者固有の経験の最深部として考察しているのである。

　スキレベークスも同様に、人類の苦難の歴史とプラクシスの関係性について言及している。「なす術を知らない無実の苦難に、絶えず、直面せざるを得ない事実があるように思える。一言で言うならば、このような苦難は暗闇の破片で綴じられた人類の苦しみの物語であり、合理的で、理論的な事象に当てはまることはけっしてない」[183]。人類の苦難と悪の問題が歴史から切り離されることはない。あまりにも多くの、無実で、意味がなく存在する苦しみを合理的に説明することもできない。スキレベークスは、唯一適切な信仰の次元からの応答は、悪についての理論を説明することではなく、悪に抵抗する具体的なプラクシスに依拠するしかない[184]と述べている。「物事の改善は可能だという宗教的約束の強度によって、悪と苦難を克服しようとするプラクシスの内にのみ、信仰は実現される」[185]のである。

　キリスト者に固有なプラクシスの参照点はイエス・キリストの実存である。したがって、イエス自身が苦難の歴史を経験したというその実存的事実が、キリスト者にとっての参照点となる。イエスの示した救いの提示は人間社会に潜在する負の慣習のせいで拒絶されてしまった。だから、イエス自身もそうであったように、自分の提示した救いが退けられるという事実をキリスト者は知らなければならないし、受け容れなければならない。しかしこの問題は同時に、拒絶されたという出来事が苦難として明確になったことで、逆に、イエスによる救いが推し量ることができないほどの倫理的深みを獲得してしまったということも意味している。スキレベークスは、イエスの受苦に似た経験を《否定的対照経験（negative contrast

---

[182] *Ibid.*, p. 79.

[183] Edward Schillebeeckx, *Jesus, op.cit.*, p. 620.

[184] *Ibid.*, p. 621.

[185] *Ibid.*

第2節　啓示——プラクシスが現れるところ　　　　91

experience)》[186]と呼んでいる。キリスト者のプラクシスの神学的基礎は、この受動的な対照経験に特有な認識価値によって描写され、理解される。

　つまり、ナザレのイエスは、人類の苦難の歴史にあって人類の一員として救いのメッセージを示し、自らが生きたプラクシスによって自分自身を提示した。イエス自身が、わたしたちに対して、生の歩みへの新たな方法を示している。無実の苦難と十字架上での死を通して、再生の源でもある古い歴史に対する新しい読み方を教えてくれる。イエスに従う人間とは、苦難の歴史的基底においてイエスと共にあらゆる経験を想起し、それを物語る者たちのことである。彼らが、このように生きられた経験の次元で《イエスは誰か》と問うならば、その問いはすぐに、《人間とは誰か》という問いへと転化していくだろう。それほどまでに、イエスに近く、イエスと親しく、イエスと共に、人類の苦難を受容する。これほどまで実存的にイエスと同じ地平に立ち続けるところに、真のプラクシスのダイナミズムは現れる。

　メッツは苦難の真っ只中に生起する《対照経験》を、受肉の神秘の歴史的表現としての世の世俗化という現象から論じている[187]。キリスト者にとって世の異質性は往々にして苦難と考えられる。「わたしたちの目には明らかに異教徒や冒瀆者のようにしか見えないこの異質性に、わたしたちは常に苦しみ、また、わたしたちの信仰の十字架のようにそれを担わねばならない」[188]。しかし、実は、わたしたちの目に異質と見えるこの世の世俗化はキリスト教によって到来したのであり、キリスト教の実存は永続的に続くこの世俗性の中にあるのだという。自然の非神性化を行い、この世のものを俗なるものとみなして古代の様々なものの非神話化を行ったのはキリスト教特有の視点である。それは、キリスト者がこの世に対して異議を唱えるという方法によってでしか、自らの生き方を調整することができなかったその方法論に依拠している。キリスト教が世界の世俗化として存

---

[186] *Ibid.*, pp. 621-625.

[187] J. B. Metz, *Pour une théologie du Monde*, traduit de l'allemand par Hervé Savon (Cerf, 1971), chapitre I, 《La compréhension du monde dans la foi, Orientation chrétienne dans la mondanéité du monde d'aujourd'hui 》, pp. 2-66 参照。

[188] *Ibid.*, p. 55.

在し、各時代において、世俗化の最も現代的な動きの中心として、また、キリスト者の真正なプラクシスのダイナミズムとして存在した結果である。したがって、世俗化そのものはキリスト者が物語る歴史的な精神であり、現れでもある。つまり、キリスト者とこの世の世俗化の基底は同じ地平であり、キリスト者の経験内部には、必然的に、《世の異質性》という次元が存在する。この異質性は、常に、新しい様相を表し、絶えず変化もする。

　メッツが主張する対照経験は自らが生み出したにも関わらず、人間の経験内部においてまるで異邦人のように立ち現れる世俗性に対して、イエス・キリストによる解放的受容が行われているということである。《赦し、受け容れる》という徹底した《受容事実》の地平に運命的に立たされる人間経験を通して、イエス・キリストによる解放的受容が行われている。メッツは、このことを次のように述べている。「まるで耳の聞こえない者のように異質で無愛想な者として、わたしたちの信仰の真ん中に居座るこの世俗性を、受け容れられないでいるわたしたちであるが、しかし、わたしたちの目には到底見通し得ない受容の事実が、実に、それを受け容れているのである」[189]。苦難の淵に落とされた人間が無言のままに、けれども、わたしではない誰かがこの苦難を受け容れていると経験する時、その人は自らを超えた事実として、神の受容を体現している——そのような人間の姿は実存的な経験の基底で、イエス・キリストを通して、神の啓示を受け容れているということではないだろうか。このような経験から、キリスト者は証言する。人間経験の内なる超越は逆説的な対象経験の証言からその姿を現すのである。

第3節　第二バチカン公会議における
「啓示」概念

　解釈学的神学は、人間の生活から乖離した観念によって論証される真理の説明や教理の反復という方法を徹底して退けようとする。そして人間の

---

[189] *Ibid.*

第3節　第二バチカン公会議における「啓示」概念　　　93

生きた行為とその経験を基底に据え、神学を行うことそのものが真理を行うことになると主張し、自らその主体であることを望む。このように徹底した人間経験に立脚しようとする態度によって、神学的営為の立ち位置が根本的に変化し、啓示の問題系が「神の啓示とは何か」から「啓示を受容する人間とは誰か」という問いへと移行したのである。したがって解釈学的神学において、《地平》と呼ばれるところの神の啓示の出来事はまさしく、このような人間の行為、生きた人間のプラクシスという、いわば《平らなところ》に与えられるイエス・キリストの出来事ということができる。また、それはこの世における真理と苦難の境界線上にある経験という出来事でもある。このようにして、現代の神学者たちはこのような経験の現実をイエス・キリストのこの世の受容事実、受肉としての神の啓示と重ねあわせた。

　さて、第二バチカン公会議における啓示理解は、一方では教理の論点から、もう一方では、エキュメニズム的論点から中心課題とされていた[190]。そこには当時の教会と社会が直面した危機に誘因された背景がある。A.ミッチャーリヒの書『父親なき社会』[191] でも論じられているように、公会議の時代である 1960 年代、大陸内部で多少な違いはあったとしても西洋社会は全体として権威の危機を経験していた。教師や両親、政治家など、それまで精神的にも政治的にも権威的役割として果たされていた伝統的な価値は失われ、第二次世界大戦の悲劇を通して絶望した人びとも何かを信じるための基軸を失っていた。カトリック教会もまた、政教分離原則の完全なる施行によって国教という概念が失われたことにより、政治的な力を行使できないばかりか、公の発言にも自粛が強いられた。その結果、カトリック教会は自信喪失に陥った。信仰の遺産を保持する権威、聖書の権威、聖職者の権威、そしてミサにおける秘跡の霊的な権威さえも議論の対象になっていった。このような状況下での教皇ヨハネ 23 世の《教会の

---

[190] Bernard Sesboüé,《La communication de la Parole de Dieu: Dei Verbum 》, in. *La Parole de Salut*, par Bernard Sesboüé et Christoph Theobald（Desclée, 1996）, pp. 511-516.

[191] Alexander Mitscherlich, *The Society without the Father: A Contribution to Social Psychology*（Harper Perennial, 1992）.

今日化（アジョルナメント）》は最も時宜を得た呼びかけだったであろう。カトリック教会は、この世界において、自らに対して、自らの存在の仕方に対してどのように考えれば良いのか。真理の責任を保持してきた教導権の権威の脆さが露呈される中で教会はどのように今の状況をありのままの姿を語ることができるのか。どのように神のことばを聞き、どのように宣言すべきなのか。単なる理論上の修正ではなく、根本的な自己定位の変革が求められたのである。啓示の問題はこのような全ての問いに応答するために鍵となる中心的問題であった。

　第二バチカン公会議で公布された『典礼憲章』と『神の啓示に関する教義憲章（Dei verbum：以下、本文ではデイ・ヴェルブムと、引用文にはDV と略記）』によって確認された内容は他の公会議文書と比較して特別な意味を持っている。ベルナール・デュピュイ（Bernard Dupuy, 1924-2014）はそれについて次のように述べている。

　　　第二バチカン公会議を一つの建築物とするなら、《典礼憲章》と《神の啓示に関する教義憲章》はその建物の中に入るための二つの正面玄関といえる。（中略）以上、この二つの憲章は《教会憲章》と《現代世界憲章》に導くための道であり、その他全ての教令や宣言、公会議において作成された全ての文書につなぐ役割を担っている[192]。

　デイ・ヴェルブムは第二バチカン公会議から自然発生した創作物のようには提示されていない。カトリック教会史上、啓示理解を明確にしたトリエント公会議や第一バチカン公会議の歩んだ道程を意識しながら作成された文書であり、啓示内容の拡張的理解と教会理解の根本的な変革に努めようとした内容である。また、それは公会議に招集された司教たちや聖書学者たちに、基礎的、教義的問いとして投げかけられ、討議された啓示理解に関する当時の最終的な結論でもある。当時の教会が対峙していた社会における諸問題に対応するよう考察されたが、単に教会が自らを守るという姿勢ではなく、自らを開くという一貫した姿勢で取り組まれたものであ

---

[192] Bernard Dupuy, *La Révélation Divine: Tome 1, Constitution dogmatique 《Dei verbum》* (Cerf, 1968), p. 13.

る。したがって、様々な神学者や聖書学者の意見が取り入れられる機会が非常に多かった。このデイ・ヴェルブムの文書中に、解釈学的神学の着想に刺激を受けた実践的自己定位の思想を見出だすことができる。神の啓示がどのように世界に定位するのかという問題に関してそれまでの公会議とはまったく違う語法で解明されている。

そこで、デイ・ヴェルブムにおいて啓示がどのように新しく提示されたかを、第二バチカン公会議に先立って行われた第一バチカン公会議で発布された『カトリック信仰に関する教義憲章（Dei filius：以下デイ・フィリウス）1870 年 4 月 24 日』[193] における啓示理解と比較することによって明確化したい。

デイ・フィリウスでは、神、啓示、信仰、そして、信仰と理性の関係という四つの主題が順に扱われている。主題の展開は 16 世紀から 18 世紀末に練り上げられた基礎神学である護教神学に依拠しており、全体的に教義の表明というかたちを取る。第一章「神について」では、人格としての神の存在、無からの創造、神の摂理について述べられ、続いて、第二章「啓示について」で啓示に関する教えが述べられる。ここでは、人間とは自然的理性によって被造物を通して神を知ることができること、超自然的かつ神的啓示の事実が存在すること、また、神についての自然的真理に関する啓示は人間にとって必要なものであり、特に、人間の超自然的終局のために必ず必要なものであると述べられる。「神は無限の慈愛によって、人間が超自然的目的、すなわち人間的知性の理解を完全に超越する神の善に参与できるよう秩序づけた」（DS3004）[194]。

超自然的啓示は人間にとって必要なものであるということが基本的な前提とされ、それを説明するために、トリエント公会議において公布された一節が引用される。「超自然的啓示は、書き記された書物と、書かれていない伝統とに含まれている。伝承は使徒たちがキリスト自身の口から受継

---

[193] 第一バチカン公会議『カトリック信仰に関する教義憲章』a）聖書と使徒の伝承について：A. ジンマーマン『改訂版：デンツィンガー・シェーンメッツァー、カトリック教会文書資料集』（エンデルレ書店、1988 年）、p. 450.（以下、本文中に引用する場合、『カトリック教会文書資料集』の番号を表記するため DS の略記を使用）。

[194] 同上、p. 450。

ぎ、聖霊の神感によって、手から手へ渡すようにして、使徒たちからわれ
われに伝えられたものである」（DS1501、3006)[195]。しかしここに注目し
なければならない点がある。この文書の主語は《超自然的啓示》である
が、アンリ・ブイヤー（Henri Bouillard）の指摘によれば、引用元のトリ
エント公会議で書かれた同じ文書の主語は《救いの真理の源泉、規律》と
なっており、そこでは《啓示》という語に一言も触れられていない[196]。
つまり、第一バチカン公会議によって、トリエント公会議の啓示理解に変
更が加えられたのである。このような語の変更の結果、啓示の概念全体は
大きく修正されなければならなくなった。第二章「啓示について」では啓
示の詳細な定義は避けられているが、続く、第三章「信仰について」と、
第四章「信仰と理性の関係」では、啓示を保持する主体が教会であるとい
うことについて様々な言説が述べられており、読み進めることによって信
仰の教理と同一視された啓示の概念が浮かび上がってくることが分かる。
たとえば、啓示とは、教会に与えらえた忠実に守るべき教理なのであり、
誤りなく解釈しなければならないと述べられる（DS3020)[197]。また、啓示
は聖書と伝承の神の言葉の中に存在する神秘の内容全体を示しており、教
会教導権の仲介によって初めてわたしたちの信仰に訴えかけられるもので
あると述べられる（DS3011)[198]。《啓示》と《信仰の教理》の同一視化、
また、《啓示》と《信仰の真理》の同一視化というようにそれらの概念が
何を具体的に示しているかは明らかにされぬまま、二つの概念の単純な同

---

[195] 同上、p. 270、p. 451。

[196] Henri Bouillard, "Le concept de revelation de Vatican I à Vatican II", in. J. Audinet, H. Bouillard, L. Derousseaux, *Révélation de Dieu et Langage des Hommes* (Cerf, 1972), pp. 37-38.

[197] 第一バチカン公会議『カトリック信仰に関する教義憲章』第四章、信仰と理性：「神が啓示した教理は、哲学的作り事や人間の知能が完成したものではなく、キリストの花嫁（教会）に与えられた神の遺産であり、これを忠実に守り、誤ることなく解釈しなければならない」（*DS*, p. 454)。

[198] 第一バチカン公会議『カトリック信仰に関する教義憲章』第三章、信仰について：「聖書と伝承の中に含まれている神のことば、及び、教会の荘厳な宣言または通常普遍的教導権によって、神から啓示された信ずべきこととして示すすべてのことを、神的カトリック信仰をもって信ずべきである」（*DS*, p. 452)。

第3節　第二バチカン公会議における「啓示」概念　　97

一視化が行われている。

　それに加えて、当時、議論されていた《自然的理性》と《超自然的理性》という対立概念による理性に関する理解も影響し、啓示の理解がさらなる硬直化の途を辿っていく。すべての秩序の上位に位置する《超自然的啓示》は、人間の自然的理性と対照的なものとみなされる。したがって、一方には神秘のまったく含まれない自然的理性が存在し、もう一方には神的権威によってのみ保障される神秘に満ちた真理としての超自然的理性、すなわち超自然的啓示が存在するという、二項対立の概要が結果として提示されたのである。デイ・フィリウスは、この教会こそキリストの花嫁として神の超自然的啓示である遺産を保持し続けることができ、今ある教会の安定した姿は神にその役割を委ねられた証拠であると述べ、教会の自律性を主張したのであった（DS3013）[199]。第一バチカン公会議はこうして、神の啓示がどの権威の称号において人間に必要とされるのかという問いに対し、秩序による定義と権威を保持する教会の概念理解によって答えたのであった。

　第二バチカン公会議におけるデイ・ヴェルブムも同じく啓示を扱っているが、問いの立て方がデイ・フィリウスとは明らかに異なっている。デイ・フィリウスでは、「神の啓示とは何か」という問いに答えているのに対して、デイ・ヴェルブムでは、「啓示はどのように存在するのか」、また、「啓示の源泉とは何か」の問いに答えている。

　まず、デイ・ヴェルブムの序文はトリエント公会議と第一バチカン公会議の足跡をふまえた上で、神の啓示とその伝達について提示したいと述べる。どの公会議もそれに先立つ公会議への忠実さが表明されているように、この公会議も同様である。第一章の「啓示そのものについて」と第二章「神の啓示の伝達について」の前半二つの章で、最も重要な主題が述べられる。第一章第二節「啓示の本性と目的」では、デイ・フィリウスの第

---

[199] 第一バチカン公会議『カトリック信仰に関する教義憲章』第三章、信仰について：「カトリック教会だけが、神によって啓示された数多くのすばらしいキリスト教信仰の確実な証拠を持っている。教会自体、すなわち、教会のすばらしい発展、すぐれた聖性、あらゆる種類の尽きることのない善、普遍的統一と絶対的安定性が、大きく持久的な信仰の動機、ゆるがすことのできない神の委任の証拠である」（*DS*, p. 452）。

二章「啓示について」と同様に、神の啓示を人間が受容する可能性について述べられている。しかし、デイ・フィリウスのような自然的啓示と超自然的啓示の違いについての形式的な説明ではなく、語りの語法が用いられ、「神が、キリストによって、聖霊のうちに、自分自身を啓示する」と宣言される。これは読者に対するいわば語りかけである。啓示は《神の自己啓示（autorévélation）》[200]であり、三位一体の交わりにおける神秘であると述べられる。この語法は、聞き手を神へ、神の秘跡であるキリストの人格へと求心的に向かわせる。人びとの向かうべき対話の相手がイエス・キリストであることを示すためには大変好都合な語法である。次に、このような対話の場が規定されて初めて、次のような対話の内容が告げられる。「見えない神がそのあふれる愛から友に対するように人びとに語りかけ、彼らと話を交わす」（DV2）[201]。二節の表題でもある「啓示の本性と目的」とはまさに、神が愛によって人びとと交わることであり、この交わりのうちに、神が人びとを受けとめることである。神が、友に対するように、人間に話しかける。見えない神が見えるものとして示されている。

デイ・ヴェルブムの文書全体は、このように、コミュニケーションの言語、出会いや関係性の言語、交わりへの招きの言語といった語りの語法が意図的に用いられている。啓示は、神と人間との間に交わされる対話の中に、救いの歴史の中に、つまり、分たれることのない《行為と言葉》の中に存する。デイ・ヴェルブムは、歴史の中に表明される言葉が救いの業を告知し、神秘を明らかにすると宣言する（DV2）[202]。語りの語法による表現方法は、デイ・フィリウスのように、教会だけが人びとを教えることができ、指導するのだと自らの権威を強調する護教神学の語法によるものと

---

[200] Bernard Sesboüé, *op.cit.,* p. 518.

[201] 第二バチカン公会議『神の啓示に関する教義憲章（1965年11月18日）』第一章、啓示そのものについて：『第二バチカン公会議公文書（改訂公式訳）』（カトリック中央協議会、2013年）p. 397（本文にて引用する場合は、DVと略記し、章の番号を記す）。

[202] 同上。「啓示のこの営みは互いに密接に関連する行為とことばとによってなされるので、救いの歴史の中で神によってなし遂げられたもろもろのわざは、教えと、ことばによって表示されたことがらとを明らかに示し、確証するのであり、また一方では、もろもろのことばはわざを告知し、かつその中に含まれている神秘を明らかにするのである」。

第3節　第二バチカン公会議における「啓示」概念　　99

は全く異なる雰囲気を醸し出すのを可能にする。

　第三節「福音による啓示の準備」と第四節「啓示の完成であるキリスト」、そして、第五節「信仰によって受け入れるべき啓示」において、啓示は長い歴史の中で実現する三位一体の神秘であること、また、啓示を余すところなく完成するキリストの行いと語りにすでに示されたこと（DV4）[203]、そして、人間はこの啓示を受入れ、信仰の従順で応えると述べられる。啓示はイエス・キリストに顕示されたように歴史的基盤の上に実現され、神の主導によって人びとにもたらされ、認識される（DV6）[204]。神からキリストへ、そして、人間の信仰で受けとめられるという垂直の下降線で描かれている。このような啓示理解自体は第一バチカン公会議の引用であり、一貫性として変わってはいない。

　第二章「神の啓示の伝達について」では、《神が神自身を啓示する》と定義された《神の自己啓示》がどのように人びとの間に伝わるのか、そのための伝達に不可欠な源泉は何かという問題について扱われる。第一章で規定された啓示の内容に対して、その位相に関する応答である。第二章第七節「福音の使者である使徒たちと後継者」において、第一章で確認されたように、神からイエス・キリストへ、そして、使徒を通して人びとへと救いの啓示が完全にすべての世代に伝達される流れが述べられた後、この伝達行為自体が福音の生きた伝承そのものであると明言される（DV7）[205]。

---

[203] 同上。「キリストは、ご自身の全現存と出現により、ことばとわざにより、しるしと奇跡により、そしてとくにその死と死者からの栄えある復活により、最後には真理の霊の派遣により、啓示を余すところなく完成するとともに、神による証言として次のことを確証するのである。すなわち、われわれを罪と死の闇から解放して永遠のいのちによみがえらせるために、神はわれわれの傍らにいるということを」。

[204] 同上、p. 400。「神のことがらの中で人間理性によって本来近づけないわけではないものも、人類の現状のうちにあるすべての人によって、容易にかつ堅固な確実性をもって何の誤りも交えずに認識されうるということ」。

　「この神の啓示によって、神について、本来人間の理性によって理解できることを、人類が現在おかれている状態において、すべての人が、やさしく確実に、また少しの誤謬も交えないで認識することができる」（DS3005, p. 451）。

[205] 前掲書、p. 400。「福音が教会の中に絶え間なく完全にかつ生き生きと保たれるように」。

ここでの根本的な問題は、《伝達（transmissio）》という方法論がどのようなものであるかについてである。つまり、第二バチカン公会議は、トリエント公会議で扱われた《聖書と伝承》の問題を《伝達》という行為の側面から第一バチカン公会議の理解の仕方とはまったく異なる方法で再解釈をした。デイ・ヴェルブムももちろんこれまでの公会議の主張と同様に、「前もって預言者たちを通して約束されたことの成就である神の《福音》は、主イエス・キリストを通して使徒へ、そして、人びとへと伝わる」という垂直的な流れにおいて説明している。それは今までと同様である。しかし、この一文の中でもとりわけ、イエス・キリストこそ、啓示の伝達方法を解き明かす鍵となる中心的姿であることを強調しているのである。すべて福音の伝達は共観福音書も示しているように、イエス・キリストの福音の宣言と伝達によって開始された。この福音は誰かに受容されることがなければ、けっしてその効力を発揮することはできない。キリスト教が伝達される場合の《ひな型》は、福音を語るイエスと、イエスが伝えた事柄を福音として受容した人びとの間に起きた関係性、つまり、コミュニケーションなのである。したがって、神の啓示はイエス・キリストの福音というただ一つの源泉から出発する。文字として書き残された聖書でも様々な諸伝承でもなく、この福音こそが、啓示の伝達のための源泉なのである[206]。コミュニケーションによる《伝達》は誰かが他の誰かに向かって決まった情報を口伝で教え込むようなものではない。そうではなくて、コミュニケーションによる《伝達》を担う者となりたいなら、神が人びとに交わろうとするダイナミズムの中に入り、ダイナミズムの動きを見、聞き、受けとめながら、受けとめたことを語り継ぐというやり方を取るしかない。

　以上、方法論上の問題から、次に、《聖書と伝承》の内容の問題へと移行していく。デイ・ヴェルブムでは必ず《聖伝（Traditio）と聖書》[207]という順番でこの二つの概念が並列に記されている。さて、第七節の終わりでは「この聖伝と旧新約両聖書とは、地上を旅する教会が、顔と顔を合わ

---

[206] Bernard Sesboüé, *op. cit.*, p. 533.

[207] デイ・ヴェルブムにおいて日本語訳で表記される《聖伝》は、必ず大文字 T 単数の Traditio である。ここではわかりやすく《伝承そのもの》と訳す。

第3節 第二バチカン公会議における「啓示」概念 101

せてありのままの神を見るときまで、すべてを与えてくださる神を見るための鏡のようなものである」（DV7）と述べられる。すなわち、《伝承そのもの（Traditio）と聖書》は、神の啓示の《鏡》とも言える貴重な存在なのである。このような鏡が、今もこの世界に存在しているから、教会はこの鏡を見て、神を観想し、啓示を見、聞き、受けとめることができるのである。第二バチカン公会議は《伝達》の方法論と同様に、《伝承》の内容も刷新している。この刷新に至るまでに長く繰り広げられた《諸伝承（les traditions）》と《伝承そのもの（la Tradition）》に関する議論がある。

第二バチカン公会議の準備段階である「啓示の源泉に関する教義憲章」概要の起草段階において、すでに次の二つの点が議論の対象となっていた[208]。

一つめの問題点は、トリエント公会議第四総会の教令『聖書の正典について』の「聖書と使徒の伝承」（DS1501）[209]の解釈に関してである。《伝承》と一言で言った場合、それは聖書と区別して、教会内に残された数多くの《諸伝承》とそれら様々な諸伝承を統合する概念としての《Sacra Traditio》、つまり《聖なる伝承そのもの》という二つの意味合いがあると指摘される。これが、いわゆる《小文字 t 複数形のトラディチオ（traditiones）》と《大文字 T 単数形のトラディチオ（Traditio）》の議論である。この二つの概念を啓示の源泉を考察する上でどのように扱うことができるのか。啓示は聖書と伝承という《二つの源泉》を必要としているのか。それとも、質的補完性の原則に従って一つの《伝承そのもの》という概念理解による源泉で十分なのか[210]という問題である。

二つめの問題点は、それでは、聖書を含む諸伝承を統合した《伝承そのもの》を概念規定した場合、様々な信仰の諸真理が《伝承そのもの》という概念によってしか構築されないということになるが、それで良いのかと

---

[208] cf. Bernard Dupuy, "Historique de la Constitution", in. *La Révélation divine; Tome I, op cit.*, pp. 61-117. デイ・ヴェルブムの編纂にあてられた 1962 年から 1965 年までの議論の推移が中心的要点としてまとめられている。

[209] cf.トリエント公会議『聖書の正典についての教令』a) 聖書と使徒の伝承について（*DS.* p. 270）。

[210] Bernard Sesbouč, *op, cit.*, p. 532.

いう問題である。つまり第二バチカン公会議に至るまでに理解されてきたこれまでの伝承の内容に関する解釈が必然的に要求されたのである。公会議開催中も《伝承そのもの》の内容とは何か、《伝承そのもの》の主体は何を指しているのかと議論は活発に進んだ。そしてこの議論は結局、前頁の方法論について述べた箇所で指摘した伝達のひな型の問題、つまり、原始キリスト教会から教会の中に保たれてきた《コミュニケーション構造》という啓示の枠組みの確認によってすべての解決を得るに至った。

　神の自己啓示は《コミュニケーション構造》を帯びた伝達行為を介して人びととの間に存在する。個々の諸伝承の項目が重要と言うよりも、啓示が伝達されるコミュニケーションの場そのものが重要なのである。デイ・ヴェルブムでは、《諸伝承》（小文字 t 複数形トラディチオ）は、《伝承そのもの》（大文字 T 単数形トラディチオ）に置き換えられた。つまり、第二バチカン公会議は、《伝承そのもの》という、諸伝承を包括する概念を新しく生み、トリエント公会議において《聖書と使徒の伝承》と併記されたこの二つの概念を《聖伝と聖書》の順番に変えたのである。それによって、伝承の意味が抽象化されてしまったのはたしかに否めない。しかし、この変更によって、固定的概念によって説明される啓示から、生きた人間の行為であり、交わりであるという《生きた伝承そのもの》において啓示を受けとめていくという動的な理解への移行が可能となったのである。

　第八節「聖伝（Sacra Traditio）」では《伝承そのもの》についての詳細が述べられる。使徒たちの説教や手紙、またその後に残された数々の諸伝承だけでなく、《教会の教え、生活、礼拝》といった書き残されていない伝承についても《伝承そのもの》としてあらゆる世代へ向けられているものとしている。使徒たちに由来する《伝承そのもの》は、時代の推移とともに進展し、こうして、神に由来する真理が満たされることを目指そうとする（DV8）[211]。第九節「聖伝と聖書の相互関係」では、端的に《聖書》と《伝承そのもの》が相互に深く結びついていると指摘され、第十節「聖伝と聖書の全教会ならびに教導職との関係」において、はっきりと教会の自己認識が述べられる。教会はもはや、唯一真理を保つことのできる権威として自らを認識することはしない。「書かれた神のことばや伝承された

---

[211] 『第二バチカン公会議公文書（改訂公式訳）』、p. 401。

神のことばを正しく解釈する任務はただ教会の生きた教導職のみにゆだねられており」という第一バチカン公会議の線を容認しつつも、「その権威はイエス・キリストの名において行使される」としている（DV10）[212]。また、この教導職が「神のことばの上にあるのではなく、これに奉仕するもの」であると、神のことばへの忠実さの実践が強調されている。

　以上をまとめると、デイ・ヴェルブムは二つの移行において解釈学的神学からの影響を受けていると言えよう。一つは、教会の語り方における移行である。語法の移行において、明らかに《護教の語法》から《語りの語法》へと転換している。もう一つは、教会の自己定位における移行である。この位相の移行において、《権威構造》から《対話構造》へと転換した。二つめの転換は証言の問題に関してとりわけ重要である。諸伝承としての個々の資料や習慣を包括した概念として、《伝承そのもの》を規定したことで、啓示の伝達行為が行われる人間経験に視線を向けることが可能となったのである。

　教会は、デイ・ヴェルブムによって、第一バチカン公会議の《教会中心主義的》な語り方から第二バチカン公会議の《キリスト中心的》な語り方への移行を遂げた。すなわち、教会は権威の中心から一歩退き、キリストを中心に自らを脱中心化させたのである[213]。デイ・ヴェルブムにおいて、イエス・キリストの出来事をこの現実の中で想起し、福音を聞き、証言をかたちづくる共同体としての自己定位を完全に修正した。

　《教会憲章》や《現代世界憲章》で拡げられた考察はデイ・ヴェルブムによる教会の基本的立ち位置の明文化を基礎に、この世におけるイエス・キリストの受肉の神秘を物語ったものである。《神の啓示とは何か》という問いから《神の啓示は人間経験のうちにどのように関わるか》という問いへの転換は、現代の神学者も取り組んできたようにイエス・キリストという中心軸への徹底した回心によって実現されていく。では、現代、わたしたちはこの現実をどのように生きることができるのだろうか。

---

[212] 同上。

[213] Christophe Theobald, «Le concile et la «forme pastorale» » , in. *La Parole de Salut*, par Bernard Sesboüé et Christophe Theobald（Desclée, 1996）, p. 501.

第3章　証言の中で啓示を聞く

　ここまで、経験を物語る場としてのキリスト者の証言はどのようなもの
であったか（第1章）、キリスト教に固有な証言であるためにはどのよう
な条件が必要か（第2章）について考察した。ここから明らかになったこ
とは、原始キリスト教会におけるキリスト者の証言から始まり、ルネサン
ス・キリスト教ヒューマニズムの時代を経て、キリスト者の証言はいつの
時代も、教会の制度化過程において定式化される信仰の言説を打ち破るよ
うなかたちで現れてきたということである。キリスト者の生きた伝承の理
解は第二バチカン公会議におけるデイ・ヴェルブムにおいて再確認され
た。すなわち、キリスト者自らの信仰表明を行うためだけではなく、神の
啓示を受容するためにもキリスト者の証言は必要なのである。解釈学的神
学は、人間に備わる語り性のうちに神の啓示が受容されるという神学理論
を打ち出した。そこで中心的主題に据えられた問題系であった人間経験を
巡って思索された神学的営為が、神学的枠組み自体を、観念論から実存論
へと移行させ、キリスト教がこの世界に実存的に存在するためのキリスト
教神学そのものの態度を明確に示すという帰結をもたらしたのである。
　第3章の主題は、解釈学的神学によって明示された神の啓示を受容する
主体生成の理論が実際の人びとの証言の中でどのように実現されているか
を検証することである。人間経験を優位としたプラクシスの神学が主張す
る《観念から実存への真の移行》を果たすためには、《生きられた経験》
の現場に立ち、そこから眺める地平を描写することが必要である。した
がってここからは、神学的営為が生きた実存にどこまで留まることができ
るかを探究するため、具体的な証言と対峙することになる。真の出会いの
コミュニケーションの言語とは何か、神の啓示をどのように受けとめるこ
とができるのか、こうした探究によって何が明らかにされるのかが本章で
取り組まれるべき問いである。
　しかし、実際に証言資料にあたる前に、リクールの実存主義的哲学で提
示された《語り性》の問題系に立ち戻らなければならない。第二バチカン

公会議で確認された神の啓示のコミュニケーション的構造を人間主体と共同体性がどのように経験するのか。まず、キリスト者の証言を読解する上で前提となるこの点を再確認しておきたい。この再確認を踏まえて、実際にキリスト者の証言の読解に取りかかる。質的研究の方法に基づいて聴取した、戦後、来日した外国人宣教師へのインタビュー資料の読解を通して神学的主題を抽出し、キリスト者の証言の真意がどこにあるかの提示を試みたい。

第1節 《信の証言》が生まれるところ

1. 信への戸惑い、語りの二重性、語り得ぬこと

はじめに、《信の証言》の問題系がどのような現状を呈しているか確認するためにいくつかの現象を挙げてみたい。これらすべての例は《信》という概念に関連する問題として提示することができるであろう。そもそも《信》という概念は大きな幅をもっている。たとえば《何か（誰か）を信じる》《宗教的対象としての絶対者（神）を信仰する》という時の《信》は、ある特定の目的語と組み合わされ、何かに対する信念やある種の崇敬を生む。また、目的語が明らかにされない場合の認識的な経験レベルにある《確信する》《わかる》《思う》《感じる》という動詞が示す領域も《信》の範囲に含まれる。《明日は晴れると思う》《この電車は間違いなく次の駅に到着する（と確信する）》という場合には、具体的な目的語がいつも示されているわけではない。このような《信》は、前者のような具体的な人物、信条や教義、あるいはモットーなどを信じるというよりむしろ、その人の態度や状態のことを示している。

社会心理学はこのような幅広い意味を網羅する《信》を《ビリーフ（belief）》という一つの概念に統合する。ビリーフとは、「ある対象と他の対象、概念、あるいは属性との関係によって形成された認知内容」と定義されている[214]。人の確信は自己の直接経験によって個人的に、また、環

---

[214] 西田公昭『「信じるこころ」の科学──マインド・コントロールとビリーフ・システムの社会心理学』（サイエンス社、1998年）p. 23。

第1節 《信の証言》が生まれるところ 107

境の中での日常的な会話や教育を通して社会的に獲得され、各自の頭の中で構造化されていくという。様々な日常生活における意思決定を支えるのはこれら一つ一つのビリーフであり、またそれらはまとまり、分類され、ビリーフ群を形成し連結し合って、認知システム（belief system）として機能しているのだという。このビリーフがどのような過程を経て形成され、何が根拠となって確信が確固たる信念へと成り得るのか、これが基本的な問いである。

　社会心理学研究はこの理解を《マインド・コントロール研究》への応用に発展させるために、マインド・コントロールの本質をビリーフ・システムの変容技術と捉え、そのシステムの構造的理解を深めることが重要であるとしている。そこでは、マインド・コントロールは、「ビリーフ・システムを変容して、それを支配者に都合のよい意思決定の装置としてしまうこと」と定義づけられる。この理論でいけば、自分は絶対にマインド・コントロールされたり／したりすることはないとはけっして言えず、誰もが潜在的に持っているビリーフ・システムがいつ変容し／させられるのか、誰も確証を持てないということになる[215]。このシステムの説明によって、《人の信念を操るマインド・コントロール》と《信じるこころの装置としてのビリーフ・システム》の間にある危うい境界線が見え隠れする。自分の信じることは《何かしら（あるいは誰か）》によって意図的に変容させられたビリーフ・システムなのか。マインド・コントロールとは違うものなのか。今、信じているこのことは本当に信じるに値することなのか、あるいは、本当に、わたしはこれを信じているのか。このような《信》の戸惑いからは誰も逃げられないのである。

　では、自分の《信》に戸惑いながら、どのように《信》を語ることができるだろうか。

　言葉には、表と裏があると言われる。日本語にはそのことを表現する《本音と建前》という昔から言い伝えられる《言語の相》がある。フランス人のオリヴィエ・シェガレ師はパリ外国宣教会の宣教師として40年以上も前に来日して以来、日本に住み、日本語を話すカトリック教会の司祭である。師は《本音と建前》にみられる日本語の特徴を挙げ、アイデン

---

[215] 同上、p. 95。

108 第3章 証言の中で啓示を聞く

ティティの問題と兼ね合わせて一つのエッセイ[216]を記している。シェガレ師はこのエッセイの中で、一般的に言われる否定的なコードとしての《本音と建前》ではなく、このような言語の相が持つ力量ともいえる潜在的意味を積極的に評価している。その積極性を彼は次のように説明している。

日本語言語は《本音》と《建前》という二つの面を有している。その両面は行ったり来たりしながら、けっして切り離されることのない《本来的に一なる二重性》を有している。《本音》の語源は《心の音》である。一人一人の真実は一人一人の内側のもっとも深いところに隠れている。また《建前》の語源は家の外観である。ある集団や国レベルの真実はたとえ《本音》と違っていても個人の口から堂々と発せられる。したがって、日本語言語での《内なる真実》と《外なる真実》は矛盾しない二つの真実なのであり、個と共同体のアイデンティティはこの真実において大きく関係している。この二重性はけっして矛盾することはない。表というものは裏なしに存在しないからである。つまり、真実というのは、それが切り離されることのない疑わしきものの底からしか生じることはないのである。まるで一筆の書の美しさがもやの中から生まれるように[217]。

このエッセイは言語を用いる人間存在の実存的次元を眺めることへと読者を招く。彼はいかにも巧みなものの言い方としての本音と建前という表面的な言語の使用方法ではなく、その深層に潜む揺れ動く真実について考察しようとしているのだ。

さらに、自分自身の揺れ動く《信》をどこまで語れるのだろうか。

この問題は《語りの限界》という問題を孕んでいる。結局のところ、わたしが《信》を語るといっても、ほんとうにそれを語ることは可能なのかという疑心がどこかに残るのではないだろうか。宗教的対象としての絶対者を信仰するという次元から、経験レベルでの《そう、思う》という次元まで、《信》の幅は広い。また、信条として《信》を他者に表明するときの宣言のような語りと、ある経験から理解したこととして《そう、思う》

---

[216] Olivier Chegaray, "Vérité et jeux de la communication au Japon", *Mission de l'Eglise*, Supplément du No. 148 (2004), pp. 12-15.

[217] *Ibid.*, p. 12f.

と自分の意見を述べる時とでは、言葉の重みが大きく異なるであろう。自分の心が揺れ動いている状態にある者が果たして、自分の信じるありのままのことを語り尽くせているかどうかは分からないものである。

さらに《語ることの限界》は《語り尽くせない》という以上に《語り得ない》という範疇も含んでいる。物語論を家族療法に応用する浅野智彦は「自己物語と語り得ないもの」という主題でそれについて論じている。ここで説明される《語り得なさ》は「自己物語のただ中に現れてくるようなもの」であり、「自己物語が達成しようとする一貫性や完結性を内側からつき崩してしまうようなもの」[218]である。どのような自己物語にも十全な一貫性や自己完結を内側から阻むような《穴》が空いており、この穴のような存在としての語り得ないものへの気づきが自分を発見する上でも、また家族間の関係性を発見する上でも、大きな役割を果たすと浅野は言う。すなわち、自分自身を物語る語りをどれほど頑張ってみても、そこには語り得ないものが必ず共存している。この《語り得ないもの》という概念を《信を語る／信を語り得ない》の問いに援用するなら、人間経験のうちから揺さぶられるような新しい《信》の位相として捉え直していくきっかけとなるであろう。《穴》としての語り得なさが自己物語の内部にあって、語り得るものを突き破ろうとするなら、《語りの限界》は逆説的に《語りの可能性》へと向かうことになる。

以上、《信》の周辺に立ち現れるいくつかの現象を取り上げながら《信の証言》が位置するところをみた。わたしたちは日常の様々な場面で、《信への戸惑い》《語りの二重性》《語り得ぬこと》など、知らず知らずのうちに経験しているのではないだろうか。もちろんそれが困難なこととして意識されない限り、立ち止まってそのようなことを考えることはないかもしれない。しかしながら、このような現象を注意深くみていくと《信を証言する》ことがいかに重層的で内的なダイナミズムを包含しているかが分かる。人間関係を構築する上でも人間成長を考える上でも、少なからずこの経験は重要である。

---

[218] 浅野智彦『自己への物語論的接近——家族療法から社会学へ』（勁草書房、2001 年）p. 15。

2. 証言の解釈学から物語的自己同一性へ

リクールは『証言の解釈学』[219] において、《証言における絶対的表明(l'affirmation absolue)》という主題について論じている。その中で彼の問題意識は、哲学という領域において《絶対》《絶対経験》をどのように扱えるのか、また特に「絶対的なものを証言する」という時の《証言》とは何かというところに置かれている。リクールはナベールの「歴史上のある時点に絶対的権限を与えても良いのか」という問いを取り上げ、《絶対を表明するために証言するという時の、ある一つの表明の内在性と、その(表明の)行為と存在の外在性とが、どのように結合するのか》という自らの問いを合わせながら、「(最終的に)(そこで成された)表明は、ほんとうに絶対と言えるのか」という根本的な問いを引き出し考察している。

《証言の解釈学》を構成する二つの行為は次のように提示される。一つは、絶対性がそれ自体を示す時のしるしに対する歴史的認識としての行為であり、もう一つは、自分自身を振り返る時の意識活動としての行為である。前者を歴史軸の行為と考えるなら、後者は内省軸のそれとなる。リクールはこの両軸の考察を通して、根源的な表明が内省による解釈によってどのように発展するかを論証し、ナベールの名づける「神が神であるという判断基準(le critériologie du divin)とは何か」という問いに接近しようとする。

それではまずリクールに基づき、「歴史的認識」は「内省」にどのように近づくことができるのかから考察する。証言は第一に、解釈するための内容を解釈(という作業)に与えるという特徴がある。その意味で証言は、元来、解釈を促すものである。一方、絶対性は、今、ここで、宣言されるものである。証言はこの絶対性の即時的瞬間を有し、その瞬間なしに何も解釈することはできない。この即時的瞬間こそが証言の根源的(origine)、原初的(initium)次元に作用するものである。証言が発せられたその瞬間、一つあるいはいくつかの証言の注釈が解釈として始まり、解釈はこの瞬間に寄り添って果てしない媒介となる。リクールは絶対性を表明する証言、その三つの次元について次のように述べる。(1)証言はそれを

---

[219] Paul Ricœur, « L'herméneutique du témoignage », dans *Lectures 3* (Seuil, 1994).

第1節　《信の証言》が生まれるところ

貫く出来事と意味の弁証法的性格によって解釈される。大切なことは、この解釈が証言の外側で行われるのではなく、内在的、弁証法的構造によって行われることである。(2) 証言は常に嘘と真実の間を揺れ動く。だから、それが呼び起こされる批判的活動によって解釈させる。絶対性それ自体さえもプロセスの途上にある。証言は物語、すなわち、語られた事柄という媒介から成っており、解釈はそこから生まれ、このプロセスなしにはありえない。(3) 証言は最終的に証人自身と自分の発したその証言との弁証法によって解釈される。証人は何かのために、あるいは、その者を超える誰かのために証言し、その意味で《絶対他者（Autre）》から生じると言えるが、同時に、それへの忠実さのために、自分の証言に自己を投入するという約束をも求められる。時間的、歴史的、また、いくつかの異なる高さの次元において、証言の解釈学は他者へ、また自己への投入という螺旋を廻ることになる。

　この理論は証言の解釈学のパラドックスに至る。《神が神であるという判断基準》は様々な言明の中ですべてを浄化しようとするたった一つの考えに対して、毎回、それは違うと指摘する様々な要求の現れという足跡を引き受けていかねばならない。それは（行為としての）《より大きな放棄》へとつながっていく。神の基準を生み出すという内省による判断とすでに生じた証言を引き受けていくという、歴史的認識としての判断との間に、限りない隔たり、つまり、《内省軸》と《歴史的認識軸》の乖離が存在している。ナベールは神秘的経験への根本的な放棄と神が歴史的に現存するというそのつながりは互いに補完し合い、神性への理解の助けになると述べた。事実、《契約（alliance）》というものは、行為の内在性としるしの外在性がそれぞれ互いに従属し合うことによって成立している。根源的表明は完全な直観という内省だけでは存在しないという限界を有し、また、絶対性は歴史において自らを表すとしても、その不測のしるしは解釈されねばならないという遠回りを求められる。つまり、根源的表明の解釈学の構造は必然的に、人間の意識という限界から影響を受けるのである。

　こうして《証言の解釈学》における《絶対と相対》という関係が明らかになる。《証言の解釈学》と《絶対知》の間にある乖離において問題となるのは《相対》の問題である。最終的に《証言の解釈学》のパラドックスは《絶対－相対》という関係になるが、それは、二重の絶対、二重の相対

である。二重の絶対とは、一つのしるしを探究することへの根源的表明のような《絶対》であり、また、しるしのうちに表明されるもののような《絶対》である。また、二重の相対とは、哲学的意識のうちにある「神が神であるという判断基準」のような《相対》であり、歴史的意識のうちにある偶像（を見極める）プロセスのような《相対》である。同時に、このような二つの判断、二つのプロセスというこれらの相関関係がもっと深い領域に基づいていることも確かである。判断とは（さまざまな）《行為》の軌跡でしかない。《絶対−相対》のような説明は、理解しようとする自己を意識するという行為、そして、しるしや業の中で絶対を示そうと証言するという行為、この二つの行為の関係性を説明してくれる。同じように根源的表明という行為が神のことばを身に纏うように、証言するという行為は、わたしたちが《証言》という名を与えるところの証人の物語を身に纏うことも説明してくれるのである。

　《証言の解釈学》において、リクールは証言と自由との関係性の実存的次元に位置し、次のように結論する。わたしたちが証言において認識するということは、証言が存在を望んでいるわたしたちの自由の表現であるということである。「わたしが観念のうちに置く自由の動きをわたしの外において認識する」。このような認識は歴史的認識ではなく、哲学的認識である。絶対的行為は前例から始まるものでも、その結果から生まれるものでもない。自由な意識から、歴史的条件を引き離すようなかたちで行われるのである。こうしてわたしたちはもう一つ別の――《自由》と同時に《現実》であるという――意識を根源的に認識することになる。

　リクールの冒頭での問い、「（最終的に）（そこで成された）表明はほんとうに絶対と言えるのか」に対する《証言の解釈学》における答えは、《絶対−相対》であった。わたしたちの問いである《信の証言》の在りようについて、以上のような《証言》のアスペクトを参照するならば、この《絶対−相対》というアイデアは《信の証言》の基軸に大きく影響を与えるだろう。人が、誰かにむかって《信の証言》をするという時、その遂行の場面において、《語る者と聞く者との間》にはある種の緊張関係が生じる。それは《それを経験した者が語った信》と《経験していない者が、そうだと信じること》との間に生じる緊張関係と同義である。また、この緊張はそれを語る者自身のうちにも同じように生じている。自分が経験した

事柄（歴史的認識）が、今、現在も、自分の内なる記憶として現存する（内省）という、《歴史的認識》と《内省》の間にある緊張関係である。《信》として発せられた言葉は必ず解釈を促すということは、とりもなおさず《絶対−相対》を果てしなく行き来する葛藤は避けられないということなのだ。しかし、それと同時に、リクールの言う人間経験における歴史的認識とは別に、逆説的に、歴史的条件を引き離す哲学的認識としての絶対的な根源的表明の存在が主張されている。《歴史的認識》と《内省》との間の緊張関係を超えた次元において、語りえぬ証言の認識というものを認めている。けれども、哲学的認識という次元における認識の様態ではわたしたちが探究しようとしている人間経験の基底における実存的証言の根拠にはならない。

　ここから、さらにリクールが進めた論考についてみていきたい。《証言の解釈学》で考察された《歴史的認識》と《内省》という、この二つの軸の主題は、後のリクールの思索において《人格的アイデンティティ》のうちに存在する二つの働きである《同一性（mêmeté, idem）／自己性（ipséité, ipse）》に基づいた語り性のアイデンティティ、つまり《物語的自己同一性（l'identité narrative）》というアイデアへと発展していく。

　リクール著『他者のような自己自身』の第二研究[220] では、《わたし＝あなた》が、どのようにして、自分で自分自身を指示する能力を失うことなく外在化され得るか、また、どのようにして《彼／彼女》が、自分自身で自分という主体の中に、内在化されることができるのかという問いが投げかけられる。すなわち、リクールはここで、外在化、内在化という概念を用いながら、人間経験の基底から乖離することなく人間が超越と連結するためにはどうしたらいいのかという問いを投げかけるのである。そのための鍵となる概念が《アイデンティティ（自己同一性）》である。

　アイデンティティは超越を経験することで形成される主体である。このリクールの問いは対話（l'interlocution）の状況という日常性に措定される。対話のある一つの状況において《主体》は《参照的探求（l'enquête

---

[220] Paul Ricœur,"Deuxième ètude, l'énonciation et le sujet parlant Approche pragmatique", in. *Soi-même comme un autre* (Seuil, 1990). ポール・リクール「第 2 研究：言表行為と語る主体」『他者のような自己自身』久米博訳（法政大学出版局、1996 年）参照。

référentielle)》と《内省的探求（l'enquête réflexive)》の二つの軸に従いながら、《わたし》と《あなた》という関係性として現れる。参照的探求において、主体としての人は語っているその人として三人称で示されるが、反対に、内省的探求においては、その人は《一人のあなた》に向かって語る《一人のわたし》である。人と人の対話の中にすでに《自己》という問題系が潜んでいる。リクールはアイデンティティの仕組みを語り性から解明し、人間経験における超越性を論じようとする。

　リクールは《語る主体》を分析するために、まず、次の三つの準備段階を経ている。すなわち、1) 言述行為理論（la théorie des actes de discours）と言表行為理論（la théorie des énonciations）の二つの言語学の系譜を通ること。2) 主体に関する言表行為の理論から明示されるパラドックスを理解すること。3) 最後に、パラドックスが根源的現実の中で、どのようにして《わたし》を見つけ出すことができるのかという問題に至る。

　《言述行為理論》[221] に対する積極的理解の後、リクールは語り合いの複雑な状況における《言述行為理論》の限界について指摘している。「わたしは肯定する」が「わたしはあなたに告げる」に等しく、「わたしは約束する」が「わたしはあなたに約束する」に等しいという例をみるならば、「《発語行為（allocution）》なしには、つまり、メッセージの相手、あるいは受け手なしには、《発語内行為（illocution)》もない」とわかる。すなわち、《言表行為》は《わたし＝あなた》のような両極現象のうちに確立され、語る《わたし》を成し、同時に、《わたし》が語る相手である《あなた》をも同時に形成する。要するに、言表行為は対話そのものなのである。リクールはここから、《自己性》と《他者性》の主題をさらに次に発展させるとし、まずはここで、対話における自己と他者間の一貫性を認めている。「話し手、または、行為者の自己性にむけられたあらゆる前進は、それに対応して、話し相手の他者性にむけられたと同じあらゆる前進があ

---

[221] cf. Paul Ricœur, *Soi-même comme un autre* (Seuil, 1990), p. 58. 言述行為理論は、次のような三つの行為が絡み合ったものとして説明される：発語行為(acte allocutoire)とは、発語内行為（acte illocutoire）、発語媒介行為（acte perlocutoire）。

第1節 《信の証言》が生まれるところ 115

るということである」[222]。言表行為理論によれば、対話における言表は相手が言わんとする意図を相互に認めようとする志向を持つということを思念の中で期待することを含意しているのである。

　では、対話の中で主体はどのようにして、主体のまま、事象として示されるのか。《言表行為理論》は次のように説明する。1）参照するものは言表でも言表行為でもなく、先に示したように、語り合いの状況で、互いの経験を交換するために言表の意味と参照という資源を用いている《語る主体たち》であること。2）語り合いの状況が出来事としての価値を持つのは、言表行為の当事者が現実の言述によって血肉をそなえた言者達とともに、《彼ら》の世界の経験やなんびとも代わることの《できない》世界についての《彼ら》の視界によって情景化されるに応じてである。

　しかし、このような語用論の説明では言表行為の事実性（la factualité de l'énonciation）に力点が置かれる自己参照（sui-référence）の概念の方に漂流し、言表行為の主体そのものの地位のみが問われるというパラドックスに至る。問題は、《それは誰か？》《誰が語るのか？》という問いである。このような自己同定の問題へと進むためにいくつかのパラドックスと対峙しなければならない[223]。

　まず、《わたし》という語の両義性についてである。1）《わたし》という語は代入可能な旅する語である。いく人かの潜在的に架空な言者が、この語に交代に入っても良い位置にある（タイプ）。2）同時に、別の面も強調することができる。旅する語、シフター（転位語 shifter）の代入可能な面でなく、逆に、発言することで遂行される《固定化（fixation）》という動きもある。《投錨（ancrage）》とでも言えるような《わたし》の固定化は、代入不可能なこの位置への、また、世界への視界の唯一の中心を示すことになる。したがって、ここに起こりうるパラドックスとは、代入可能な性質と固定化の現象から見た時の代入不可能な性質との間に現れる矛盾によるものである。

　二つめのパラドックスは空間と時間の次元のうちに存在する。《わたし》の両義性のうちに《タイプ》は《そのつど》の次元に属し、《トークン》

---

[222] *Ibid.*, p. 59.
[223] *Ibid.*, p. 65.

は言述の現前化行為という現実のレベルにおける《ただ一度》の次元に属する。《タイプ》と《トークン》の間に、区別は存在する。しかし、その区別が自己参照の意味における内省、つまり、世界の中で起こる時間＝空間的な出来事の事実性に照合されることの解釈と完全に両立できるとするならそれは疑わしくなる。

　このようなパラドックスを解決するために、リクールは言語哲学の二つの道、すなわち、自己同定する参照の道と言表行為の内省の道の結合をさせなければならないと主張する。「第三者である他者は内心で《……とわたしは肯定する》と言う」[224]。

　このような言表行為の状況における《わたし》の固定化現象は、《わたし》の目の前で語っている人によってしか理解することはできない。つまり、語られている様々な物事の中から、また、《わたしは肯定する》と言うところの中から、基礎となる特殊性として措定される場合のみ理解されるのである。リクールはこのことを、《あなた》に語る《わたし》と、語られている《彼／彼女》の間の《同化（l'assimilation）》であると言っている。しかし、このような同化は、自分で自分を指示する力を《彼／彼女》に《賦与（l'assignation）》することとは反対方向に働く。

　《ことば》を発する《状況（発話行為、l'énonciation）》において、「わたしが○○について、そうだ（と肯定する）」と、誰かの目の前で「言う」時[225]、《わたし》は生まれる。嘘と真実の間を揺れ動くような感覚の影響を受けながらも、また、時間の流れのなかで、忘却の彼方に過去の記憶が押し流されながらも、《わたし》が《そうである》と忠実に言える、《いま、ここに》こそ、《わたし》は存在するのだ。その《わたし》は、他の誰でもない《わたし》として世界の中心軸になる。リクールは《声と身体》の関係性を例にあげながら、《物語る主体》の在りようを次のように説明する。

　　身体そのものの特徴として現われる帰属の二重性が、《わたし、誰それ》という（主体の）混合的構造を根拠づける。つまり、（自己の）

---

[224] *Ibid.*, p. 69.

[225] *Ibid.*

第1節　《信の証言》が生まれるところ　　　117

　　身体は、いくつもの身体の中の身体として、世界の経験の一断片を構
　　成する。また、身体は、わたしのものとして、世界の境界の参照点だ
　　とわかる《わたし》の位置をはっきりさせる。（中略）自己の身体の
　　このような奇妙な構造は、発話の主体から、発話行為そのものまで拡
　　がる。息によって外に押し出され、発話と身振り全体によって明確に
　　発話された声として、発話は物質的身体と運命を共有する。声は、語
　　る主体がねらっている何かしらの表現として、発話行為の伝達手段な
　　のであり、その発話行為は、何も代入することができない世界の視界
　　の中心である《わたし》に送り返されるのである[226]。

　《わたしは肯定する》という主体は、歴史軸において自分を失うことな
く、どのようにして《わたしは肯定する》と言い続けることができるの
か。リクールは『他者のような自己自身』の第五研究において、《人格的
自己同一性（l'identité personelle）》の定義を探究している：わたし自身
であるということはどういうことか？　わたし自身であるという存在のう
ちに、どのようにして、自分自身を保っていけるのか？
　このように問い、人格的自己同一性の問題系を明示しようとするこの問
題には《人格的自己同一性》と《物語的自己同一性》の関係性を解明する
超越性としての《時間における恒常性》という概念の説明が必要である。
　《物語的自己同一性》における《同一性》とは、量的にもそれが同じで
あると認識すること、あるいは、ある人物の生涯を連なった数々の写真を
見て、それは同一人物だと言えるように継続的にある人物を特徴あるいは
自己として認識するということである。したがって《同一性》のアイデン
ティティには、1）数的なアイデンティティ、2）質的なアイデンティ
ティ、3）中断されない連続性の三つの構成要素がある。この三つの構成
要素によれば、上記の生涯を連なる写真の中の人物を見て《それはわたし
である》と言えるということは、二度、三度、あるいは何度でも変わらな
い名で指名されるものが出現することについて《それは唯一で同じもの
だ》と言える《唯一性》が働いているということになる。ＸとＹの時間
は流れ過ぎているが、ＸとＹが同じものだと言えることによって、過ぎ

[226] *Ibid.*, p. 72.

第3章　証言の中で啓示を聞く

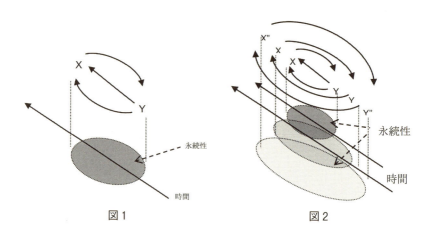

図1　　　　　　　　図2

行く時間の基底に永続性という次元が現れる（図1）。こうして、時間における永続性は、数的なアイデンティティの超越論性となる。そして、人格的アイデンティティはこの数かぎりないXとYの認識を語りによって行うことで形成されていく。人格的自己同一性の問題系全体は時間における永続性の強い意味を与えつつ、この関係性に不変なものの探求のまわりをまわることになる（図2）。

　同一性としてのアイデンティティの概念分析は、時間における永続性の問題を明らかにした。ここから自己同一性のもう一つの機能であり、主題である《何が》の問いから《誰が》の問いへ移行させることを目的とする《自己性》のアイデンティティの問題へ進む。

　もう一つの機能である《自己性》とは、自分自身に獲得された習慣など身についた性質として自己を内省するということである。《性格》と《約束》は人格の永続性における二つの両極なモデルである。この《性格》と《約束》の両極性は、人格的アイデンティティの概念構成に物語的自己同一性が介入することを暗示している。それは、同一性と自己性が合致しようとする性格の極と、自己性が同一性から解放される自己維持の極とを、独自に媒介するようにして行われる。

　《自己性》を示す次元は次の二つである。1) 習慣的次元：身につく過程にある習慣とすでに獲得した習慣の二つがあり、時間の中で習慣化されていくものは性格に歴史を与える。2) 自己同定的次元：個人や共同体のア

第1節 《信の証言》が生まれるところ　　119

イデンティティは、個人や共同体が自己認識する価値、規範、理想、模範、英雄への自己同定によってつくられる。このような《他者性》は大義を上位に置くようにさせながら、大義を引き受けさせると同時に、自己のうちに入り、性格を忠実さへと変容させ、自己維持へと変えていく。

　前者の《同一性》は、時間の連続性という歴史軸において自己を比較するという方法で類比を行い、後者の《自己性》は自己の認識軸において自己を参照するという方法で内省を行う。ここまでなら、《証言の解釈学》における《内省》と《歴史的認識》の考え方と同じである。しかし《物語的自己同一性》では、さらに踏み込んで自己の在りようが論じられる。ここでは歴史軸と認識軸、この二つによって構成される《人格的アイデンティティ》という次元を《場》として措定し、《約束したことばへの忠実を守る（parole tenue）》というかたちで、《時間の連続性（永続性、la permanence du temps）》に《ことば》を投企することにこそ、完全な意味での《自己性》が表出するという点が主張されるのである。《物語る主体》が、その忠実さにおいて、守られた約束の《ことば》と成る時、主体は同じく、《物語る人格的アイデンティティ》として歴史に記された一つの軸となる。《物語る主体》は物語るゆえに、固定されることはない。いつまでも構築し続ける。《信を語ることば》は、この《物語る主体》のうちから表象される以上に《物語る主体》そのものとも言えるほど分かつことができない。

　《約束を守る》ことは自己維持を表現し、単なる《性格》の次元のような一般的なものではなく、もっぱら《誰であるか》の次元にのみ登録される。《約束した言葉への忠実さを守る》《約束を守る》とは、時間への挑戦であり、変化への拒否であり、わたしの欲望が変わろうとも、わたしの意見や好みを変えようとも、《わたしは守り続けよう》と自己自身に投錨することである。約束を守るのが意味あるためには、それを死へと関わる存在の地平におく必要はない。約束の本来的に倫理的な正当化は言葉の制度を守り、他者がわたしの忠実さを信頼するのに応える義務から引き出す正当化だけで自ずと足りる。《約束を守る》ということは、それ固有の時間的含意を保ちながら、恒常性の一様態を展開し、逆に《性格》の対極に位置づけられている。この《界域》に《物語的自己同一性》の概念はある。この概念は、《約束を守る》と《性格》の二極の限界を揺れ動いているのだ。

リクールにとっての主体生成とは、《物語る主体》の基底である時間と
その永続性に依拠して構築される人格としての《物語的自己同一性》で
あった。語るという行為を通して、主体は人格（ペルソナ）として形成さ
れなければならない。つまり、リクールに従うならば、人は語らなけれ
ば、人格の自己同一性を構築することはないし、主体生成もできない。語
り性と主体生成は切り離せないからである。わたしたちは先に、デイ・
ヴェルブムの中に、《啓示とは何か》という問いから《啓示を受容する人
間とは誰か》という問いへの移行を見出した。この問いを深めるためにリ
クールが提示した《物語的自己同一性》の問題は非常に重要である。《誰
であるか》の問いは、個々の人間、一人一人を示すと同時に、普遍的なペ
ルソナをも示す。リクールによれば、《物語る主体》にはすでに《わたし
－あなた》という対話構造が含意されていた。約束を守るという在り方で
肯定する《わたし》の存在はすでに《あなたに約束する》という二人称の
他者を前提とするのである。《信の証言》における《啓示を受容する人間
とは誰であるか》の問いも、物語る主体として、また、ペルソナである物
語的自己同一性として明示されなければならない。つまり、具体的に一人
の人物が発話するその声の中に、主体として、また、ペルソナとしての
《わたし》が生まれることを見逃してはならないということである。

《物語的自己同一性》のアイデアは、証言の聴取者の側に一つの挑戦を
与えることになる。発話行為においてなされた証言は単なる言葉の連続性
ではない。また、発話行為は聴取とは無関係ではない。したがって、《信
の証言》の探究において、発話行為者である《わたし》が、何を話すかと
いうことと同時に、二人称として措定される《あなた》である《聞き手》
が、《わたし》から何を聞くかということを吟味する必要がある。物語的
自己同一性としての主体生成においても、すでに、最小単位である対話構
造の《わたし－あなた》が内包されている。この事実は、ペルソナのうち
に、最小単位の共同体性が潜在していることを暗黙のうちに示唆してい
る。

3. 証言の形象化

一人の人間のうちに経験された出来事が信の証言として生成される過程

第1節 《信の証言》が生まれるところ　　　121

において、二人称として措定される《あなた》である《聞き手》の存在は
不可欠である。リクールの主張する物語的自己同一性としての主体生成か
ら、証言における《聞き手》の存在が浮き彫りにされてきた。では、《キ
リスト者の証言》という時、一人一人の人間経験の総体として、また、
《キリスト者の共同体》としての証言を形成する過程はどのように行われ
ていくのだろうか。同じく、リクールを参考にみていきたい。
　リクールは、人間経験が時間に根ざし、文化的、歴史的諸条件を超えた
対話的構造を持つということを『時間と物語』[227]の中で論じている。リ
クールは、次のように言う。

　　ある一つの物語を語る活動と人間経験の時間的性格との間には相関関
　　係が存在し、しかもその相関関係は純然たる偶発性によるのではな
　　く、諸文化を超えた必然性というかたちを呈するのである[228]。

　キリスト者の証言をその基盤となる共同体性においてどのようにキリス
ト教固有の証言とみなすことができるのか、『時間と物語』の中でリクー
ルがテクスト解釈として探求した《物語的アーチ（ミメーシス的アーチ)》
の構造をみながら考えたい。
　リクールは三重のミメーシス（mimèsis）というアイデアを準備するた
めに、アウグスティヌスの『告白』における時間の分析とアリストテレス
の『詩学』における筋の分析を通った後、時間と物語の媒介を探るための
導き糸として、三つのミメーシスの一つ一つの契機を示す。この三つのミ
メーシスはそれぞれの特徴を内包する一連の過程として示されている。実
践的領域の《ミメーシス1：préfiguration（先形象化)》から始まり、先
形象化と再形象化との間を媒介する具体的過程である《ミメーシス2：
configuration（統合形象化)》を通って、作品の受容という《ミメーシス
3：réfiguration（再形象化)》へと至る。これら三つの契機が弧を描くよ
うに進むことから、それら全体の過程を《アーチ》と呼ぶ。リクールはテ

---

[227] Paul Ricœur, *Temps et récit, 1. L'intrigue et le récit historique*（Editions du Seuil, 1983).
[228] *Ibid.*, p. 105.

クスト記号論の主題が《ミメーシス2》だけに基礎づけられ、文学作品の内的法則だけを考察するのに対し、解釈学の務めはそうではないと言っている。

> テクスト記号論は、逆に、作品が著者によって読者に与えられ、読者はそれを受け入れて、自分の行動を変えるようにと、生き、行動し、苦悩するという不透明な背景から、作品がくっきりと浮き出るようにする一連の操作全体を再構築することである[229]。

　読者はその読む行為によって、ミメーシス1からミメーシス2を経てミメーシス3に向かう行程の一貫性を引き受けている。解釈学はこの一貫性によって描かれるアーチ全体を再構成しようと努めるのである。

ミメーシス1：先形象化（préfiguration）

　先形象化とはテクストを書いたり、読んだりするために必要な先行理解に言及するための概念である。それはガダマーの言う《先入観（pre-jedices）》に近い。先形象化における世界は不透明であるにもかかわらず、著者はこの不透明な世界から書くための材料を引き出し、読者もそこから解釈を引き出している。また、そこでは、著者も読者も同様に、自己が、人生における進行中の物語、すなわち《原物語（protonarrative）》を解釈している。そうであるならば不透明な先形象化の世界とはすでに《原筋（protoplot）》を内包しているということである。したがって《筋（intrigue）》を立てるという力動性はミメーシス・アーチ全体を支配すると同時に、初めから行為の世界の理解可能性としてわたしたちの能力に潜在している。このことは次の三つの特徴によって説明される。第一に、筋が行動の模倣と言われる所以として、わたしたちは構造的な能力を所持していること。第二に、模倣することが行為の連結された意味を定めるなら、そこに象徴的媒介を確認する能力が必要であること。第三に、行動の象徴的連節は時間的な性格を帯び、行動を物語る欲求が生じること。さらに詳しく説明する。

---

[229] *Ibid.*, p. 106.

第 1 節　《信の証言》が生まれるところ　　123

(1)　構造的な意味：「《概念のネットワーク》は、行動の領域を物理
的運動の領域から構造的に区別する」（実践的理解）[230]。わたし
たちは、《概念のネットワーク》を有意義に利用できる能力を支
配する規則を駆使できる。また、どんな物語にも語り手と聞き
手の側から、行動主体、目的、手段、状況、救いなどのような
用語との慣れがある（物語的理解）。概念的な網の利用だけには
留まらず、論述的な語り方を付け加える（共時的な《範例的次
元》と通時的な《連辞的次元》にも訴えかける）。このようなこ
とから、理解には実践的理解と物語的理解の二重の関係がある
ことが分かる。筋立ての規則と行動の用語の二重の関係は前提
の関係と変換の関係を成しているのである。したがって、「物語
を理解するというのは《行為》の言語と筋の類型論とが発生し
てくる文化的伝統とを同時に理解すること」である[231]。

(2)　象徴的媒介[232]：先形象化には《相互作用する象徴の体系》や
《協同作用する意味》が存在する。象徴的媒介はテクストである
前にテクスチュアを持っている（例：儀式の理解の仕方）。象徴
体系は個々の行為のための叙述のコンテクストを供給し、象徴
は解釈にかけられる以前から行為内の《解釈項（des interpré-
tants)》である。こうして《象徴の使用（le symbolisme)》は、
行為に対してあらかじめ《可読性》を与えることができる。象
徴は規則の観念を導入し、規範をも意味する[233]。倫理的質とい
うのはいつも、また、すでに象徴的に媒介されているのである。
リクールは論文「詩学と象徴」[234] の中で、「宗教経験は宗教言語
にすべて帰着するわけではない」と述べている。すなわち宗教
経験とは、

---

[230] *Ibid.*, p. 109.

[231] *Ibid.*, p. 112f.

[232] クリフォード・ギアーツ『文化の解釈学』吉田禎吾他訳（岩波書店、1987 年）参照。

[233] アリストテレス『詩学』田中美知太郎監修（中央公論社、1979 年）「倫理的前提」参照。

[234] cf. Paul Ricœur, « Poétique et symbolique », dans *L'Initiation à la pratique de la
théologie* (1), Chapitre II, Sous la direction de François Refoulé et Bernard Lauret (Cerf,
1982), pp. 37 61.

124　第3章　証言の中で啓示を聞く

「終わりなく絶対性へと希求し続ける感情、限界のない信頼性、何の保証もなく湧き起こる希望、生きた伝統へと回帰する帰属感、そして、倫理的・政治的次元への根強い参加意識などである」[235]。

　数々の《宗教》は元来、その独自の《宗教経験》に端を発しており、それがあってはじめて《宗教言語》は生まれ、また拡張する。この《宗教言語》に至る前段階、前概念的次元において、《宗教経験》をある表象へと変容させていくことを《象徴化》と呼ぶ。《象徴化》のためには、周辺文化、歴史、伝統、自然などのあらゆる要素が用いられてよい。《宗教言語》が限定された共同体の中での様々な解釈や外的力との論争や内部分裂によって、あるいは、教養化や信憑性の評価によって、概念化作業の識別過程において生産されていくのに対して、《象徴化》はもっと広範囲に拡がっている。それは、ある規範を象徴として認識できる共同体のメンバー間で互いを《つなぐことができるための媒介》として生産される。

(3)　時間的性格という特徴[236]：未来の現在、過去の現在、現在の現在、これらを相互に秩序づける仕方、すなわち、ハイデガーが『存在と時間』の中で論じた《時間内部性》という概念に注目しなければならない。ハイデガーの論考では、《強い関心 souci》が《配慮 préocccupation》の次元に還元されてしまい、時間の《通俗的》概念と呼ばれる表象のみが扱われ、《時間の内部性》はすぐに、歴史性（通辞的）のレベルで結ばれてしまう。ハイデガーが通俗的時間概念の根源として別次元に置いた《内部時間性》に対してリクールは、時間《内》に存在することができるという時間の線的表象に還元されない特徴を強調する。《時間内部性》の台座の上に、物語の統合形象と、それに対応する時

---

[235] *Ibid.*, p. 116.

[236] アウグスティヌス『告白』服部英次郎訳（岩波書店、2006年）、「精神の広がり」参照。

第1節 《信の証言》が生まれるところ　　125

　間性のもっとも精錬された形式とが同時に建立されるのである。

ミメーシス2：統合形象化（configuration）
　統合形象化とは、分析の軸となる部分である。それは、詩的創作の世界
を開き、文学作品の文学性（フィクション性）を創始する。筋立てをする
ということによって行われる統合形象化は、ミメーシス・アーチの中心部
分として位置づけられている。話の筋を追うということは時間の流れに沿
うように進行するはずだが、この場合、ミメーシス2での統合形象化の次
元では、エピソード的次元の時間的特徴とは逆の時間的特徴がある。ミ
メーシス2は、次の三つの筋による媒介の機能を持っている。

(1)　筋は、個人的な出来事もしくは小事件と一つの全体としての話
　　　とを媒介する役割を持っている。小事件から意味のある話へ、
　　　つまり、出来事または小事件を一つの話として変形させる機能
　　　である。筋は単なる継起から統合形象化を引き出す操作である。

(2)　筋は、行動主体、目的、手段、相互作用、情況、予想外の結果
　　　等の《異質な要因》の全体を組み立てることができる。「アリス
　　　トテレスは複雑な筋の中に、あわれみと恐れをそそる出来事、
　　　どんでん返し、発見的認知、受苦などを包含させて、筋を統合
　　　形象化と同等視し、それを調和＝不調和として性格づけた」[237]。
　　　物語は範列的に現れる構成要素を連辞的な次元で出現させる。
　　　ミメーシス1からミメーシス2への推移が統合形象化の所産と
　　　なる。

(3)　筋には固有な時間的性格がある。年代順的（物語のエピソード
　　　的次元、出来事）、非年代順的（これこそ本来的に統合形象化的
　　　次元であるが）の両面がある。話についていけるという能力こ
　　　そ詩的解決をなす要素なのである。統合形象化の次元には、①
　　　話の一貫性、②終結構造的機能、③最終結果の中に認める要約
　　　反復という《エピソード的次元》の時間的特徴とは逆の時間的

---

[237] Paul Ricœur, *Temps et récit, 1. L'intrigue et le récit historique*（Editions du seuil, 1983), p. 128.

特徴を呈する。

　ミメーシス2：統合形象化をミメーシス3：再形象化へと合体させ連続性を確保するために、《図式化》と《伝統性》という二つの要素が用いられる。《図式化》は物語機能の《図式作用》の話の核心、主題、思想と呼ばれるものや、情況、性格、エピソード、大団円をもたらす運命の変転など、直観的提示と混成した理解可能性を生み出す。そして、《伝統性》の形成は革新と沈殿作用の相互作用に立脚している。統合形象化における《図式作用》は《伝統性》において、つまり、伝統のあらゆる性格を持つ歴史の中で形成される。パラダイムとなる不調和な調和の形式、個々の作品は、この伝統性の基底の上にある。

ミメーシス3：再形象化（réfiguration）

　ミメーシス3：再形象化がテクスト世界と聴衆（読者）の世界との交叉を示す。この交叉とは詩の機能によって統合形象化された世界と実際の行為の交叉であり、また、特別な時間性を展開する世界との交叉である。つまり、物語がミメーシス3において、働きかけと受苦を内包する時間において復元された時、物語は十分な意味を獲得することができる。ガダマーの哲学的解釈学では《適用 appropriation》として、アリストテレス『詩学』では《行為のミメーシス mimesis praxeos》として描かれたものと近い。このミメーシス3：再形象化においてミメーシスの行程は完結する。この完結は、聴衆または読者において行われる。

　ミメーシスの循環はミメーシス2：統合形象化を通るゆえに、時間経験における解釈の暴力があるからこそ物語らしさがあると主張したい誘惑にかられてしまう。また、物語の進行する過程では不協和音のあるところに協和音を響かせるという誘惑にかられ、逆に、暴力と嘘に気づいて、秩序へのノスタルジーも起きる。したがって、物語だけに協和音を時間性だけに不協和音を押し付けるかぎり、両者の関係の本来的に弁証法的な性格を捉えそこなってしまう。調和の限界への反省は、その権利を失うことなく不調和な調和や、調和した不調和のあらゆる《形象の事例》に適用されることができる。

　すなわち、読書行為とはミメーシス3をミメーシス2に合体させるよう

なものである。それは、《筋》というしるしのもとに行為の世界を再形象化する最終ベクトルであると言える。ここで、行為のことを、経験をモデル化するために筋立てする能力のベクトルとみなしているのは、統合形象化行為を再形象化において完結させるからである。

　このように、ミメーシス・アーチを形成する《読むという行為》において、書き手と読み手は、一緒に、先形象化の地点から出発する。両者は共に統合形象化へと進み、最終的に、再形象化において《読み手》が適応し、内面化して読了する。

　しかし、三つのミメーシスにおいて、歴史的文脈における書き手と読み手の両者の緊張は避けられない。テクストが書かれた時代より前の再形象化された世界を考慮することと、テクストの眼前にある世界の現代的な再形象化とは違う。それによって、どうしても、曖昧さから免れることはできない。判断のための可能性と実際の判断の間にも、曖昧さは残るであろう。テクストがいく通りかに再形象化される可能性は残されつつも、様々な可能性から最終的に適用し、内面化する判断が読者に任せられているということは否めない。

　しかし、内面化する判断が読者に任されているからこそ、統合形象化において、テクストを解釈する作業から、テクストを書き直す作業への移行が可能となる。そして、その移行を《筋》の読解行為によって読者が通過するその時に、《再形象化に向けられた共同体性》が著者の記したテクストと読者の間に再構築されることになるのである。

　したがって、《キリスト者の証言》が、その共同体性においてキリスト教固有の証言となるためには、《証言の読解者》という存在が不可欠であるということになる。

第2節　戦後日本の外国人宣教師の証言

1.　戦後日本の外国人宣教師の証言資料作成、その方法

　《語り》の根底には共同体性が存在している。ここまで、1）物語的自己同一性の観点から、ペルソナのうちにあって《信の証言》を成立させる《あなた－わたし》という最小単位の共同体性と、2）三つのミメーシスを

形成する《読むという行為》において、著者の記したテクストと読者の間に再構築される共同体性という語りを支える二つの共同体性を見てきた。書かれたテクストは三つのミメーシスを通って読解される。読者は物語を導く《筋》を再発見し、統合形象化を通って、再形象化へと至る。この過程において、著者のテクストは読者によって新たに書き換えられる。この書き換えられるという一つの移行のうちに共同体性は再構築される。

　ここまでの考察をふまえると、キリスト者の証言がキリスト教固有の証言であるための条件は、語り手のみならず、聞き手が必ず必要であるということである。つまり、キリスト者の生きた経験を語る声が、聞き手によって、キリスト者の証言として聞かれ、新たに読み直され、この移行のうちに《キリスト者の共同体性》が再構築されるというこのプロセスが条件となる。したがって、語り手だけではなく聞き手の存在が非常に重要である。

　三つのミメーシスの過程は、《筋》の読解から物語の再形象化へと向かうプロセスであった。キリスト者の証言においても同じように、《キリスト教固有の筋》を読解し、キリスト者の物語を再形象化するプロセスを通らなければならない。

　では、実際に、キリスト者の証言の生成過程を辿っていく。本研究では、まず、現代のキリスト者の生きた声が収集された《テクスト》を得るため、《質的研究》[238] の手順に則り、オリジナルな証言資料の作成を行っ

---

[238] 2006 年に本研究の予備的考察となった「日本でキリスト者になること——証言の読解によるキリスト者のアイデンティティを探る一考察」という論文（Mémoire présenté en vue de l'obtention de la licence canonique de théologie avec spécialisation en pastorale catéchétique, Keiko Hara, «*Devenir Chrétien au Japon-Essai d'approche de l'identité chrétienne d'après la lecture de témoignage*», Institut Catholique de Paris, Juin 2006.）において、著者は、ナラティブ・インタビューによる証言資料の作成をした。本研究はこの試みの延長線上にあり、その継続と批判的掘下げとしても動機づけられている。具体的には、実際に人びとに会い、質的調査、非指導的インタビューを行い、その肉声を録音し、さらにテープ起こしして、再構成された物語の中に通時的構造を見出しつつ、意味作用の次元において読解を行うというものである。この方法は、ライフ・ヒストリー研究、あるいは、ライフストーリー研究として、社会学の一分野において認

た。《キリスト者の証言》にふさわしい語り手を得るために、次に述べる
三つの点を理由とし、戦後、日本に来日した外国人宣教師へのインタ
ビューを実施することにした。

(1)　証言者がキリスト者であるという明瞭な身分が求められる。宣教師
たちは自ら宣教師という身分を選び、キリスト教信仰を実践する人びとと
考えることができる。
(2)　普遍的なキリスト教信仰の実践者である必要がある。外国人宣教師
たちは二つ以上の地域に滞在していることから、地域性という境界をある
程度超えたことのある経験を持つ人びとである。
(3)　戦後（すなわち、第二次世界大戦終結である 1945 年から現代まで）
という時代を区切ることで、インタビュイーたちが生きた一つの時代の時
代背景を描写することができる。

　1945 年以降に日本に来日した外国人宣教師へのインタビューを計画す
ることにしたが、実際、外国人宣教師へのインタビューの実施と言っても
多くの宣教師が高齢に達している。長時間のインタビューをお願いするの

知された研究方法である。人びとの肉声を証言テクストに起こす研究手続きを遂行する
にあたって、本研究で扱った解釈学的神学が目指す方向性と質的研究とは同一方向であ
ると考える。様々な研究書が出版されているが、本研究は、特に、やまだようこ氏によ
る質的研究方法に依拠した質的研究の本質的理解のために次の項が参考となる。「質的
研究では『人びと』と問うとき、その『人』は研究者を除外した対象（オブジェクト、
客体）ではない。研究者自身も現場（フィールド）のなかの一員として組み込まれてお
り、参与（パーティシペイト）し相互作用（インタラクション）しながら活動をしてい
ると考える。また、研究者がいる場所は関係の網目であるから、実験的研究のように、
『A 条件（独立変数）が B の結果（従属変数）に影響するか？』というように一方向的
な因果的問いは有効ではないと考える。『ある文脈（コンテクスト）でどのような出来
事（イベント）が起こったか』というような問い方になる。質的研究では、研究者自身
も場のなかに組み込まれているので、研究者がどのような位置に立ち、どのようなバイ
アスをもって出来事を認識しているのか、自分自身のものの見方や方法論をたえず省察
（リフレクション）する必要にせまられる」。やまだようこ編『質的心理学の方法——語
りをきく』（新曜社、2007 年）p. 4f. 参照。

第3章　証言の中で啓示を聞く

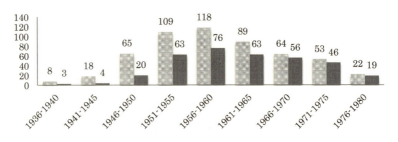

は非常に困難なことは簡単に予測できた。そこで、インタビュイー集団を把握するため、まず、数的調査を行った。

　1946年の統計では司祭総数404名のうち外国人司祭数は253名であった。以来、年々その数は増加していき、ピークは1967年の司祭総数1939名のうち外国人司祭は1275名である。この年を境に外国人司祭数は減少していく。1980年の統計では司祭総数1853名のうち外国人司祭数は998名である。13年間のうち外国人司祭数だけで277名の減少がある[239]。手に入る統計上の資料の中からは、現在も日本に在住する外国人宣教師が、戦後、いつ、日本に来日したかという具体的な年を把握することは不可能である。したがって、今も日本に在住している外国人宣教師が、いつ、叙階したかを基準に、叙階年の前後に日本に来日したと仮定して、インタビューが可能なインタビュイー集団をグラフのように割り出した[240]。

　縦軸は外国人宣教師の数、横軸は司祭叙階の年である。2004年に日本に在住している宣教師の数と、2011年の数では差が見られる。高齢のためすでに亡くなったとも考えられるし、また、祖国に帰国したということも理由に挙げられるだろう。最終的にある程度の年数を日本で過ごしたことと、日本で外国人司祭が最も多かった時代の1970年前後を知る人びと

---

[239] カトリック中央協議会提供。
[240] カトリック中央協議会編『カトペディア2004』（カトリック中央協議会、2004年）、カトリック中央協議会出版部編『日本カトリック司教協議会、イヤーブック2011』（カトリック中央協議会、2011年）参照。

第2節　戦後日本の外国人宣教師の証言　　131

という条件を加味し、インタビュイー集団を 2011 年現在、日本に在住している 1946 年から 1970 年の間に叙階した外国人宣教師とした。インタビュイーへの依頼は知人を通じての紹介や、直接、インタビュイーの働くカトリック教会や所属の修道会に電話をすることによって行った。その結果、1951 年以降、1970 年までに叙階した 14 名の外国人宣教師のインタビュー資料の収集をすることができた。インタビューは 2012 年の一年間を通して行われた。

　質的研究におけるインタビューの方法論によって収集された資料はインタビュイーの社会文化的背景の描写のためだけではなく、聴取者である聞き手と語り手の間に交わされる関係性の中から抽出された証言資料とみなすことができる。語りの対話構造の中から、人間経験における超越との関係性を見出すことを検証しようとする本研究にとって、この理解は非常に重要である。この理解をさらに一歩、堅固な理解とするために、今回、収集された証言資料が、単に、語り手であるインタビュイーから発話された言葉の総体としてではなく、インタビュアーである聞き手の意向が加味された対話的資料であることを明示しておかなければならない。

　筆者は、単独で、一人のインタビュイーに対して、二回のインタビューを行った[241]。第一回目のインタビューでは、インタビュイーの今日までの個人の信仰の歴史を聞く、ということを目的とした。第一回目のインタビュー時間はおよそ一時間から二時間に渡った。第一回目を終えるにあたり、第二回目のインタビュー日時と場所をその場で約束し、別れた。第一回目のインタビューの後、録音した音源テープのテープ起こしを行った。インタビュアーである筆者はテープ起こしをしたテクストを再読し、時間的流れに沿った全体像を箇条書きで記した後、その中のいくつかについて詳しく話して欲しい点を質問のかたちで付け加え、インタビュイーに送付した上で、第二回目のインタビューに臨んだ。第二回目のインタビューでは全体像について訂正したり、付け加えたりしたいことをまず話してもらい、次に、特に、インタビュイーが生涯のうちで、コミットメントを優先させた事柄について質問を行った。たとえば、「何があなたにその選択を

---

[241] 14 名の外国人宣教師のうち、3 名は日程上、第二回目のインタビューをすることができなかった。したがって、二回目のインタビューまでできたのは 11 名である。

させたのか」、「最終的にあなたはそれを通して何を目指したと思うか」、「そこで、どのような困難に出会ったか」などの質問のかたちとなった。第二回目のインタビューは一時間を超過しないよう配慮した。第二回目のインタビューも第一回目と同様に録音し、可能な場合はビデオにも収録した。録音した音源をテープ起こしし、第二回目の証言資料とした。

インタビュイーとインタビュアーの関係性を確立する上で、インタビュイーに対して、インタビュアーの身分を明かすことは必要であるが、それと同時に、親密感を疎外するという面でどうしても限界がある。筆者はインタビューのプロセスを開始するにあたり、はじめに、自分が神学の研究者であり、援助修道会に所属する修道者で本研究のために論文を書いているという自己紹介をした。語りの対話構造を研究する上で、インタビュアーがインタビュイーに与える先入観は回避することができない。

外国人宣教師 14 名の国籍は、フランス、オランダ、アメリカ、ベルギー、カナダ、スペインと多岐にわたり、また、インタビューを行った場所も、北は東北地方から南は中国地方まで日本各地にわたった。彼らは日本に来日して以来、少なくとも 40 年以上の年月を日本で生活している。14 名のうち 1 名、この滞在期間中、3 年間ほど日本を離れた経験を持つが、他の 13 名は、旅行や短期の帰国以外はずっと日本で生活している人びとである。インタビュイーの簡単なプロフィール[242] は下記の通りである。

表示名	国籍	生年(年)	叙階(年)	簡単なプロフィール
A	フランス	1925	1949	1947 年来日の後、小教区を中心に司牧活動に従事、2012 年フランスに帰国。
B	フランス	1926	1951	1951 年来日の後、小教区を中心に司牧活動に従事、2014 年日本にて逝去。
C	アメリカ	1928	1953	1956 年来日、小教区司牧、教皇庁関係、修道会の統治への従事、神学院、カトリック関係のコミュニティ・センター。

---

[242] プロフィールの中の表示名のアルファベットは上から順番につけたもので、本人のイニシャルとは関係がない。本人の名前等が分からないようにするため、彼らの語りを掲載する場合はこの表示名を用いる。

第2節　戦後日本の外国人宣教師の証言　　　　133

表示名	国籍	生年(年)	叙階(年)	簡単なプロフィール
D	カナダ	1929	1955	1957年来日の後、小教区を中心に司牧活動に従事、現在に至る。
E	オランダ	1931	1958	1960年来日、小教区司牧、学生寮、老人ホーム、幼稚園の設立に従事。現在、文化財とされたカトリック施設の館長。
F	ベルギー	1938	1963	1964年来日、小教区司牧、看護師資格取得、療育園、病院、学生センター、老人ホーム、コミュニティ・センターに従事。
G	スペイン	1930	1963	1957年来日後、長年社会活動に従事。小教区での司牧活動、サダナ、グリフィン講座等。2014年日本にて逝去。
H	フランス	1939	1965	1969年来日後、小教区司牧、学生司牧、大学における学生カトリック研究会での指導、青年会館での活動、修道会の統治。
I	フランス	1939	1965	1965年来日後、小教区での司牧活動、カトリック青年のための労働運動の活動（以下、B運動）に従事。国際版B運動の責任者の後、日本のセンター責任者。
J	ベルギー	1941	1965	1970年来日後、小教区司牧、カトリック大学教育、アジア各国での黙想指導。日本帰国後、小教区司牧に復帰。
K	フランス	1942	1969	1970年来日後、小教区司牧、フランス帰国後メディア研究。日本に帰国後は、小教区、幼稚園、病院チャプレンなどに従事。
L	アメリカ	1936	1969	1962年来日、カトリック大学教育従事のかたわら、司牧活動、黙想指導。
M	カナダ	1942	1970	1970年来日、学校教育、小教区司牧、老人ホーム、修道会の副総長としてカンボジア等の宣教主導。日本に帰国後、小教区司牧に従事。
N	スペイン	1936	1970	1960年来日、長年のカトリック大学教育従事のかたわら、司牧活動、社会問題活動、カンボジアとの関わりに従事。

　彼らの話す日本語には、一人一人のユニークな声の調子とアクセントがある。また、一人一人が用いる表現方法も、その人が自国と日本の両方の生活において生きた経験の中で見出した特別な意味領域を持つ表現方法である。声の調子やアクセント、そして、多様な表現方法は、その人が属す

る共同体の中で暗黙の了解の下で使用されている表現方法かもしれない
し、あるいは、その人自身が長い年月の中で確認してきた一つの重要な投
錨となる表現方法かもしれない。それゆえに、その人の語る多様な表現方
法のうちに、一人一人の《生きられた経験》から立ち現れるキリスト教信
仰を土台としたユニークな表現方法や、人びとの生きた共同体において親
しまれてきた信仰表現の在りようが蓄積されているとみなすことができる
であろう。したがって、収集された証言資料の読解において、一人一人の
インタビュイーの声が生成された広い網目状の地平において、その一言一
言を、いかに聞き手が《キリスト者の証言として》聞き取ることができる
かが試されるということになる。

2. 《聞き手》と《語り手》

　前節で、読者が一つの物語から《筋》を導き出しながら、経験の時間的
基底に立って新たな物語の再形象化を行うミメーシスの三つの行程を確認
した。《物語る主体》は人格的関係性を含意する《わたし−あなた》の対
話構造を持ち、対話構造によって構築されるミメーシス行程は読者の側に
おいて最終的に完結する。この問題系を適用するなら《信の証言》は《語
り手》の語った証言を受けとめる《聞き手》の存在によって完成されるこ
とになる。

　では、《キリスト者の証言》を受けとめ、語りを完成させる《聞き手》
とは誰なのか。この問いに対して、次のような二極性が想定されるかもし
れない。おそらく、一方の聞き手には信仰を共有する信仰者の存在があ
り、また、もう一方の聞き手としてはそうではない、非信仰者の存在が考
えられるであろう。しかし、この二極性の問題に答えるために、第2章で
みた解釈学的神学の議論に立ち返ることができるだろう。一つは、啓示を
受けとめる信仰者／非信仰者の違いを《両義性》から捉えたスキレベーク
スの《両義的な解釈的経験》であり、もう一つは、異質としてしか客観的
には見えないこの世の世俗化における徹底した《受容事実》の地平という
メッツの指摘である。これら二つの議論を考慮すれば、《キリスト者の証
言》を受けとめ、語りを完成させる《聞き手》とは、その人が信仰者であ
れ、非信仰者であれ、《キリスト者である語り手》の声を《キリスト者の

証言であるという前提で》聞く人ということになる。

このような《聞き手》は、語り手のそばに、また、キリスト者の証言の中に存在する。発話された声を聞く《聞き手》は、自分の《外に》響く証言者の声を振りはらい、無視することもできるし、また、自分の《内に》取りこむこともできる。このような自由性に守られながら、《聞き手》は、《信の証言》を聴取し、自分なりの解釈を行うことができる。キリスト者の語る《信の証言》は、神の啓示を内包する生きた経験からこの世に発話される一回的な声である。この事実にはなんら変わりがない。したがって、《キリスト者の証言》の《聞き手》とは、あくまでも《キリスト者の証言として》聞く者なのであり、そこには信仰者／非信仰者という区別はない。

要するに、キリスト者の証言の聞き手とは、この証言を《キリスト者の証言として》聞く人のことである。このような意味においては《語り手》も、キリスト者の証言の聞き手の一人であろう。《語り手》は、自分の経験を通して理解した内容を内省しながら、自分の語りたい内容に忠実に沿って、聞き手に対する説明を行う。語り手にも自分の内省した内容を深く聞くという態度が求められている。インタビューにおける語り手と聞き手が構築する関係のことを、ライフストーリー研究では、ラ・ポールの構築と言い、この構築がインタビューを構成する上で非常に大きな役割を担うとされる。《キリスト者の証言として》という非中立性は、このラ・ポールを決定づける条件となり、《語り手》と《聞き手》の両者の間に、あなたとわたしに交わされるキリスト者の信仰の歴史を《聞く》という共通の態度が擁立される。このように、《キリスト者の証言として》という非中立性は《聞き手》と《語り手》の両者に前提的了解をもたらしている。《キリスト者の証言》という非中立性において、聞き手と語り手は、ともに協働し、参与し合いながらテクスト全体を創り上げていくのである。

そこで、ここから、《キリスト者の証言として》という非中立性が、どのように啓示の認識論的地平を切り開く契機となるかという点について考えていきたい。まず、リクールの認識論的見取り図における《説明と解釈》の関係性を確認しておく。

136 　　　　　　第3章　証言の中で啓示を聞く

　　説明することとは構造を解放することである。つまり、テクストの静
　　止的な本質を成す依存相関の内的関係性という構造を解放することで
　　ある。解釈することとは、テクストによって開かれた思考の道を辿る
　　ことである。それはテクストの行くべき方向性に向かって出発するこ
　　とでもある[243]。

　また、別の箇所で、リクールは《説明と了解》の関係性を次のように述
べている。

　　厳密に言えば説明のみが方法論的である。了解はむしろ、非方法論的
　　な契機なのであり、それは解釈の諸科学において、説明の方法論的契
　　機に調合されている。先行する契機は、説明を同伴し、説明を閉じ込
　　め、説明を《包み込んでいる（envelopper)》。その代わりに説明は、
　　了解を、分析的に《発展させる（développer)》ことができる。結果
　　的に説明と了解の間にある弁証法的絆は、人間科学と自然科学の間の
　　大変複雑で逆説的な関係をもたらす。このことについて、私は、二元
　　論でも一元論でもないと言いたい[244]。

　テクストは説明されることによって、テクストの静止性が解かれ、テク
ストの本来の意味内容が動き出すことが可能となる。また、解釈されるこ
とによって、テクストの本来の方向性へと進み出すことができる。しか
し、《了解》はこれら一連のプロセスに先行し、包括する契機なのであり、
《説明－解釈》に先行する。リクールは、この《了解》こそが認識論的見
取り図を開く契機であるとしている。この理論に沿うならば、証言テクス
トの要素としての《キリスト者の証言として》という非中立性は、説明さ
れ、解釈されるという行為によって、方法論的に内的意味の解放がなされ

---

[243] Paul Ricœur, « Qu'est-ce qu'un texte ? » (1970), in., *Du texte à l'action. Essais d'herméneutique II* (Editions du Seuil, 1986), p. 175.

[244] Paul Ricœur, « Expliquer et comprendre, sur quelques connexions remarquable entre la théorie du texte, la théorie de l'action et la théorie de l'histoire » (1977), in., *Du texte à l'action. Essais d'herméneutique II* (Editions du Seuil, 1986), p. 201f.

るが、しかし、同時に、《了解》の次元で、すでに《説明‐解釈》が包括されているということになる。したがって、啓示の認識論的地平を切り開く契機とは、この了解なのであり、《キリスト者の証言として》という非中立性が《説明‐解釈》を必要とするからこそ、了解の内容を発展させることができると考えられるのである。

　スキレベークスは『教会──神の人間物語』の中で、《教会の外に、救いなし》を《世の外に、救いなし》と改め、それを主題化し、キリスト教の歴史的自己定位とイエス・キリストの救済範囲の関係性について論じている[245]。

　この中でスキレベークスはまず、《救いの歴史》と《啓示の歴史》の相違を確認するために、人間の解放に関する意識の問題について言及する。キリスト者にとって、人間の歴史とはすべて、真実で良い人間性へと解放する度合いに応じて、《神の救いの歴史》と言える。歴史は人間の意識とは無関係に無償に与えられるが、だからといって、人間が解放される意識を持たないというわけではない。信仰によって神の解放を解釈するキリスト者は、この世と日常の《世俗的な》文化の中の多様な主題を用いて、意識的に、神の救済の約束を自由に表現するのである。この世において、人間は疎外から解放されることを熱望する。また、逆に、この世も人間が自分たちを解放させ、他者のために自由になれる場でもある。しかし、神の解放の業は人間の意識の中で起こっている業なのではない。自然界といのちの中心で繰り広げられる人間の歴史が人間の仲介において／それによって、神の救済範囲の中に存在しているのである。したがって、救いの歴史はあらゆる宗教の歴史に還元されることはない。救いの歴史はユダヤ教やキリスト教の歴史にさえ還元されることはない。神の現存は賜物であり、この世は、神の場である。神の救済の範囲は宗教を包み込むほどの拡がりである。

　　《救いの歴史は啓示の歴史と区別されなければならない》。啓示の歴史は救いの歴史を意識させ、信仰の経験を説明する。総体的な救いの歴

---

[245] Edward Schillebeeckx, *L'histoire des hommes, récit de Dieu*, traduit du neerlandais par Hélène Cornelis-Gevaert (Éditions du Cerf, 1992), pp. 32‐45.

138　　第3章　証言の中で啓示を聞く

史なしに啓示の個別的な歴史はない。イスラエルという救いの場がな
ければイエスにおける啓示もない。それは不可能なことである[246]。

　つまり、《キリスト者の証言として》という非中立性は人の信仰の経験
を説明し、解釈するという点で、すでに、啓示の認識論的地平を切り開く
契機となる可能性を潜在的に内包している。この地平を切り開く契機が救
いの了解であろう。イエスの啓示が示されるにことよって、イスラエルの
全歴史における救いを了解することができる。また、その反対に、イスラ
エルの救いのために、イエスの啓示が明かされる。救いの歴史と啓示の歴
史は区別されなければならないと同時に、両者が両方の存在を引き合う
ことで存在する。リクールの提示した《説明－解釈》に先行する《了解》
のことを、啓示の認識論的地平において、《救いの了解》の先行性と考え
ることができる。語り手は自らの信仰の経験の歴史を想起し、《キリスト
者の証言》として語る。このプロセスにおいて作用する《説明－解釈》
を、先行する《了解》は同伴し、それを包む。《語り手》も《聞き手》も
ともに、真に聞く人、真の聞き手となるならば、《キリスト者の証言》の
中で《救いの了解》に包まれ、それを聞き、それを受けとめることがで
きる。

第3節　想起を聞く

　宗教的アイデンティティを確認するため、その基準を満たすための類型
として、《想起》と《物語》の二つの類型のそれ自体が意識の類型である
ことは、メッツの主体生成の政治神学において明示されている[247]。メッ
ツは想起と物語が二次的なものでなく、《純粋類型》であると言う。単に

---

[246] *Ibid.*, p. 42. イタリック指示は原文による。

[247] Jean Baptiste Metz, *La foi dans l'histoire et dans la société: essai de théologie
fondamentale pratique*, traduit de l'allemand par Paul Corset et Jean-Louis Schlegel
(Éditions du Cerf, 1979), Chapitre IV. Concept d'une théologie politique, Comme
théologie fondamentale pratique, p. 88f.

第3節　想起を聞く　　139

人生の装飾物ではなく、人間が主体として経験し、自分自身を生成する歴史的戦いや危機的状況の中でアイデンティティを確かめ、保持していくための根本的な類型なのである。

　インタビューにおいて語り手は、自分の生きた経験を想い起こし、物語るという作業を続ける。このような《作業過程》において語り手が歩んできた道程が見えてくる。想い起された歴史は語り手のルーツのさらに先へと遡り、また、語り手に対峙している聞き手のルーツにまで及んでいる。さらに時系列上の拡がりだけではなく、対話の中に起こるずれも想起の拡がりの領域を示している。想起という領域がどのように拡がっているか見ていきたい。

1.　《わたし》の歴史のむこう

　筆者は語り手の生まれ故郷について質問した。しかし、語り手にとっての生まれ故郷についての質問は、キリスト者としての出自とアイデンティティの問いに直結していた。語り手は、自分の生まれ故郷のことを名も知れぬ小さな村ではあるが、ローマ時代から続く歴史の深い村であり、自分がその村の教会の聖堂で叙階式を行ったことまでを一連の物語として、一息で語ろうとした。つまり、語り手の歴史を聞くということは、語り手の生まれる前から存在するその土地の歴史にも触れることである。フランス人宣教師のＢは次のように語ってくれた。

　　聞き手：どちらで生まれたんですか？　フランスの……。
　　Ｂ：フランスの西のロワール地域の中のアンジュという地方ですね。アンジュ市といいますか。首都としてアンジェという町があります。シデフと言って、多くの日本人がフランス語を習いに行くところなんです。文化的な町ですね、歴史のある町です、が、私が生まれたのはそこから30キロぐらい離れた小さい村ですね。名前を言ってももちろん日本では通じません。
　　聞き手：どんな村ですか？
　　Ｂ：ファボレ・マシェルという。ファボレというのは今から2000年ほど前にローマ軍が来て、フランスを制圧した頃から始まった村らしいで

す。ローマ人がファビュースという名前だったそうで、ファビュースから
ファボレという町になった。まぁ、2000年の歴史があるかもしれません。
何百年か経ってから、キリストを信じる人たちがいて、それから、11世
紀頃、ロマネスク式の小さい教会を建てたんです。小さい教会があるんで
す。墓地に行くと、その時代の墓地もあるんです。お墓はもう読めないで
すよ。字が消えてしまって。ファボレという集落があるんです。礼拝堂は
その中心にあるんです。今は年に一回しか使っていません。それから3キ
ロ離れたところに新しい集落が16世紀に始まったんです。なぜかという
と、川を見下ろす崖の上に、16世紀に住み着いた人たちがいるんです。
それはフランスの北部からやって来た職人たちです。何の職人かという
と、ぶどう酒を入れる樽を作る職人、また船を作る職人です。つまり同じ
方式です。板を長く切ってそれをまるめてそれはぶどう酒の樽にも川を流
れる上に置く船にも使うんです、同じ技術を。小さい岸壁という、言葉が
大きいですが、やはり岸壁があって、そこから船を出していたみたいで
す。その船で何を運んでいたかというと、川をさかのぼっていくと、石炭
を。鉱山があったんです。その石炭を運ぶわけです。ぶどう酒も運ぶわけ
です。どこに運ぶかというと、ロワール川に。ロワール川にはあの時代は
帆掛け舟で運ぶんです。16世紀以前から大きな帆掛け舟で、石炭やぶど
う酒をナントの方に、あるいは逆にトゥールやオルレアンとか都会に運ん
でいくわけです。もちろんパリには行きません。ロワール川ですから。私
の二番目の集落は北から来た職人たちが家を建てて、木工の仕事を始めた
わけです。その家は、今も建っています。もう500年前、5、600年前の
石造りの家が何軒も建っていますね。私がフランスに行くと、その中の小
さい家ですけれど、やっぱり壁はこんなにぶ厚いものです。石を重ねたよ
うな造りです。その人たちは、当時、クリスチャンだったでしょうね、フ
ランスですから。でしょうけれども、教会はなかったんですね。その集落
の真ん中に、中ほどに、聖母マリアへのピエタですね、イエスを抱いてい
る。十字架から降ろされたイエスの遺体を膝の上に抱きかかえているピエ
タ、石造りのピエタが、14世紀のものだそうですが、そこに騎士が牛や
馬に乗せて運んだという記録があるんです。そのピエタを入れるための礼
拝堂があったんです。それがその集落の中心ですね、今も。ですが、19
世紀になって、人口が少し増えて、特に、農民が増えて、あるいはぶどう

第3節　想起を聞く　　141

酒を造る人たちが増えたので、そのために、教会堂を造ったんです。大きな、教会堂。それはお城に住んでいる人たちが寄付をするんですね。お城が四つもあるんです。

聞き手：ロワール地方ですからね。

Ｂ：いや、ロワール地方じゃなく、私の住んでいる村の中に、お城が四つもあるんですね。小さいお城から、かなり大きいお城まで、でも、日本で知られているシュノンソーとかそういう大きいものとは違って、もう少し規模は小さい、19世紀に建てられたものですね。そこには貴族が住んで、小作農を使って畑を作らせる、ぶどう畑を作らせる。ぶどうを作る人たちがだいたい独立してくる。その人たちはだいたいクリスチャンではない。自分で考える人ですね。教会に来る人たちは自分で考えないで、小さい時から洗礼を受けて、教理をはいはいと言って、そして、日曜日のミサに来る。それがクリスチャンでしょ、ねっ。貴族はクリスチャンだから、彼らは勉強しているんですね、都会の中で。彼らの後に小作人はみんなついて、日曜日、教会に来るんです。だから、今、教会には誰も来ないんです。貴族がいなくなったし、農民は、もう、機械を使っているから、人はほとんどいらない。もうぜんぜん違うんです、現代は。教会堂はたまにしか使っていません。月一回、土曜日の晩のミサがあるだけです。だから、私にとってとても悲しいですよ。

聞き手：お生まれは何年になりますか？

Ｂ：84年前ですから、日本でいえば大正15年、1926年です。つまり、変な言い方ですけれども、二つの戦争の間。ヨーロッパの二つの大きな戦争の間。第一次世界大戦が、18年に終わって、39年に第二の戦争が始まるんです。その中間に生まれたんです。戦争の話ばっかりですよね。で、そう、19世紀の半ばに、このマシェルという。ファヴルというのはファヴルというローマ人の名前から来たものです。マシェルというのは、マリエ・シェラ、聖母マリアのために建てられたほこら、シャペルですね。ノートルダムドゥピチエ。シャペル・ノートルダム・ドゥ・ピチエ。そこに何百人でも入れる聖堂が建てられたわけです。金持ちの寄付で。みんなも献金もしたと思うんです。私が司祭に叙階されたのがそこです。ちょうど建物が100年経ったころです。100年経ったというので、司教さんが来てくださって、私を叙階してくださいました。もう一人もやはり田舎の人

で、二人とも宣教師です。彼は、フランス国内の宣教師で、トゥールーズに行ったんです。それで私は日本に派遣されました。

Bの話を聞きながら筆者は、《名も知れぬフランスの田舎町》を想像することができる。500年もの歴史ある分厚い石造りの家、教会堂、ピエタなど、それらすべてキリスト教の歴史の刻まれた風景である。筆者がこれまでに見てきたフランスの田舎の風景をそこにあてはめ、石造りの家、田舎町の教会堂なども、脳裏に描いてみる。Bも話しながら、自分が幼いころから聞いていた村の由来を想い起こす。彼は自分の祖国の経験を想い起こし、語ることによって自分がどこから来たのかを再認識できるだろう。この語りは繰り返し語られた村人の由来を、Bが自分自身のアイデンティティとして内化した結果、語られたものである。語り手、すなわち、物語の主人公である《わたし》の想起は、《わたし》の生まれる前からの歴史を内包している。そして、《わたし》に対峙する《聞き手》は、《わたし》のむこうの世界を想像する。

2.　あなたの歴史から誘引されるわたしの歴史

　幼少期の想起のほとんどは、「わたしが子どもだった頃……」というフレーズで語られる。聴取する筆者はこの一つの枠組みの中に入ることによって、語り手の幼少期の思い出を聞きながら、同時に、自分自身の幼少期を想起し始めることになる。

　次に紹介するベルギー人宣教師Fの幼少期の思い出は、時間的にも、地理的にも、遠く離れた場所に生きた筆者の幼少期の想起を誘引する。どのような時に、家族で祈りをし、日曜日ごとに家族でどこへ出かけ、家族の中で、どのような教育を受けてきたか。その内容がいかに異なるものであろうと、経験的時間基底に流れる線上で、想起の領域はいかようにも拡がっていく。

　　　聞き手：教会生活はいかがでしたか？
　　　Ｆ：教会は、ほとんどカトリックでしたね。教会に行かない人は不思議とね、ほとんどいなかったですね。一つの行事みたい。みんな、信仰を大

事にして。日曜日は、教会に行って、家でも祈る。夜、夕食の後とか、ロザリオとかね、どっかが災難にあったときに、意向を入れて。祈り、支えになったでしょ。

聞き手：お母さんが、リードされていたんですか？　お父さん？

Ｆ：お父さんは、靴屋だったからね、自営業で、修理して、今、修理しないでしょ、それで生活をたてていましたね、もともと農家、昔はね、農家。ただ、大勢の時は、お互いに育つでしょ。お姉さんたちは、結婚しない人もいるからね、お姉さんは、看護婦さんで、同時に、下の子ども達を養ったりするんですね。社会もね、学校も、安くね、寮に入ったり、うちの村で一番多い家族は 16 人、その中で、宣教師は 5、6 人かな。アフリカに、ね（笑）。

聞き手：1938 年生まれなので、戦前ですね。

Ｆ：そうそう、戦前、戦争を実感しなかったね。地下に、逃げることはあった、駅の近くで、飛行機がたくさん通るでしょ、地下に逃げるんですね、ドイツ人が、なんでも鉄のものをください、と。スコップでも、取るんです。靴屋だから、ミシンを要求されたりね、フランスを取るために、ベルギーは小さい国だから、どうぞ通ってくださいと、協力でしょ。ベルギーは大きな戦い、墓がたくさんある。ドイツ人の若い人たちそのまま返さないで、写真がたくさんある。

聞き手：子どもの頃教会で思い出せることはありますか？

Ｆ：教会の主任神父さんはまじめで、説教は私より下手でしたね。教会に行く人たちの中で、説教を選んで教会に行く人はいましたが、今でもいますね、しかし、私の母とか、説教下手でも、自分で得たい気持ちがあるでしょ、自分で得ることあるでしょ、自分次第ですね、自分次第ですね。

聞き手：お母さんから受けた影響は大きいですか？

Ｆ：あ、私の個人の話ですが、たいてい、娘さんたちは父親の味方で、男たちは母の味方。娘、結婚すると最初パニックになるでしょ、しかし、息子さんたちはお父さんに負けないで、靴屋だけでなくて世界的でしょ、自然ですよね、世界的に。ただ、ベタベタしないでしょ。愛しているとか、何もしないでしょ。

聞き手：信仰教育とかどうでした？　祈り以外に……。

Ｆ：後で考えたら、教育、自分なりのね。私、早口で、ゆっくり話しな

さい、文章終わってない、一人一人のことを直そうとするね、自然ですね。どこでも習っていない作法とか、この人見なさい、こういうふうになりなさい、とかね。兄を見なさい、とかね。兄はR会の神父でしょ、模範ですね、この人見なさい、兄は本当の神父（笑）。早く食べると消化悪くなるという。よく、みんなに愛されるようにしなさい、好かれるようにしなさい、それはすごいですね、時には無理なお願いもするんですよ、しかし、それはすごいですね、見事。素晴らしいですね、これは無理と言ったらしないですね、こういう、ゆっくり食べるようにとか、かえって傷つけるでしょ、子どもね。これは大々的に、常識、とても大事ですね。常識で、宗教でも、常識、常識の物差し、違うんでしょ。他のグループの物差し、これは、笑ってはいけないとか、あるでしょ。なんでもハグする民族、南の方ね、フランス系、それはそこで常識。そうでないことも常識。宗教とも、これは、常識、全部、常識ですね。教育の中でも常識ですね、小さなルールを破ったら、大げさにしないように。カトリックは金曜日はお肉食べないでしょ、お肉は贅沢みたいな。大昔、贅沢みたいな。これは破ったら、罪にするんじゃなくて。でも、この人を恨んだら、常識を越える、分ける。こっちは常識で、向こうは常識でない、あるでしょ。お母さんは、教育で、聖書、何節書いている、そんな暇ないですよ。ただ、それは、人間は環境、もっともっとあれば、人間は良いものでしょ、愛されるために生まれた、でしょ。歌のとおり。

　聞き手：戦争が終わった時、7歳くらいですよね？

　F：そうです、そうです。

　今回、インタビューを受けてくれた宣教師のほとんどは、筆者の親と同世代の人びとだった。この事実は明らかにインタビューを行う筆者の心情に影響を与えている。たとえば、上記のインタビューの最後に、「戦争が終わった時、7歳くらいですよね？」という質問を投げかけているが、この質問は明らかに、終戦の年、筆者の母親の年齢が7歳だったことに起因している。つまり、筆者は、母親が7歳だった時に、どのような体験をしたかをすでに聞いていた。そして、自分がすでに聞いた身内の話と、宣教師の経験とを結びつけて理解したかったのである。筆者が、語り手の話の中で、自分の知っていることを持ち出し、語り手を引きつけて、自分の土

俵に連れて来ようとしている隠れた動機にも、実際に実行していないとはいえ、気づくことができる。

　しかし、相手の生きた場を見たわけでもないのに、話を聞いただけで共感できるのは、このように、参照点としての語り手の想起に照らされて、自らの経験の想起との間を自由に行き来できるからである。キリスト者の証言にとって、《あなた－わたし》を自由に行き来できることは重要な要素である。

　親が宣教師たちと同世代であるという事実に誘引された筆者の発言は、他の宣教師へのインタビューの中にも見られる。アメリカ人宣教師のLは、戦争終結の1945年に、いったい何を感じていたか。筆者から尋ねたとはいえ、筆者の興味の範囲を超えて、さらに、複雑な感情を引き起こすことになる。

　　　聞き手：戦争が終わったのが45年ですから。
　　　L：45年。
　　　聞き手：そのとき、10歳。
　　　L：そう、高等学校に入ったのは50年ですから。
　　　聞き手：そうすると、戦争も終わって、何か変化がありましたか？
　　　L：（沈黙）、まあ、もちろんあの、軍隊に入ってた人、帰ってきたんですね。その町の、軍隊の人は、まあ、若い、若い18歳から、だいたい30歳まで。みんな戦争に行っちゃったんですね。だから、戦争終わってからみんな帰ってきたんですよ。それは大きかったね、私は。まあ、10歳くらいの思い出ですけどね、それは覚えていますがね。
　　　聞き手：何か、感じられましたか？
　　　L：いや、別に、何も、（沈黙）ただ、勝った！　それが強かったね。負けなかった。
　　　聞き手：ははあ……。
　　　L：だいたい、無事に帰ってきたことは何よりも嬉しかったんですね。そう。

　第二次世界大戦で、筆者の故郷である日本はアメリカに対して敗戦国となった。筆者は広島に生まれ、8月6日の原爆による惨禍を幼少の頃から

聞かされ、小学校からの徹底的な平和教育を受けてきたという過去の経験を持つ。したがって、対話が戦争の内容に少しでも差し掛かると、筆者の記憶の奥底に沈められていた苦しみの記憶が自動的に噴き出し、非常に個人的な動機に基づいた質問をせざるを得なくなる。

「（終戦で）何か、感じられましたか？」この一言は小さな質問ではあるが、非常に大きな重荷を自ら抱えている。また、この重荷は、聞き手が一人で抱えることのできる範囲を超えている。それでも、敢えて、このような突発的な質問を押し出してくる衝動的な力を、苦しみの記憶は有している。

「人間的な苦しみの歴史は、計画的な理性を批判するための基準を提供する」[248]。良いものとして肯定されるもの、啓蒙活動、教育、様々な世襲的な体制を保持しようとするものなどの動きに対して逆行するように、苦しみの記憶が、世のありのままの姿を観想させるようにと導く。聞き手は、語り手から一方的に話を聞くだけでなく、語り手の存在が聞き手の歴史に秘めた想起を引き出すということを知っておく必要がある。

3. 対話の齟齬に形成される新しい閾（いき）

次の例は、語り手と聞き手の間に起こる理解のずれ、齟齬が生じている例である。日常会話でこのようなことは度々起こる。相手の言葉を誤解したまま、会話が進む場合もかなりの頻度である。多くの場合は、ある程度、会話が進んだところでつじつまが合わなくなり、ある地点で理解の修正を行うことで解決される。

証言の構築において、一定時間を置いた後、齟齬によって形成されたテクストを読解する場合、日常生活の流れにおいて生じるずれの修正とは違い、新たな意味として立ち現れるものを見出すきっかけとなる。次の証言は聞き手と語り手の間に理解のずれが生じている例である。1950年代に

---

[248] Jean Baptiste Metz, *La foi dans l'histoire et dans la société: essai de théologie fondamentale pratique,* traduit de l'allemand par Paul Corset et Jean-Louis Schlegel (Éditions du Cerf , 1979), Chapitre VI, Avenir de la mémoire de la souffrance, à propos de la dialectique du progrès, p. 125.

第3節　想起を聞く　　　　147

日本に来たアメリカ人宣教師Cの話である。

（第2回目のインタビューの中で、日本に来てどう変化しているかの話の
中で）

　　C：一つの例ですが、信仰というのは何なのだろう、救いとは何なのだ
ろうと、色々と考え始めました。（……中略……）教会は、自分の良心に
従って生きれば救われると。（しかし）そのような、それと反対のことを
言っているアメリカのある神父が……という、あるところで言っていまし
たから、バチカンから注意されてその話は間違いであると、私も神学校の
頃、聞いていましたから、でも、カトリックの優位性といいますか、そう
いっても、救われる人は少ないだろうとおもっていましたけれども、多く
の日本人に会って、それも、良心に従って生きる人の姿を見せていただい
たわけですね。それだけじゃなくて、一億人の中にキリスト信者というの
は100万人くらい、カトリックとプロテスタントを合わせて、で、9900
万人を、えーと、神様が見捨てるのか？　という。とんでもない話。私の
信じている神さまはそんなことはしないと。
　（……中略……）
　　C：とにかく、え……、こ、異なるものと会うと、自分のあり方を、
やっぱり、気づきますよね、そして、そこで、かなり多くの場合、自我
が、ですね、ある？　自分の勝手、自分の、えー、どう言っていいやら、
先入観というか、そういうもの、少しずつ、変えられていきます。……は
い。（沈黙）もしかしたら、日本に来なければ、そのような、いわゆる、
まず、自分自身について、自分の信仰とか生き方について、考えさせられ
ること、なかったかもしれませんね。本当に……（沈黙）特に、教会で、
この日本の信者さんに、会っていると、彼らの信仰、生活。見たり、彼ら
のうちにある、その、信仰、こう、本当に、それに、ずいぶん、影響された
と思います。（沈黙）彼らは、私の教師だったと感じます。（沈黙）もう、
数えきれないほど、そういう経験があって。あの、感謝しております……。
　　聞き手：あの、いいですか、えっと、神学生の時代、ですかね、洗礼を
受けなくても救われると言った方がいらっしゃいましたか？　バチカン
からそれではだめだと（言われた？）。

Ｃ：そのような、洗礼を受けなければ救われませんと……。

聞き手：……と、教えられたわけですよ、ね。

Ｃ：神学校で教えられたんじゃなくて、あの、某会の神父が、それを、ラジオか……文章で、それを言ってたんですね。

聞き手：洗礼を受けなくても、救われる。

Ｃ：いいえ！　受けなければ、救われない。それは、教会の、教えに反する。

聞き手：え、それは教会の教えに（反する？）。

Ｃ：教会の教えは、洗礼を受けなくても、良心に従って生きれば救われますと。

聞き手：ああ、教会の教えは、良心に従っていれば救われると。

Ｃ：そうです。はい。今の、カトリック教会のカテキズムにも載っています（笑）。

聞き手：だから、待ってください。えっと、良心に従っていれば救われるというのは、第二バチカン公会議ですよね？

Ｃ：いえいえ、それ以前からですよ。

聞き手：あ、それ以前から、なるほど、なるほど。洗礼を受けなくても、良心に従っていれば救われる。というふうに教会は言っていた。

Ｃ：そうです、昔から言っています。

聞き手：昔から言っていた、わけですね。はい、それを、某会の神父の一人が、洗礼を受けなければ救われないと、言った。神学校の時代に？

Ｃ：えっと、たぶん、私が神学校に行く……行く前だったと思います。私は、神学校でそういう話を聞きました。えっと、記憶がはっきりしません。その、私が、神学校時代にその騒ぎがあった。

聞き手：騒ぎがあった……。それで、神父さまはどう感じられたんでしたっけ？　良心に従っていれば救われる。

Ｃ：あ、それはそのとおりだと。

聞き手：洗礼を受けなければ救われないということはない、某会の神父は間違っている。

Ｃ：と、そう思いました。あの、日本にくる前にも回心させられたことがあるんですね（笑）。神学校で、教会はこう、教えている、けれども、なんとなく、えー、無言のうちに、でも、だめ、危ない（笑）、キリスト

信者に……やっぱり、ならなきゃ危ないと、キリスト信者でも、やっぱ
り、プロテスタント信者では、危ないと、あのころ、危ないというふうに
言われていた。神さまの前で……たとえば、自分のやった良いことは、
えっと、功徳って言っていましたね。……が、あるか、という。カトリッ
クは、あるけれどもプロテスタントはないと、あの頃、言っていました
ね。それで、卒業して、最初、日本にくる前に、ある時、3、4人の大学
生に、カトリックに変わりたいという人たちに、少し、教理を教えていた
んです。

　聞き手：プロテスタントからですか。

　Ｃ：プロテスタントから。で。ちらっとそのようなこと、プロテスタン
トは、そういう、神さまの前で良いことは認められないという……（笑）。
そして、一人の女性は怒ってね、自分のことじゃなくて、あんなにいい人
が認められないのか？　と、怒られて、はっと、自分の愚かさに始めて気
がついた。失言したというより、自分の理解、本当に、不足していました
ね、それに気づきました（笑）。少しずつ、少しずつ、変えられました。

　この対話の齟齬は、語り手が、「某会の神父が『洗礼を受けなければ救
われない』と言った」と発言したことを、「某会の神父が『洗礼を受けな
くても救われる』と言った」と、筆者が聞き間違えたことから始まってい
る。筆者は、語り手の発言を聞き間違えた上に、自分の先入観から出られ
ないままでいる。筆者は、外国人宣教師は、《洗礼を受けなければ救われ
ない》と思っているのであろうという勝手な思い込みから逃れられず、何
度も聞き返しているのである。それに対して語り手は、筆者に向かって、
語調を強くし、内容を確認するような話し方で話している。

　このアメリカ人宣教師は、「日本に来日する前にも回心させられたこと
がある」と、終わりの方で自分の信仰理解の変遷の内省を話している。し
かし、筆者には、語り手の《内省》の声がまったく聞き取れていない。さ
らに筆者は、《バチカン》という語を用いつつ、ステレオタイプな宣教観
の《枠》、つまり、極東日本における異教徒に対するキリスト教化という
枠の中に宣教師の存在を当てはめた聞き方をしている。

　時間をおき、再度、語り手の言いたいことをよく読み返すと、語り手の
回心がもっと奥深いところにあったことがわかる。《教会の教え、神学校

図3

での教えの内容》に対する《某会の神父の発言》、つまり《洗礼を受けなければ救われない》という思いは、実は、宣教師の心のどこかに潜んでいたのである。神学校で学んだ《洗礼を受けなくても救われる》というのは正しいとしながらも、自分の信仰理解のどこかに、《洗礼を受けなければ救われない》と思っていた一面があった。筆者には、語り手の回心の中核が分からなかった。対話の齟齬は、無理解を理解へと導く方へと作用し、内容をさらに深めるため、別の次元を開く可能性を持つ。

語り手と聞き手は共に、《発話者》と《共同発話者》という複数形の主体を構成し、対話の中で、今、発話された内容が正しいか、間違っているかの判断を行っている。それはつまり、発話の引き起こす関係作用である。この時、肯定と否定の対立する距離によって生成された領域において、両者はある種の《閾(いき)》を決定づける。図3のように一つの語が発話される時、両者の対話は発話された語の肯定的意味と否定的意味を行き来しながら、カム軸のような内部円環作用を構成する[249]。

したがって、時間の流れの広がりを示す述語の容態の一つとして、語の内部に生じる意味領域の幅を確認しておくことが証言の読解にとって必要である。語彙の発話に対する関係作用における意味領域は、1）肯定と否定の他に、2）確実さ、蓋然性、必要性、3）価値評価、4）主体間の関係性にかかわる原因性、実用性という範疇をもつ[250]。

すべての出発点である《聞く》という行為は、人間の生きた経験の時間的基底の延長線上にある歴史に向きつつ、今、ここで、言葉に発話されない意味作用の領域をも包み込む。対話の齟齬の例にみられたように、聞き手と語り手の間には、聞き手には聞き取られていない語り手の想起が拡

---

[249] Cf. Antoine Culioli, "La formalisation en linguistique", dans *Pour une linguistique de l'énonciation: Formalisation et opérations de repérage, Tome 2* (Ophrys, 1999), pp. 24-29.
[250] *Ibid.*, p. 24.

がっているのも事実である。証言の読解者は、この事実を十分に熟知しておかなければならないだろう。もちろん完璧な聴取などは存在しない。ただ、聞き手が知り得ない語り手の想起は拡がっているのである。だから、聞くことを恐れる必要もない。その想起がたとえわずかでも聞き取られることで、語り手は聞き手とともに共同体を形成し、生きた経験を共有することができるのである。

第4節　断絶と呼びかけ

1．かけがえのない時——カイロス

　聞き手は、語り手の想起する時間の流れに沿って、一つの物語を聞く。聞き手は、語り手の語りに沿って歩み、流れる時を見送りながらも、語り手の語感や表情から受けた印象によって、重要な、唯一無二の時を、語り手の決定的な時として、自由に、刻印することができる。経験的時間基底の軸に刻まれる《かけがえのない時》は、他の様々な時と区別されながら中心点となり、《それ以前》と《その後》の物語を生成し始める。多くの場合、《今までは……だったが、しかし》という定型によって語られる。スペイン人宣教師 N の召命を受けた時の話を紹介する。

　　　N：だからね、私が生まれてからすぐスペインの内乱が始まったわけ。それで、私は生まれて、四月に生まれたんだけども、四か月後に、僕の叔父で、僕に洗礼を授けた神父は殺された。
　　　聞き手：殺された……。
　　　N：それはやはり、あのときはスペインでいっぱい神父や信者が殺されたわけね。反教会があって、色んな教会も焼かれたし、わざと、そのような内乱があったのね。それは 36 年から 39 年。私に洗礼を授けた神父は、私の叔父、彼は私に同じ名前をつけた。たぶん同じ聖人の日に生まれたと思うんだけれども。叔父は、福者になった。あの時にバレンシアで殺された、殺されたのはもっと多いと思うけど、270 人くらいは福者になった。2000 年かな。とにかく、もどっていきますと、医者になると思って、ただ、父は反対しなかったけれども、医者だとね、大変だよと言ってくれて

ね。昔ですから、医者といって、人は、病院にほとんど行かないわけ、病気になったら、家。クリニックにも人は来るけれども、簡単な怪我とか、寝る必要があれば、医者は家まで行って、診察してどういう薬とか、とにかく呼ばれるのは24時間ですね、その可能性がある。だから大変だよと言われて、だけども反対しなかった。ところが、あの、高校を卒業する前に、えっと、自由だったけれども、いわゆる三日間の黙想会があって、卒業する人たちのために、指導したのはコングレガチオンマリアーナの指導者の神父。その指導司祭はJ会。学校は、マリスト会、コングレガチオンマリアーナは色んな学校の学生が参加していた。J会はそこでやっていた、色んな学校の子が来ていた。そのときに、どういうわけか、私は、神父になると感じた、んですね。それで、指導する神父に、相談したんですよね。しかし、僕は、いわゆる、召し出しがあるかどうか分かりません。神父は、まあそうなら、気にしないで、ゆっくり、いつか分かるかもしれない、ということだった。そして、これもまたちゃんと、覚えているんだけれども、ちょうど、私の洗礼の霊名は、聖V（聖人の名前）はV地方の保護聖人なんですね。その年の祝日に、教会になっているんだけれども、彼の生まれた家が、まだ残ってる。彼は、16世紀の聖人だったけれども、その家の教会に、そういう習慣があったのね、その祝日に、その家を訪れるという。ま、ぼくも行った。そこで感じたのは、まあ、召し出しがあるかないかは問題じゃない。それはどうでもいい。大事なのは、あなたはついて来るか、どうか。それだったら、簡単だな、ついて行くよ。それで決めちゃったわけ。（笑）（沈黙）……単純だね。（笑）簡単。あ、それだったら問題ない。召し出しがあるか、ないかなんて、悩むなんて。……ということでした。まあ、それで、神父に話したら、うんOK、そう、そういうことでした。

　語り手は、「ところが」と言って、思ってもみなかった理解が芽生えたことを表現している。そして、この召命が確かなものかどうかを、もう一つの新しい信仰理解、すなわち、「イエスについて行く」という新しい理解から確認し始めている。それは、この宣教師にとって「ちゃんと、覚えている」出来事であった。

　経験的時間軸の基底において、意識の次元、あるいは、身体の次元の記

第4節　断絶と呼びかけ　　　153

憶として刻まれた想起は、強烈な印象として、語り手の心にいつまでも残る。

　次に別のスペイン人宣教師Gは、彼の《かけがえのない時》の経験を《光があった》と表現している。

（Gが、なぜ、J会の学校に行くことが出来たのか、父親が軍医で、戦場でJ会の戦争チャプレンである司祭と知り合いになったのがきっかけという逸話の後に）。

　　　聞き手：中学校が何年間あるんでしたっけ？　J会は？
　　　G：1943年、入った。途中で入ったでしょ。1947年高等学校の卒業。J会。
　　　聞き手：戦争、終わっていますね。
　　　G：戦争、終わっている。そして、今度は、これが本当の、一番最初の節目です。召し出しあるかどうか、黙想しながら、学校で召し出しのことについて話した。コングレガチオンマリアーナにも入って、霊的な指導者、司祭にも話した。しかし、迷った。行きたくない、反対。そうすると、これが一番最初の節目ね。（笑）高等学校の終わりの試験、終わったら大学の試験。一緒にやる。6月に高校の試験、7月に大学の試験、パスすると9月から大学。そうすると、大学の試験を準備した時、ある朝、早く、地下鉄に入って、聖ベルナルドの広場の地下鉄に入って、暑い7月であって、朝、突然に光があった。心の光。どうして、わたしは神さまを慕わないのですか？　神さまのみ旨であれば、その時から、はっきり……。私の召し出しでした。その時から変わらなかった、その時の前と後ではまったく違う。
　　　聞き手：まったく違う。
　　　G：そうすると、この体験があって、すぐ、大学の試験中、忙しかったけれども、コングレガチオンマリアーナの指導司祭のところに行って、私は、召し出しがある。彼は最初、笑った。笑った……しかし、彼は、待っていたんですね。（笑）そこで、大切なところ、恵み、突然、光、恵み、内的な声。この声は、永久に残っていた。大きな節目。

「突然の光があった」という聖ベルナルド広場の地下鉄の入り口、この場所は、あの日から、語り手にとって聖なる場所となった。第二回目のインタビューで、もう一度、その体験について聞いた時、彼は、今でも、その場所を通りかかると、立ち止まり、しばらく祈ると語っていた。召命は一人の人間の具体的な身体を必要とする。そして、それはこの世の具体的な一つの場所で記憶に刻まれる。《かけがえのない時》を介して、全生涯がそこから変容していく。《かけがえのない時》は揺るぎない信念を生む。たった一つの出来事は語り手のその後の生涯を貫いて人生全体を支えていく記憶となる。

　次に紹介する 1925 年生まれのフランス人宣教師 A の証言には、第二次世界大戦以前の全体主義的教育の影響が色濃く残る学校の様子が物語られている。たった一つの出来事から、厳しい毎日の中で、教師の圧力にも屈しない青年の希望が生まれる。

（A の幼少期の厳しい学校での指導の話の続き）

　　　A：……命令。命令の中に、命令の中に、育てられました。

　　　聞き手：中学校は、小神学校で。男子ばかりで。

　　　A：もちろん。厳しい、厳しいですよ。女の人を見てはいけません。ああ、罪！　夏休みの間に、自分の家に帰りましたから、ちゃんと、学校から、村の主任司祭あてに、彼の態度はどうでしたか？　ミサに行きましたか？　おお、厳しい質問があったんですよ。それから、女の人に対してどんな態度でしたか。全部、これは詳しく、調査あったんですよ。

　　　聞き手：その生活はいかがでしたか？

　　　A：おお、もう、厳しくて、厳しくて。もう、こんなもんです（手の動作）。

　　　聞き手：はあ、厳しかった。

　　　A：私は、重たかった。重たかった。6 年間、小神学校におりました。4 年間、教区の大神学校におりました。最後の 2 年間は、M 会の大神学校に入りました。初めて、神学校に入って、はあ……としました。初めて。初めて。……というのはね、大神学校ではね、いろんな地方の人たちが集

まっていたでしょ。あの時、ほんとに、はあ、解放された。

　聞き手：ちょうど戦争が終わった。高校の時、戦争中ですよね？

　Ａ：そうです。

　聞き手：神学校と戦争は関係ありましたか？

　Ａ：私の方では、命令、命令、命令……。

　聞き手：しかも、ドイツに占領されてたんですもんね。

　Ａ：考えられないですよ。教室の中に、その日、40、50人くらいの部屋があったんですよ。あの時は、ペタン。ペタンという指導者がいたんですよ。

　聞き手：写真？　ペタン。フランス人？

　Ａ：ヴィシー（敬礼）。

　聞き手：ああ、ヴィシーだ。

　Ａ：あとはね宿題。宿題はね、絶対に、時計を見てはいけません。宿題、宿題、宿題……。勉強、勉強、勉強……。本を読む為には司祭が本をあける。

　聞き手：はあ……。

　Ａ：厳しいですよ。もう、考えられないですよ。怖いでしたよ。だから、教育はね、今、思い出しますよ。これ、影響がすごかったですよ。思い出したくない。

　聞き手：ああ、思い出したくない。

　Ａ：あんまり思い出したくない、もう、こんな教育はね、嫌ですよ。厳しかった。

　聞き手：それで、大神学校は、教区の？

　Ａ：教区の、グランド・セミネール。4年間。

　聞き手：第二バチカン公会議の前ですもんね。ラテン語とか……。

　Ａ：あ、ラテン語、すべて！　あの、ラテン語、ギリシャ語ばっかり。大神学校で。

　聞き手：だから、哲学ですかね？

　Ａ：哲学も2年間、神学4年間。

　聞き手：そのときの、神学、哲学はどんな感じでしたか？

　Ａ：神学、二つあったんですよ。哲学、二つあったんですよ。カトリックの、キリスト教のトマス・アクィナスのと、それから一般の哲学があっ

たんですよ。これ、試験のために。国家試験のために。国家試験ばっかりでしょ。バカロレア、ずーっとこれやった。だから、洗脳された。もう、勉強、勉強、勉強。宿題、宿題、宿題、それだけ。

聞き手：その頃の神学を覚えてらっしゃいますか？

Ａ：神学は、強制的に。すべて強制的に、自由はなかったんですよ。昔は……それで、あと、喧嘩したことがありますよ。色んな問題についてはね、喧嘩したんです。

聞き手：先生とですか？

Ａ：神学校におりました。喧嘩したことありますよ。私の受け持ちの先生のところに行って、どうしても、これを、ラテン語でしたんです。聖務日課。ほんとはね、これはラテン語でしなければならないと。私は、ラテン語は下手。もうやめたい。この祈り。それで、あなたは司祭になりたいですか？　そうです。けども……。ラテン語、だめ。しなければならない。あのとき、怒られた。怒られた。しなければならない。しなければならない、ばっかりばっかり……。もう、命令の中にいたんです。日本に来る時のあれね、あの、任命、派遣のときにはね、命令。命令、命令。あなたこっち、あなたこっち……。

聞き手：それで、司祭になりたいとずっと思ってらっしゃったんですよね？

Ａ：あ、ずっと思ってた。ずっと、ずっと。あ、なりたい。今、考えたら、よう辛抱しましたねー（笑）。よく辛抱しましたなーと思っているんです（笑）、今。けれども、仕方ないね（笑）。

聞き手：やっぱり司祭になりたかったですか。

Ａ：あ、どうしても。なりたかった。宣教したかったから。

聞き手：宣教したかった。宣教したいというのは、どういうところから。

Ａ：あー、これは、秘密！　知らない、私の中に声があったんですよ。その時、いくつでしたか。私まだ、まだ、そのとき、この……哲学の時に、これ、面白い。この神学校ではね、レンヌの、あー、これは素晴らしいことですよ。これは、素晴らしい。これは、今でも、分からないことですよ。小部屋があったんですよ。半分くらい、兵隊のため。ドイツの軍隊で仕方がない。一つの部屋二人ずつ。それで、大きな廊下に屑かごがあっ

たんです。私の部屋の屑かごを持って、その中に入れようと思った。こん
な色の雑誌があったんですよ。ああ、あの時に、これ、取って、自分の部
屋に持って帰ったんですよ。この雑誌。この雑誌はね、書いた人は、満州
で、宣教師！　それで、これ（笑）。は、はじめから、この雑誌、全部、
いっぺんに読んだ！　全部、読んだ！　読んでからね、すぐに、私の担当
の先生のところに行って、私、行きます。うん。私、行きますと。そした
ら……、ちょっと待ってください。明日もう一晩中。明日もう一回来て。
明日もう一回行った。どうだった？　行きたい！　（沈黙）宣教師。はあ。
もう一週間考えなさい。けれども、そのきっかけで、屑かごの中に、私の
宣教師の……（笑）使命が生まれた。

　聞き手：それを読んだ時に。な、何が起こったんですか？

　Ａ：読んだ時に、もう、夢中で！　知らない。青年に聞いてください。
知らん。

　聞き手：満州の話。

　Ａ：満州。

　聞き手：で、ミッショネールが書いた。

　Ａ：ミッショネール。はあ、青年に聞いてください。私、知らない。何
が、起こったか知らないけれども、あれから、変わらなかった。

　聞き手：変わらなかった？

　Ａ：あとでね、どうしても、これ、自分の教区の神学校を出るために、
これは、大変でしたよ。ある日、校長のところへ行って、私が、こういう
ふうに考えているんですよ。Ｍ会に入ろうと思っているんですよ。はあ、
そしたら、はあ！　あれは怒って、怒ってね。これ。みんなこれ、みんな
そうしたらどうなりますか！　みんなそうしませんって言ったんですけど
（笑）、あの、行きたい！　だから、終いにはね、はい、行きなさい！　挨
拶しないで、はい、行きなさい。冷たい、冷たい！　……けれども、この
雑誌のためにですよ（笑）。

　「どうしても司祭になりたかった。宣教したかったから」。強い内発的動
機が表明されている。あの日、屑かごに捨てられていた一冊の雑誌がこの
動機のきっかけとなった。ありふれた日常の想起の語りの中に秘められて
いた《かけがえのない時》、《唯一無二の状況》は、突然、何かのきっかけ

で表明され、語り手を興奮させるほどの力を発揮する。あの時、一人の青年を燃え立たせた出来事は、今でも同じように、「秘密」の出来事として、「分からない」神秘として、この宣教師に物語らせる。

自分の理解を超える特別な経験は日常生活において、意外なものとして、また、突然起こったものとして、語りの中に刻まれていた。つまり、《カイロス》[251] とも言える時を境に、その後、彼らの生活は、自分が受けたメッセージを実現する方向へとまっすぐに進んでいく。したがって、カイロスは時間性を生きる人間にとって、何気ない日常性にあって、前に進むための方向性を示す原点となるものであり、同時に、その後の自分を生かしたいのちの源泉に立ち帰らせる投錨のようなものなのである。

2. 与えられた環境

召命の質問に対する語り手の答え方は二通りである。一つは、自分が、その時、どのような経験をしたかについて、映画のフィルムを再生するような方法で語る。もう一つは、なぜ、自分が、そのような行動を取ってしまったのか、主人公である《わたし》の本心を探ろうとする方法で語る。

宣教師 K は、自分が司祭になったら他人から馬鹿にされるだろうという不安をずっと抱えていた。しかし、11 歳か 12 歳の頃行われた練成会の時、なぜか「司祭になりたい」と自分の方から指導の神父に打ち明けてしまった。なぜ、自分はそのようなことを言ってしまったのか、その理由を自分の信仰理解から探ろうとする。

（第一回目のインタビュー：父親が亡くなったなどの家族環境の話の後）

聞き手：神父になりたいとおっしゃったのはいつ？
K：それは、11 歳、12 歳……あ、覚えているんだよ。神父になると

---

[251] 新約聖書の中で、《カイロス》は神の救いを実現するために神に選ばれた《時》を指し示す。Cf. Karl Rahner, Chapitre 5: le « Kairos » de prédication missionnaire, dans « La prédication missionnaire », *Service de l'Eglise et Action Pastorale* (Desclée, 1970), p. 28.

思った時にね。それはね、よく、練成会があるでしょ。その時ですね、髭の、F会じゃないか、C会？　とにかく、よく話を聞いて、私がね、その神父に言わなくちゃと思ったんですね。けど、不思議なことに、村の中に、シスターとか、まわりの人に、神父になりませんか？　と、すごく嫌だったわけ。

聞き手：嫌だった？

Ｋ：嫌だった。人の前で話するのは、まだ続いているんだよ（笑）。人の前で話をするのは恥ずかしくて、できない。絶対ならない。絶対ならないけれども、どうしてか、何か、その時、勇気を与えられて、その神父に打ち明けた、私は神父になりたい。ほんとに自分がニコニコしていたわけじゃないんです。何か言わなくちゃと。そしたら、その神父が、素晴らしい！　すぐに小神学校に来てください。立派なところ、海の近くにあるし、いいところです。だから、C会に行くように、すぐ。その時、みんな学校を廻って行くでしょ。この神父が来て、そして、将来何をしたいのか？　って、みんな、書かせられて、学校で、しょっちゅう。年に1回、どこかの神父が来て、リクルートするんです。私は、一度もそれを書いたことない。パイロット。パイロットは普通。みんな男の子はパイロットになりたいんだね。そしたらその神父が、不思議ですね。その時、どうして言ったのかな……（沈黙）今でも、分からない。よく分からない。でも、その時、言わなくちゃと思った。そして、歯車の中に手を入れちゃったわけですね。はっはっはっはっ（笑）。その神父が自分のところにひっぱろうとしたけれども、うちの教会の神父がちょっと待ってください、と。普通の学校に……。

聞き手：そのF会の神父さんは練成会にいらっしゃった。

Ｋ：呼ばれるんです。そういうような専門です。

聞き手：教区の神父さんが呼ぶんですよね。

Ｋ：じゃないじゃない、いや、そう。教会の神父が呼ぶ。専門家なんですね。

聞き手：女の子も男の子も。

Ｋ：そうそう。子どもたち、1週間、2週間、村のなかにずっといるわけなんです。そのとき、大人には告解させたりとかさ、すごいことやるんです。一人のね、叔母はね、そのような、私は、まだ、神学校に行ってい

たとき、そのときにね、フランスでは、産児制限のことについてですね、厳しいことを言っていたわけ。母の一番下の妹で、私と15年くらいの、色々、私たちに夫婦は私たちに任せないのか、どうして、神父が口を出すのか？　って、私もまだ全然わからない16歳、15歳。（笑）あ、よくね、その叔母が私に話してた。今考えるとね、どうして、私にそんな話をね（笑）。

（……中略……）

　聞き手：神父さまにとって、神父になるということは何だったんですか？　どういうことだったんですか？

　Ｋ：それはわかんないよ。神父っていうのは、（笑）神さまに仕える仕事だったんじゃないでしょうかね。ただ、一つ、それに関して責任を感じていた。学校にいたとき、ですね、色々な。神父になろうとしていた人たちのために集まりもありました。

（第二回目のインタビュー：召命のところをさらに質問して）

　Ｋ：実は、私が神父になることは、早いうちに、11、12歳の頃は、嫌なことがたくさんあったわけ。神父になりたくないということ。まず、人の前に立つのは嫌だった。シャイだった。内向的。人の前に立たなければならなかった。すごく嫌だった。その時、スータンを着ていたでしょ。その形にはまることも嫌だった。性格的に、神父になるということはすごい嫌なことだった。ところが、それは、それよりも、強かったのは、呼ばれた、自分の使命だなって、呼ばれたことは、神さまに選ばれたことは覆すことができないということが、私のなかに強かった。呼ばれたということは、それは、揺るぎないこと。それをやっていく、という。その葛藤がある。自分の自由な一つのかたちに入ることは、ですね。だから、神さまとの約束だったんだ、ということは強かった。だから、嫌な面があったとしても、やっぱり、選ばれたということ。別に負担じゃない。恵として、神さまの働きなんだということ。自分が成し遂げていかなければならないという。ずっと自分のなかにあった。

　聞き手：11歳の頃？

　Ｋ：11歳の頃。それほど意識していなかったかもしれないけど、やっ

ぱりあったんじゃないかな。呼ばれたということ。11歳の時、神父にならなければならない。負担じゃない。負担じゃないんだけれども、神さまの選び、同時に神さまの恵みなんだと、恵みって（笑）。今、言えることかもしれませんね。

　人生の岐路を選択するための決定的な時は、唯一無二の状況と共にある。語り手の言う自分の嫌悪感を圧して「歯車に手を入れてしまった」という一言、この一言は、彼の人生を動かす一つの歯車が回転し始めたことを示している。人生全体を決定づける具体的な状況が与えられた時、主人公の《わたし》は、一つの行動に出ていく。自分でも、なぜ、そうなってしまったのか、理解できない行動という事実がある。あれから60年以上経った今、カイロスとしてのかけがえのない時は、時間的経過の中でも変わることなく、想起の中で、今も生きたものとして経験される。
　与えられた環境の中で、新しい行動への一歩が始まる。それが真の呼びかけであるならば、必ず、断絶を経験することになる。次に紹介するJの証言は、自分に与えられた環境の中でこそ生まれた召命だったにも関わらず、召命の道を進むことによって、召命が生まれた環境と辛い断絶を経験しなければならなかったことを物語っている。

（家族環境と、教会の話の続きとして）

　　聞き手：教会に行くのは好きでしたか？
　　Ｊ：あの、友達もね、侍者になる人たちもけっこういましたし、けど、あんまりオーバーになると。私は、バスケットボールがすごく好きだったから、これと重なると平日は、もう、バスケットボールね。仲間はあの、みんなね、14歳から働いていた子供たちですね。重い仕事、工場で。私は貧しかったから、私の母はもう、中学1年生、私を連れて、払うお金がないから、シスターたちと2年間。あとは、コレジオのほうに、あの、まあ、一応、払わないということを認めてくれて。私は、勉強が好きだったから、中学一年生の時に、町のテストに参加して、いわゆるあの、もらうために、それに成功したんです。6年間、中高は、30人くらいもらっていましたから、あとは、入学などは全部無料で、払えないですね。ただ、あ

の人たちは、14歳から、工場だったから。

聞き手：お友達ですか？

Ｊ：すぐ近くね、公園の中にすてきなバスケットコートがあったから。

聞き手：彼らは、学校には行かない。

Ｊ：行かない。もう14歳で。そして、みんな、労働者の家庭で、あの時も離婚とか、なんていうか変な事があったりして、私は、彼らと一緒にバスケットボールを学校終わってから、やって、暗くなるまで。あとで、コカ・コーラを一緒に飲んだり、そういう時に、彼らの苦しいこととか、弱さとか、それで、私の召し出しの。司祭になるとは思ってなかった。司祭って私よく分かってなかった。宣教師になりたいという。他のところに行って、みんなの生活の中に関わって。

聞き手：バスケットボールとの関わりで。

Ｊ：でも、彼らは教会に行ってなかったです。私は、時々そういう、近代的ないい本を持ったけれども、かろうじて読む能力あったし、あんなものに関心なかったんです。私は、バスケットボールの能力があったから認められて、クラブに入って、それが、私のとくに、高校生の時に。学校の一人の先生は、いわゆる教区司祭のすぐれた生活とか、そういうものじゃなくて、貧しい人たちと、外国からの労働者の援助を、自分のフランス語のクラスに行ってた、私たちはちょっとしたシャルル・ド・フーコーのような、そういう精神で、一緒に祈って、引っ越しの手伝いとか、あちこち家具を持って行くとか、あの

聞き手：グループですか？

Ｊ：サークルみたいでね。

聞き手：教会の？

Ｊ：いや、教会じゃない、学校関係。教会はミサだけですね。私の生活はバスケットコート。でも、あの、本当に、心の糧。あの先生。この先生ね、ほんとに、近代的な聖人みたいだったんですね。

（第二回目のインタビュー：司祭になる意味の分からなさについて）

聞き手：Ｓ会に入られた時に、司祭になるより、宣教師になるという。司祭になるということは、どうなんですか？　後から考えが湧いて来た？

第 4 節　断絶と呼びかけ　　　163

　　Ｊ：よく分からなかったんだね、17 歳で。宣教師というのはものすごい
　魅力を感じた。でも教区司祭の、生き方にとても贅沢なすべてのものがそ
　ろって、ああいうの、あの人はそういうことをしてなかった。
　　聞き手：でも、司祭だった。いよいよ司祭になるための……。
　　Ｊ：階級に入るような感じ。
　　聞き手：でも司祭になられましたよね。ご自分なりの理解？
　　Ｊ：哲学と神学のうちに、養成とか、インフォメーションとか。（沈黙）
　やっぱりその、バスケットボールの人たちね、あとで帰ったとき、一年く
　らいはスータンだった。それを見て、なんか違う人になったような感じで
　見られた。二年目から……になって、三年目からフリーになったんですか
　らね、Ｓ会で。あの人たち、私はすごい、なんか偉いというか、仲間じゃ
　ないという感じ。たくさんの人たち、早く亡くなったんだ。タバコを吸い
　すぎたり、ガンになったり、一人は自殺したとかね。もう、この 7 年間の
　うちにだんだん離れて行くし、フランス 1 年、ローマ 3 年ですから、だん
　だんと（沈黙）。

　この宣教師が、宣教師になろうと思ったきっかけとなったのは、近所の
貧しい子どもたちと一緒に遊んだバスケット・クラブという環境であっ
た。しかし、宣教師になるために、司祭としての道を歩み始めたとたん、
きっかけとなったバスケット・チームの仲間との間に溝が生まれてしま
う。違う人になってしまった主人公《わたし》にとって、呼びかけが生ま
れた環境に、もう、居場所はない。

3.　断絶──《わたし》を引き渡す

　キリスト者の証言の中に、《断絶の経験》を見出すことができる。語り
の主人公《わたし》は、人生の節目の時に、恵みの経験や照らしを受けた
と感じる経験と同時に、断絶を経験している。語り手が自分の歴史を語る
中で、語り手自身の語調や表情の中に、歓喜とともに現れる影を筆者が受
け取る時、それは、筆者にとってもある種の断絶として経験される。「前
のようには、絶対に考えられないという点で、この《出来事》が出来事と
して存在する。これこそが、《認識論的断絶 (une rupture épistémologi-

que)》なのである」[252]。

語り手は、あの時のあの出来事によって自分の中で何かが決定的に変わってしまったことを感じている。与えられた出来事において、主人公の《わたし》自身が新しいものへと変えられ、新しいものの見方を始めている。そのような出来事を経験する時、語り手の多くが、その前と後では何かがまったく違うと述べている。これが《断絶の経験》である。語り手は、自分自身を変容させる出来事の語りを通して断絶の経験を表明する。

キリスト教の伝統は、常に、キリスト教自身を変容させる《具体的な出来事》とつながりつつ、この世からの断絶を表明しなければならない。この断絶は、キリストの受難と復活において起こる最初の断絶と無関係ではないであろう。歴史的仲介として、現代の教会の伝統を活気づける聖霊は、今も、教会とその民に対して働き続ける。具体的で決定的な断絶の中心で、キリスト者の証言は立ち現れる。人は、人間的な脆弱さから、この断絶からの回避を自然に求めるであろうが、このような証言からこそ、キリスト者を生かす新しいいのちが拡がっていくのである。W. カスパーは、具体的な時や具体的な事象が神の決定的歴史にいかに結びつけられているかを、次のように述べている。

十字架と復活は、純粋に、かつ、単純に、《*引き渡す－伝統*》を構成している。そのように、この二つは、最初の基礎であり、すべてのキリスト教伝統の内容であり、枠組みである。人間と共にある神の決定的な歴史はなんでもない歴史的対象物のように伝達されることはない。わたしたちがそれを配置するのでもない。神の歴史が、わたしたちを配置し、わたしたちを決定づけるのである[253]。

---

[252] Cf. François Bousquet, «La nouveauté du Christianisme pour la pensée», *La théologie dans l'histoire*, sous la direction de Joseph Doré et François Bousquet（Beauchesne, 1997）, Collection « Sciences Théologiques et Religieuses », No. 6, pp. 243-259. イタリック指示は原文による。

[253] W. Kasper, *La Théologie et l'Église*（Cogitatio Fidei, Cerf, 1990）, p. 157. イタリック指示は原文による。

第4節　断絶と呼びかけ　　　165

　次に示す宣教師 H は、自分自身の召命について語る時、自分自身の内奥に抱え込む断絶を隠しきれないでいる。

（第一回目インタビュー：司祭という在り方が嫌いだったということについて）

　　聞き手：何が嫌だったんですか？
　　H：その生き方、あの頃、スータンで。豊かさを感じなかった。話題はいつも公教要理とか、大嫌い。枠ばっかり、枠の話。枠、嫌いですね。自分の世界、自分の夢、自分の世界はすごく無限ですね。（笑）そういう反発がものすごくあった。ただ、それも、矛盾だらけですが、召命、いつ感じたかというと、実は 3 歳の時に、そういう話がいいかどうか、3 歳の時、ちょうど、テレビ、教皇さまの姿が出た。3、4 歳の時、言葉も少しだけ。
　　聞き手：テレビがあったんですか！
　　H：テレビがあったんですね。最初の頃です。ともかく、あの、親から何度も後で言われるんですが、あなた、こういうことを言いましたねと。私は、あの、教皇さまの姿を見て、私はこの人のようになりたい（と言った）、親はそれを忘れない。私は、ばかばかしくて忘れない。親は何度も言うんですね、彼らは、望んでた。たぶん、引きこもりがちの私が司祭になることを。その反発は、親のプレッシャーをすごく感じました。そのプレッシャーから結局抜けられなかったんだと。今でも思っているんです。あれだけ反抗して、神父に対しての反抗は、お父さんの反抗とまったく同じですね。
　　聞き手：まったく同じですか。
　　H：まったく同じというか、古いその、偽善的な、私の目から言えば、偽善的な生き方。伝統とか、公教要理とか、それに対しての反抗なんですけれども、その親のプレッシャーも無意識の中にかなりありました。ですから、ものすごく感じていて。
　　聞き手：3、4 歳の頃に、あなたテレビを見て、こう言ったんだよと言われたのは、いつ頃から言われたんですか？
　　H：いつでも、記憶があるころからずっと。3 歳だったかも、6 歳だっ

たかもしれません。子どもの頃です。まだ、物事が分からない、テレビも始めのころ。私もそれを言った覚えがまったくないんですけれども。親も、半分、冗談で、彼らはプレッシャーをかけるつもりはまったくない。でも、私は、プレッシャーと感じて、そこからぬけられなかった。私の召命は家の召命ですね、結局。まあ、プレッシャーに負けた、やられたという感じですね。ま、神さまは。あとで、理由づけ、正当化したんですが、司祭になってから。プレッシャーが一番の原因。でも、そのことは、早く家出をしたい、どうもその結婚している人の先輩とか、上の人を見ると、非常に閉ざされた家庭、つまらない、一生その、一つの部屋に、もう、できない、と思った。すごく思った。もっと冒険的な、誰もやっていない、枠のない世界。（笑）それも召命、大きな意味での。両方、プレッシャーと、そのこととつながった。

（第2回目インタビュー：節目となる召命の話について）

　聞き手：お父さんを対象として教会の神父さんへ反抗。出来事は？
　Ｈ：一つ言いました。あの頃、黒い姿、ほんとに嫌でした。町で教会の近くで出会ったときは、わざわざ反対側を通って、会わないようにしていた。あの頃、お父さんとの議論、族長みたい。コントロールして、権威。議論するとき、まったく合わない。ファンダメンタリスト。アダムとエヴァの話、そういう話になると、もう。でも、いいお父さんでしたが、死んだ時に罪悪感を感じた。反抗した事に対して、自分の罪の深さ。お父さんとの関係が難しかった。漠然と中国に行きたいと思った……ちょっと違う。パリに行く前、あの頃、絶対的なもの、人じゃなくて、絶対者、Absolu 絶対的なものへのあこがれ、それは聖書の神とはまったく関係ない。絶対的なものに自分のいのちを賭けたい。Absolu のために死にたいという。それは殉教。殉教といえば、中国。日本のことも知りませんし。自分のつくった、つくりあげた絶対的なもの、全然分からない。ただ、中国はたくさんの殉教があった、たくさんの物語も読んでた。それが最高の生き方だと。信仰とか、福音の神様とは全然、そういう方ではない。絶対的なもの、善、という。善い価値、絶対的な価値、価値があるもの。それは人格ではない。絶対者。それは、漠然としていて。

第4節　断絶と呼びかけ

聞き手：中国の物語を読んでいたというのは？

Ｈ：子ども向きの本があった。昔の宣教師について。宣教師だったか覚えていない。漠然とした、本だったか、教会で聞いた話だったか。筋も覚えていない。大まかに、昔の人は、絶対的な真理を知らせるために中国に行って、すべてをかけて死んだ。死ぬということに魅力を感じた。本物？本物とは言わなかった。絶対的なもの。絶対的なもののために、そして、それを信じていた人と同じように死ぬことは最高の生き方。

聞き手：絶対というのは唯一？

Ｈ：それでもない、Absolu。絶対ですよ。間違いがない。頼れる。抽象的な感じ。イメージがそんなにない。間違いがない。すべてである神。私たちが生まれた弱さのために。クリスチャン的な善。最高の。アリストテレス的な。キリスト教の流れじゃない。あの頃、聖書を読んだこともないし、子ども向きの公共要理も。洗脳されていた。それだけですよ、私の信仰は、本当の信仰じゃなかった。親の信仰でもあったと思う。神さまは絶対的なもの。教育は私の中に、そのものがあれば、真理。それは殉教という、martyr ということを聞いていて、場所といえば、中国。それでＰ会に入った一つの……。

（……中略……）

Ｈ：私の場合、絶対的な価値ということでなくなって、変わって来たと思うんです。本物というか。絶対という言葉を使わず、本物を、本物が大事だと。それをつかんでいこうということです。本当は、本物への望み、つまり、私の場合、うさんくさいというか、うさんくさい話。人とか、そういう、偽善。たぶん、それに敏感。それは、とても耐えられない。二つの理由があって、自分の生まれた階級、ブルジョワ。ほんとのこと言わない。非常に偽善的。みな、信仰者、信心深い、姿勢を見せているが、全然、根底にはない、建前だけ、非常に嫌いだった。そういうのじゃなく、絶対的なものと考えたが、その後、本物というふうに、言葉を変えて来た。だいたい同じことだった。望んでいたものはこれだった。自分の中にある偽善、嘘。まだ自分になっていない言葉とか、そういう、そこから解放できる、自己解放を求めることが原動力だった。そして、その偽善というのは、自分の生まれた環境だけじゃなく、教会。あの頃、すごく偽善の教会が多かった。聖体拝領しない。神父さま、私の家はよく招待する、癒

168 　第3章　証言の中で啓示を聞く

着関係。だから大嫌い。だから、神父さまに対して反抗した。そこから出たい、自分を解放したい。そういうモチベーションがすごくあった。それが信仰の道だろうと。信仰というのは、少しずつ、そこから自分を解放して、本物に近づくのが信仰だと。今でもそう思っている。あの頃と一緒。

　語り手は、自分が幼かった頃、テレビに映し出されたローマ教皇の姿を見て、「私は、この人のようになりたい」と言ったということになっている。しかし、自分自身がそう言ったことを覚えているわけではない。物心ついた頃から周りの人びとに、「あなたは、ローマ教皇のようになりたいと言った」、そう言われ続けて来たのだという。その結果、語り手の内奥には内的断絶が消え去らないままでいる。幼い自分が本当に言ったかどうかも他者の記憶も定かではない。しかし、ローマ教皇のように成るというメッセージを、もはや、自分とは関係のないものとは思えないのである。カトリック教会を代表するような強いイメージとしての黒いスータン、偽善的な発言、公共要理など、嫌悪感としてしか映らないすべての事象にもかかわらず、語り手は、自分の成長過程において、すでに運命づけられてしまったものとして、司祭への道へと進んで行く。語り手は自分の召命の道を悔やんではいない。彼の内奥は断絶の状態にありながらも、彼の内奥にある《本物の望み》を実現するためにはこの道しかなかったのである。
　キリスト者の証言は、人間の内奥が引き裂かれてしまったありのままの姿を表明する。それは、まるで、十字架の苦しみの中心に、神の呼びかけが始まっているかのようでもある。十字架が完全に取り払われた時に復活が到来するのではない。キリスト教信仰は十字架と復活を一つの出来事として切り分けたりはしない。
　《かけがえのない時》としてのカイロスは、ただ一瞬の出来事のみならず、長い時間を要することもある。人間の経験的基底において、苦しみが癒されるまでにどれだけの時間を必要とするのか、誰も知り得ない。筆者は、語り手の葛藤の表明によって、認識論的断絶が、今も、まだ、続いていることを受けとっている。このように、断絶の経験を伴う召命は、一方では、苦しみの経験であり、また、もう一方では、《本物》の経験として《わたし》に対する理解を深めさせるものである。

第5節　宣教活動の中で揺れる自己

1.　どこへ、何のために行くのか

　神からの呼びかけを受けとめた人びとは、苦しみも受けとめながら、《キリストについて行く》ため一歩前進していく。宣教師として召命を感じた人びとは皆、ある日、何らかのきっかけで、具体的な宣教の地を決定し、そこへ行くという行動に移る。

　さて、日本へと赴いた宣教師たちの動機は何だったのだろうか。次の宣教師 G は、日本から帰国した先輩の宣教師に触れ、心動かされ、日本への親しみを深めながら、自ら、日本への宣教を望んだ。当時、戦況が激しくなったため、先輩の宣教師は日本から国外追放され、祖国に帰国を強いられたのであった。

　　　G：コングレガチオンマリアーナで、日本の宣教のクラブに入った。
　　　聞き手：日本の宣教クラブ？
　　　G：色々クラブがあるでしょ？　カテキズムとか。(……中略……) そして、(修練院の時の) 黙想で、それが終わったときに、2 番目の大きな光があった。日本に行きたい。頭で決めたのではなく、意志で決めたのでもなく、神の声を聞いた。すぐに管区長さんのところに行って、送ってくださいと。ノビスを送るかどうか、ノビスは送らないほうがいい、哲学終わってから、と。
　　　聞き手：神父さまにとっての、そのときの日本って何だったんですか？
　　　G：不思議。たくさんのことは D 神父さまから聞いた。パンフレットを作っていた。ハポンの本。(……中略……)
　　　聞き手：日本は不思議な。
　　　G：不思議。それは当たり前。修練終わってユニオラ。ラテン語、ギリシャ語。その時代、朝の祈り、座って祈っていた。日本のやり方で。ユニオラの時から。当たり前のことでした。私は日本に行くことは当たり前のこと。
　　　聞き手：当たり前。
　　　G：そうすると、一つのミッション。それがわたしの係。この気持ちで

したから、主に日本。日本と、その時代は、日本とペルー。送っていた。

　もう一人の宣教師Nも、宣教募金の活動などを通して、外国宣教への親しみを培われた経験を持つ。しかし、この宣教師Nは、宣教師Gとは異なり、どうしても日本に行きたいという強い動機を持っていたわけではない。ただ、所属する修道会の総長からの呼びかけに応えたという一つの思いだけを語りの中で表明している。彼は日本への派遣の意図も不明瞭なまま出かけていった。

　　　N：スペインでは、毎年10月の3番目の日曜日あたり、宣教の日というのがあって、そして、私たちも、けっこう町に出て、2、3人、今日本でやっているようなみどりの羽、宣教師のために。一人一人貯金箱を持っていて、その貯金箱は何であるかというと、黒人の頭とかね、先住民の頭とか、陶器でできている。私たちは街角に出て、通る人たちは入れてくれる。そういうようなイメージ。私たちは喜んで、その時には、学校の生徒たちとか、いろんなところに出ていた。
　　聞き手：宣教の日で、寄付を集めるのは、アフリカとか先住民族とか、つまりキリスト教ではないところに宣教に行くということ、宣教に行くということはキリスト教化するということですよね。
　　N：そうですね。
　　聞き手：そういう雰囲気ですよね。神父さまもそういう感じでしたか？
　　N：私は、そんなにつながっていなかったような気がする。だって、たとえば、そういうようなイメージがあるが、けっこうあの時代で、私たちのJ会士は中南米に行った。中南米ではカトリックになっている人たちは多い。いわゆる、カトリックにするというだけではなかった。ただし、人びとにアピールするためには、ああいうようなかたちでという感じ。だから、言ってみれば、神父たちは少ない。中南米には人びとはたくさんいるが、神父たちは少ない。だからそこに行く。
　　聞き手：司牧ですね。
　　N：だから、両方。両方。
　　聞き手：日本に対して、第二次世界大戦後、日本に多くの宣教師が来日したんですが、宣教計画というか、日本に対するものはどんなものだった

第5節　宣教活動の中で揺れる自己　　　171

んですか？
　Ｎ：そうですね。私が知っているのはＪ会だけで、ま、その前には、ド
イツのＪ会は、日本の活動のために、いわゆる人を送る、そういうような
委託されたというか。ところが戦後は、総会長は、全Ｊ会に、日本に人を
送るようにと呼びかけた。
　聞き手：意図は？
　Ｎ：なんでしょうね、分かりません。

　「なんでしょうね、分かりません」。つまり、日本への宣教師を派遣する
ための意図も知らないまま、Ｊ会総長の呼びかけということだけで、自分
から、本気で、手を挙げたのだろうか。本当に、派遣の意図が分からな
かったのか。二人は、同じスペインから派遣されているとはいえ、すで
に、二人の証言には温度差がある。時代や、一人一人の個人的におかれた
状況によって、宣教に向かう動機が大きく異なっているのが分かる。
　次のアメリカ人宣教師Ｌの証言からも、日本へ派遣された宣教師が日
本への具体的な宣教計画がどのようなものであったかを知らされないまま
出発していたことが分かる。この宣教師にとって派遣される国は、ある意
味で、どこでも良かった。日本に派遣されることが決まって初めて、日本
がどこにあるのかを地図で調べたと語っている。

（第一回目インタビュー：神学校時代の話の後）

　聞き手：日本に行くという、その、インドネシアでもアラスカでもどっ
ちでも良かったんですよね。だから、ま、海外に出ようと。
　Ｌ：そうですね。
　聞き手：（海外に出ようと思った）その理由とか？
　Ｌ：（沈黙）まあ、面白いな、それくらいでしょうね。もちろん、アメ
リカに残っても良かったけれども、なんとなく。行きたかったでしょう
ね。
　聞き手：行きたかった、何がそうさせました？
　Ｌ：おそらく小学校の時のＭ会の雑誌でしょうね。無意識でしょうけ
どね。

聞き手：宣教ということですか？

Ｌ：でしょうね。（沈黙）

聞き手：ということは、神父さまが希望したと言っていいですか？

Ｌ：海外に行くことは、希望した。日本、でもないですね。海外に行きたい。（自分の所属していた）Ｍ管区の中米のところ、行きたくなかった。どうしてか知りませんが、あんまり、魅力がなかった、しかし、それ以外のところは。だから、インドネシアとかアラスカとか、日本。行きたかったですね。

（……中略……）

聞き手：なるほど、ということは、やっぱり出てみるという感じですかね？　日本、と言われたとき、どうでした？

Ｌ：（笑）ふっふっふ。まず、地図探して、どこですか？　調べたんですよ。知らなかった（笑）。先に説明したように、先輩、たとえば、Ｃ神父さま、Ｍ神父さま、Ｕ神父さまはＭ管区、だいたい２年、２年、２年の差があった。僕の後、Ｋ先生とか、Ｗ先生とかですね。それみんなＭ管区。だから、先輩の手紙が来て、それはまあ、日本は、おもしろいなあと思った。

聞き手：どこにあるかわかんなかったというのは（笑）。

Ｌ：全然知らなかった。

聞き手：名前は聞いたことはあるんでしょ？

Ｌ：戦争がありましたからね、相手は日本人ですよ。しかし、子供だったから。

聞き手：子供ですよね。だから、まあ、それでも良かった。

Ｌ：そうでしょ。

聞き手：三つのうち、どれでも良かった。不偏心？

Ｌ：うん、ほんとに。どれでもいいです。

（第２回目インタビュー：宣教計画についての質問）

Ｌ：だから、宣教師として、どういう計画があったか、計画かどうか、分からないです。さっきおっしゃった、宣教師としてアメリカから日本に来たのは、期待があったとは思いません。ただ、やりたい気持ちがあっ

第5節　宣教活動の中で揺れる自己　　　　173

た。どこで、どのように。それは、目上に任せました。実際に、学校になりましたが、そのつもりで、日本に来たとは思いません。ただ、宣教師として、日本に来て、目上の希望を活かすことだった。僕は。昔の、宣教師として、たとえば、アメリカ人でしょ。アメリカで生まれて、アメリカで教育されて、信仰を強められた。だから、アメリカの持っていた信仰を、日本に持って来て、そこで活かすこと。最初にそういう気持ちがあったんですが、大間違いです、と私は思う。アメリカで、もちろん、育てられました。アメリカの文化、アメリカの考え、アメリカのカトリック教会。それが、私の心にあることは現実です。だからといって、この私が、日本に来て、同じような信仰生活とか、同じようなキリストに対する態度とか、同じような……というのはないと思うんですね。文化が違うから。ですから、私は、最初から感じたんですけれども、私は、外人として、いろんなハンディがある。日本語、まず。でも、日本語だけじゃない。日本の長い歴史があるでしょ。最初から感じたのは、私が、できることは、今、日本にいる信徒、司教団、司祭団、修道者を手伝うこと。だから、どういうふうに手伝うか、教育は一つですけどね。僕の場合に、もちろん、ずっと学校だったんですけれども、毎年、2、3回くらい黙想指導していたんですね。それは、私にとって、満足だったね。私が直接に宣教できなくても、この人たち、信徒、シスターたち、司祭たちを通して、この人たちを通して、宣教活動が行われると信じていましたね。私が、直接宣教活動できなくても、この人たちの祈りとか、信仰とかカトリックの価値観を通して、日本の教会を養うことができるんじゃないんかと思った。実際できたかどうかは別な話ですけれども（笑）。

　第2回目のインタビューで、この語り手は、自分が派遣されるにあたって、日本の宣教計画について本当に何も知らなかったと念を押している。宣教計画に何かの期待をしていたのではなく、「宣教師として、アメリカから日本に来たのは、ただ、やりたい気持ちがあったから」である。語り手のこのような個人的な表明のうちに、最初から、今日に至るまでの、この人自身の一貫した望みが現れている。公の宣教計画がどうであっても関係がない、主人公の《わたし》はそれには頓着しない。
　その一方で、語り手は宣教の問題に関して、主人公《わたし》の問題と

して、早いうちから、どうすべきかを考え始めている。「最初から、感じ始めた」という、何度か繰り返される強調によって、語り手が長く内省してきた歴史を垣間見ることができる。

　このような個人的な思いの表明に対して、ある程度の宣教計画を知っていたとする次のケベックから来日した宣教師Mの証言は対照的である。この語りの中では、はっきりとした年号が現れ、当時、何らかの宣教的意図が背後にあったことが物語られている。

　　　M：1948年、第二バチカン公会議の前、当時、日本に住む人は、大勢、洗礼を受けると読み取っていた。だから、宣教会もたくさん来た。バチカンが働きかけて、修道会、宣教会に、日本に宣教師を送るようにという決定があった。いろんな宣教会がそうだった。中国では革命があり、中国から日本に派遣された修道会も多かった。あの時点で、5年間くらいの間、洗礼を受けた人たちは多かった。ところが、経済的な状況が良くなって、東京オリンピックが行われ、新幹線ができ、企業も発展し、奇跡的に、日本は復帰した。経済的な余裕が出るとともに、洗礼を受ける人たちの人数は減った。バチカンは、多くの宣教会、修道会に、当時は、キリスト教になるか、共産党になるか、その選択に迫られていた。4、5年。社会の問題も変わって来た。それとともに教会は歩む必要がある。公会議があった、公会議の時には（私は）神学生だった。興味深く、第二バチカン公会議のことはコメントとか、論評とか読んでいた。私たちの間でもよく議論していた。日本に来た時、一言で、福音宣教のポイントはどこにあるか？ 1948年と（次が）1970年に、私は来た。1940年代に、派遣された宣教会、修道会は、なるべく多く教会を建て、福音宣教をやる、それぞれの修道会のやり方、それぞれの国の価値観や考え方でやった。私が来た時の、若い宣教師は一致していた。ポイントはどこにあるか？　日本の教会を応援するために、派遣された。第二バチカン公会議の後、各国の司教団がイニシアティブをとらなければならない。第二バチカン公会議以降の大きな変化。極端な例はあとで、根本的な例を言います。1970年、そのときは、外国人の司祭、修道士は多かった、邦人司祭よりも。しかし、私たちがイニシアティブを取るために派遣されたわけじゃない。地元の教会を応援するために。できるだけ早く日本の教会がイニシアティブを取ることが望ま

第 5 節　宣教活動の中で揺れる自己　　　175

しいと。これが大きな変化。すぐに実施しなかったが、日本の教会の歩み
を見て、ナイス 1、ナイス 2、あとは司教団たちの立場が、社会問題につ
いてなど色々な課題について、文書を出した。

　1948 年という明確な年号が二回も話の中に現れている。1948 年 6 月と
いえば、ニューヨークの枢機卿フランシス・スペルマン（Francis Spell-
man）が来日し、昭和天皇との会談において、「倫理的リーダーとしての
天皇も国民も両方とも、カトリックに改宗することが望ましい」と宣言し
た年である。また、その年の 12 月、バチカン広報紙は日本の天皇がカト
リックへの改宗を望むであろうと予測している[254]。統計からみても確か
にケベックからの宣教師は、1945 年では、修道女 55 人、司祭 37 人、修
道士 13 人、合計 105 人だったのが、1950 年には、修道女 145 人、司祭 75
人、修道士 56 人、合計 244 人と倍以上に増え、さらに、その数は、1965
年、修道女 211 人、司祭 122 人、修道士 56 人、合計 389 人のピークを迎
えるまで増え続けていた[255]。明らかに、ケベックから日本へ向けられた
宣教の方針があったことを物語る。
　終戦後まもなく、国際政治的なレベルで、日本への宣教になんらかの動
きがあったことは間違いない。歴史的な事象として探究すればもっとその
背景が明らかにされるだろう。しかし、ここでは、キリスト者の実存から
立ち現れる証言の生成を目指しているのでこれ以上ふみこまない。この方
向性において、個人的な経験の表明と、歴史的事実の表明との間には当
然、ある種の隔たりが存在する。筆者には、一人の宣教師がキリスト者と
して日本で生きた経験と、日本における天皇と国民全体の改宗を期待した
事実とでは、根本的に何か、かけ離れた内容として響いてくる。キリスト
者の証言が真の共同体性の上に成立するものであるならば、かけ離れてい

---

[254] William Woodard, *The Allied Occupation of Japan 1945-1952 and Japanese Religions*
(Leiden: E. J. Brill, 1972), p. 273f.

[255] Richard Leclerc, "Representations of Japan in the Bulletin de l'Union missionaire du
Clergé: A Chapter in the History of Québec Catholic Missionaries in Asia, 1925-1973",
The Canadian Catholic Historical Association Historical Studies, No. 72, 2006, pp. 7-28.
< http://www.umanitoba.ca/colleges/st_pauls/ccha/Back%20Issues/CCHA2006/Lec-
lerc.pdf >.

ると感じさせる実際の人びとの経験と、歴史的事実とを、どのように再統合することができるかが問われてくる。このような読解を通して、キリスト者の証言を形成する上での課題がみえてくる。

2. 文化の交差する十字路

　日本における宣教師たちの個人的な経験の中で、必ず現れてくる困難さは、日本語の難しさであった。日本における宣教計画をある程度知っていた宣教師Mも、個人的な経験における困難さとして日本語の問題を語っている。

　　　聞き手：日本において何か、難しかったこととか？
　　　M：難しい事、言葉です。今でも悩んでいますよ。日本語の学校始まった時、学校の、六本木のF会の学校だったですよ。校長はオランダ人。もう、頭が良くて、とってもいい方ですけれども、もう、良すぎて。で、あの、結局、日本語ぺらぺら。ドイツ語ぺらぺら、オランダ語ぺらぺら、英語ぺらぺら。イタリア語、スペイン語……ね、僕はね。言葉、勉強始まるとき、13歳の時と同じだ。
　　　聞き手：あ、でも、（今は）完璧じゃありませんか。
　　　M：時間かかる！　いやいや、いやいや、時間かかる。基礎できるまでに、なかなか、上手くいかない。勉強しても、時間かかる、ペースが遅い。また、呼ばれて、あんたはね、あの、日本語勉強するのはね、お金無駄！　時間も無駄！　国帰るほうがいいです。いや、校長先生、いい人ですよ、けど、正直で。いや、まあ、私は13歳の時、同じ事言われたから。
　　　聞き手：（笑）
　　　M：だから、もう少し、チャンスを与えてくださいませんか。けど、まあ、いいよ、あんたは損する。いいですよ、損しても、いいよ、わっはっはっは。このやり取り。ちょっと冗談で言ったけれども。それほど難しい。言葉ね。あとは、コミュニケーションできない。人間として、特に、司祭とか、信仰者として、それは辛い。あの……言いたいことは、今でも、10パーセントしか言えないんでしょ。だから、そのフラストレーションね。大変だけど、ま、それは、宣教師の十字架と言いましょう。ま

第5節　宣教活動の中で揺れる自己　　　177

あ、どこでも、どこの仕事でも。十字架あるんですよ。十字架、選ぶこと
じゃなくて。背負って、歩むんですよ。けれども、私は宣教師として、一
言で言えば、明るくて、元気で、希望を持つこと。どの状況であっても、
人間の、ぐじゃぐじゃ、ぐじゃぐじゃ、ぐじゃぐじゃ……くだらないけん
かあっても、結局、私たちは神さまから愛されている、救われている。

　筆者から見れば、母国語でない日本語でこれだけ話されることに驚きを
隠せないが、宣教師としての感覚では言いたいことの 10 パーセントしか
話せていないという。
　宣教師 F も日本語学習の困難さについて、ユーモアを交えて語ってい
る。

　　聞き手：神父さまが日本に希望したんですか？
　　F：希望のとおりにならなければ、どうなるか分かりませんね。他のと
　　ころだったら続くかどうか分かりませんね。神秘的、分かりませんね。日
　　本語の宣教するということ、単語を言っても、ピンと来ないですね。日本
　　の字はね、モンゴルで宣教した人たち、これは神秘的ですね、ラディカル
　　ですね。これは最初、まったくピンと来なかった。台湾に行く友人と勉強
　　した。冗談として、勉強とても難しいから、授業中に気絶したらどうだろ
　　うか？　と。先生を困らせたらとか、先生は面白いでしたね。全部、嘘で
　　すよ。気絶した学生を外に運んだんですよ。この勉強は難しいから、神父
　　さま、彼は倒れたんですよ。だんだん嘘は、ばれるね。全部嘘ですよ。勉
　　強は難しい、これは神さまからの十字架と思ったんだ。最初、ピンと来な
　　いですね。後で、これはとっても素晴らしいですね。この字とか、日本に
　　来ても、分かるでしょ？　うちの宣教師も辞書を作った人がいますよ。こ
　　の人は亡くなりましたが、東京で机に勉強しながら亡くなったんですが、
　　つまり、コンピュータで調べる、りっしんべんとか、くさかんむりとか、
　　そういうんじゃなくて、上のストロークと、こういうふうに、彼は作った
　　んですね。六本木でラディカルを勉強して。向こうでも勉強したが全然た
　　めにならない。64 年。日本に来て、同級生は亡くなりました。フランス
　　語を喋る人と。船で来た。ロッテルダム、アムステルダムかな？　途中
　　で、貨物だから、ものを降ろしたり、フィリピンとか、古いジープで運ん

だり、横浜から東京に行って、ちょうど、アベベが走ってました。64年、オリンピックが終わる頃。

　　聞き手：神戸の印象？

　　Ｆ：これは、全部珍しかったですね。日本語がね、広告が。ゲームみたいに、良かったんですよ。

　二人とも、日本語の学習を《十字架》としている。他の宣教師たちのインタビューの中でも、日本語があまりにも辛くて挫折しそうになったことや、一緒に来日した宣教師が、最後まで日本語が習得できず、あきらめて帰国したこと、また、日本語の上達に関して、仲間をライバルのように感じていたことなどが語られていた。ある宣教師は、仲間に対する競争心なしには乗り越えられなかったと語っていた。

　40年以上を日本で生きる中で、様々な《違い》を経験する。違いの経験は豊かさであるとする話の中に《ステンドグラス》のシンボルが現れる。

　　聞き手：日本で神父さまは、日本に行くにあたって、どのような期待が？

　　Ｆ：それはこの、違う文化で、違う表現、同じ聖書、違う感覚あるでしょ？　それは魅力的ですね。ポイントね。ステンドグラスみたいに、こういう、同じ中心、変化、信仰、同じ信仰でも、表現、語り方、礼拝の、すごい魅力的ですね。それは、来る前からどういうふうに、ポイントね、どこか、開放的なものがあるでしょ。違う観点から。信者ばっかりの世界だから、信者でない世界ではどのように表現してるかなと、神、とかね、すごいなと思って。新しいものばかりね。

　　聞き手：新しいものをどういうふうに、受け入れるのか、あるいは拒絶したり？

　　Ｆ：豊かになるという意味でね、これは、豊かになるんですね。これは、すぐ洗礼とか、豊かになるんですね。どうしても自分のありのまま持って来るからね。どうしても、向こうの形も中に出て来るんですね。向こうはこうだから。あまりにも、別の表現あるでしょ。文化違うから豊か。

　　聞き手：自分の中にある、ありのままを持って来る部分と、違う部分と

で、どのように？

　F：接点がある。こっちゆずられない、やめられないこともあれば、反対側も表現でしょ、感情の表現とか、むこうの表現とか、何か調節しなければ話になりませんね。

　聞き手：何か厳しい時期がありましたか？

　F：厳しい時期、どういう厳しい、たいてい、大切にされたような感じだな。受け容れ、ある意味で、自由でしょ、発想が。受け容れは。甘えもあったでしょ。これはまた変わるかもね。受け容れ、ね（笑）。

　語り手は、自分がこの国で大切にされたことを感じている。楽観的な性格ということも、長年、異国で生活するためには必要な要素なのかと思わせるほどの明るさである。時々、語り手が、実際に何か目の前に見ているかのように、「あれは、すごいね」「これも、すごいね」と首をかしげながら感心している時、筆者も同様に《すごいもの》への驚嘆を覚える。しかし、その《すごいもの》とは、筆者が日常なんの関心も示していないものである。

3.　宣教とは何か？

　第二次世界大戦後の宣教師の歴史を、《戦後》という言葉で一括りにすることはできない。戦後まもなく日本に派遣された人と60年代に派遣された人との間には10年の開きがある。その間にちょうど第二バチカン公会議という出来事があり、社会的な現状も、メンタリティーも、キリスト教信仰の理解も大きく変動している。

　60年代に来日した宣教師Nは、当時の教育活動を重視した修道会の宣教方針について語っている。日本の復興のために派遣された宣教師は、皆を励ますために「君が代」も歌わせたという。

　　N：マッカーサーの考え方と、カトリック教会の考え方は違っていた。アメリカのプロテスタント教会が、やっぱりこれは、機会だと、日本人をクリスチャンにすると、だから、たくさんのことを考えていたと思うんだけれどね。私たち、少なくとも私はそういう感覚ではなかったけれどね。

45年あたり、戦争終わってから、私が来たのは60年ですね。15年も後だから、マッカーサーはいない。

聞き手：日本人をキリスト教徒にしようという考えはなかった？

Ｎ：別にそんな、考えなかったと思うんだけれどね。確かに、学校において、聖書研究のグループとか、子どもたちが洗礼を受けていたんですよね。特に、クリスマスはね。だから、あの、学校で、教えている神父たちの多くは、たとえば、校長でもなかったけど、他の神父たちも聖書研究のグループがあって、各学年に、一人の神父は係になっていて、少なくとも六人。あとは校長とか、副校長とか。他の学校は分からないが、Ｅ学園では、係の神父は中学校一年から、高校三年までずっと同じ神父が係。だから、六年間。そういうことなんですよね。そういう時代ですからね。

聞き手：やっぱり教育ということですね。

Ｎ：教育。

聞き手：教育ですね。

Ｎ：話を聞くと、ドイツ人の神父たちが、とくに戦後すぐに来た人たちは、いわゆる、キリスト者にするというよりは、教育を通して、日本が、立ち上がるようにという、そういう感覚だった。たとえば、日の丸。学校に飾るとかね。すなわち、日本は、もう、やられたわけだから、その日本の、日本人のプライドを取り戻す。というような感覚で、その人たちは、やったんですね。今だったら、学校で日の丸を出すと反対します。でも、あの頃はね。そして、君が代。

　宣教師Ｃは、宣教師は他の国に派遣されるが、永久に派遣された国に残るのではなく、修道会等の精神を引き継ぐ人が生まれた時に引き上げるという明確な計画があったと語っている。宣教を行う地における宣教計画は、派遣する修道会のカリスマや方針に大きく関係している。

聞き手：その頃の神父さまは、宣教方針、オリエンテーションは、何か、そういうのご存知でしたか？

Ｃ：えっと、Ｆ会に入ってから、宣教、宣教活動、外国に行って宣教するということは、方針は、ただ、それは、まあ、私たちの誇りである、会の誇りである、宣教、外国に行って、キリストを宣べ伝える召命というの

は、これは聖F（聖人の名前）の時代からですが、管区長がその人がふさ
わしいと思えば、そうした。伝統、聖F（聖人の名前）の時代から、宣教
師を派遣するという伝統はあります。モロッコとか、聖地とか、あの頃の
ドイツ、英国にもいっぱい送っていました。スペイン、フランス。方針と
いうと、ええ、あったか、私は知らない。日本に来た頃、まず宣教に行く
人は言葉をしっかり覚えることと、習慣を身につけること、それがあっ
た。もう一つ、外国への宣教師が永久に、その国に残らない、個人個人
じゃなくて、外国の宣教、なんというか、宣教活動はその国に続くのでは
なくて、日本の場合、日本で日本の司祭が、修道士ができたとき、特にF
会員が充分できたときに、私たちは必要でなくなる。引き上げるか、ずっ
と永久に続けることはないと。目的は、日本でF会の成長を促すという。
それははっきりしていました。

　また、60年代に日本に来た宣教師Hは、すでに、第二バチカン公会議
前のメンタリティーで働いていた先輩の宣教師たちの姿を見て動揺してい
た。彼は、当時の困惑した気持ちを隠さず、語っている。

　　　聞き手：71年のP会のアジア・シノドスは、第二次世界大戦後のP会
　の宣教方針としては方向性が見えた。
　　　H：68年総会の時にすでに対決があって、問いかけがあった。
　　　聞き手：その前、45年のあと、第二次世界大戦後、50年代は日本にた
　くさん宣教師を送っていますよね？
　　　H：たくさん。それは植民地のため。地区制度がピークでした。A地区
　とか、B地区とか、与えられたテリトリーを持っていて、その意識は、宣
　教ではなくて司牧者。例外もあるんです。……神父、ムーブメントを作っ
　た、50年代、作ったのは60年代、彼が作ったのはA研究会、B運動。意
　識運動、何人か新しいカテケージス、いい働きをした人もいる。
　　　聞き手：50年代、R神父さんとかL神父さんとかあの辺が送られて来
　たとき、P会の宣教方針、神父さんが送られたときとではだいぶ違う？
　　　H：だいぶ違うんです。彼らはR神父とかL神父は、潜在的にわたし
　たちと同じ。もう変化を求めていた。歓迎した。ほとんどの人とは喧嘩し
　た。お互いに反目した。C地区、20年いた、みんなちっぽけな小教区に

いて、やることないんです。宣教しないんです。探偵小説、テレビを見たり。ファンクラブの中にいて、ほんとに、いても、ゆるせないというか、あの頃、私たちは動物園、彼らのことを、D県の人たち、動物園。みんな大きな声で、個性が強くて、P会はみんな個性強い。でも、やることはわたしたちの視点からみると、宣教ではない、教会維持。話は面白くない。日本の文化知らない。日本語書けない、漢字も読めない。これが宣教師なのか？　と（笑）B市も非常に似たような。みんな善意をもって、良い司牧者。なかに、R神父とかL神父、あとは。だから反発があって、日本だけじゃなくて、私の世代の人たちもこれは宣教ではない、やり方を変えなければならない、変化を求めていた。でも、韓国もそうだったし、タイもそうだった。そうです。だいたい第二バチカン公会議世代です。私たちは変化を受けている。やっと、その変化が見えてきた。面白いですね。70年、そして78年に、また大きな集まりがあったんですね。やっぱりその問いかけは、まずその、果たして宣教師の存在理由があるか？　71年もそういう問いかけがありました。そういう現状維持だけで司牧に打ち込んで、存在理由がどこにあるのか？　フランスでやればいいじゃないか？　そして、何を伝えているのか？　先輩たちは、最大の興味は、古い公教要理それを覚えさせる。それが全てであるかのように。それはほんとに福音宣教なのか？　第二バチカン公会議以前は福音宣教はない。言葉だけじゃない、文化と、福音というのはすでに日本の文化の中にあるはず。それを探って行く、それを芽生えさせて行く。発想がまったく違う。それでいいのか？　という。私はそれに支えられて、私自身もいったい何のために？　一時、宣教師という言葉がうさんくさい言葉だと、そんなふうに呼んでほしくないと、みんなに、そういう時期もあったですよ。その時、C会館に来たとき。ミサのとき、分かち合い、私はまず不安を、宣教師って言うのをやめてくれと、そういうのはうさんくさい。司祭は宣教じゃなかったし、宣教師のイメージはだんだんと悪くなりはじめていたんです。フランスで。

聞き手：80年代？

Ｈ：いや、70年代。はじめはやっと休暇があってフランスに帰って、たとえばうちの教会に、あなたの仕事は何ですか？　と、それで、ミッショネールと。え？　なんで日本に行ったんですか？　全然理解していな

い。今も、あなたの仕事は何ですか？　と聞かれると、もう、説明に困るんです。若い人、まったく分からない。昔は英雄、ヒーロー、今は最低。植民地時代のイメージ。自分の宗教を他の国に強制するかのように、しかイメージがない。つまり、支えがないということ。私は、問いかけしなくても当たり前だった、宣教師。フランスから行って、知らない、知らない人に教えてあげようと、そういう姿勢だった、それはみんな当たり前だった。キリスト教、万歳。私も洗脳されていた、そういう評価を受けて、日本に来たら第二バチカン公会議などいろんな動きも知っていて……。

　Ｈは、50年代に日本に送られた宣教師のことを「植民地のために送られた人」と呼んでいる。もちろん、日本は戦後、占領下にあったとしても植民地になったわけではない。しかし、彼は、当時の宣教方法が、植民地への宣教方法と同等だったと揶揄しているのである。このような状況の中で、悩み、苦しみながら、真の宣教とは何かと問いかける当時の語り手の姿が浮かび上がる。

　　Ｈ：それは、先輩を見て、その、彼らは宣教をやっているという思い込みを持っていて、もちろんその、私に対して、これは宣教の仕事だ、従いなさいと、私もＨ大学に、学生と交流を持ちたい、教会と関係のない人、それは白い目で見られていた。宣教師の仕事は小教区の仕事だ。そういう思い込み。それに対して反発していた。そのために来たわけじゃないし、第二バチカン公会議の精神で、文化との対話とか、全然違うイメージを持っていた。この反発は、私だけじゃなくて、同世代も、神学校の先生も何人もいた。その頃、そういう問いかけがあったんです。先輩たちは問いかけがなくて、いいことをやっていると思って、司牧を重視していたんですが、私たちは宣教、あの頃、たとえばローカルチャーチ。地域教会が握る、主導権をもってやり方とか、また宣教の責任を持つと思っていた。私は、ローカルチャーチに来たわけじゃなく、フランスの、フランス人と全く同じようなところに来てしまった。ローカルチャーチとは言えない。そのずれです。71年に、香港で、3年目で、うちのＰ会の中で、「宣教とは何か？」という激しい議論が起こった。71年で、Ｐ会だけのアジア・シノドスがあった。あの頃、これでいいのか？　私たちは、何を伝えている

のか？　これはフランスの教えなのか、福音なのか、福音を伝えるならば
どうしたら？　下からの福音、文化とか、悩みとか、苦しみとか、入らな
ければ。とにかく、大きなずれがあって、その反発の結果、私はE市と
いう植民地を脱出して、許可無しに、従順からはずれて、F市に、一緒に
働きたいんですと、大変なことでした。勇気がいった。怒られたし……。

　聞き手：怒られても、脱出した。それを支えたものは、第二バチカン公
会議であり、シノドス？

　H：だけじゃなくて、シノドスもその一つですが、眺めが変わってた。
宣教に対しての、神学とか、あの頃、ものすごく異議申し立てがあった。
違う、というか。どんどん爆発していた。第二バチカン公会議終わったす
ぐですよ。全く違う、違う理念を持っていた。私は、司牧だけではとても
間に合わない。人びとの中に入って。埋没して。Enfuissement。（中略）
ともに入って行って、福音を示されている、教えるんじゃなくて、福音
は下から見えてくる。先輩は、すべて上から、教義が先にあって、彼ら
が思っていた福音、それは、押しつけだ。（……沈黙……）いいです
か？

　また、同世代である別の宣教師Ⅰも、教会の中に閉じこもるのではな
く、人びとと一緒に存在したいという意向を語っている。そして、その原
点は自分が育った教会で経験した司祭の姿にあったという。《上からでは
なく、下から》というフレーズがここにも現れる。

　Ⅰ：司祭として、プロクシミティ。人びととの距離。距離をあまり置き
たくない。区別したくない。私はB市でも労働したかった。一般の人び
との気持ちを分かち合いたい。人びとと近く、中に入って。それが一つ
の。私の家族も農家で、シンプルな生活をしていた。偉い人、教区の司
祭、村の司祭も農家を手伝っていたし、司祭は家族が抱えている問題をよ
く理解していた。たとえば、農家、300人の村。日曜日、教会に行く。
が、父は行って、疲れて、寝ている。司祭の説教のなかで、司祭は何も言
わない。あの人たちは疲れている、いいんじゃないかという。司祭と一致
している。司祭とは、こういう司祭だな、人の心をつかんでいくという。
フランスで労働司祭というのがあった。労働階級にはいって、証しすると

第5節　宣教活動の中で揺れる自己　　　　　185

いう。教えるのでなくて、上から、私の中にもこういう価値観、一緒になりたい。公会議が始まったときに、第二バチカン公会議ね。教会はかけ離れているという、ヨハネ23世の判断だったと思う。だから中に入りましょうというのがあったと思います。その当時の司祭は。今は、全然違う。今は、区別したい。場合によっては、スータンを着て。距離を置く、私たちの時代ではみんなと一緒にいるという。今の神父さんたちは区別しようという。司祭職の意味、位置が違う。外から教えるという、司祭職がまた戻って来た。この二つのこと……。

　聞き手：つまり、司祭という、神父さんにとって、司祭は、教会と世界の間にあると言っていいですか？

　Ｉ：間ではない。人びとの世界に入って、福音を生きる。証しする、みんなと一緒に。役割違ってくるが、ミサとか、基本的に一緒に。

　聞き手：世界の中に、社会の中に、司祭が入っている。司祭職と教会の関係はどういう感じなんでしょう？　第二バチカン公会議では、教会が開いて社会の中に入って行こうと、しかし、結局、今は、距離を取ろうとしていると。司祭は、教会にとっての何でしょう？　そこはどうでしょう？司祭は教会なのでしょうか？

　Ｉ：司祭は秘跡、とくに聖体のためにあるんだが、聖体もこれも生活の中で生きる。

　聞き手：教会と、どのような関係が理想だと思いますか？　神父さんが期待しておられる教会との関係。

　Ｉ：あとで話そうと思ったが、日本の教会をすごく評価している、バチカンに従って行かなければいけない部分と、たとえば、砂漠の中にオアシスを作りなさいと、それは分かりやすいいい方針。砂漠、なんでそういう砂漠なのか、彼も見ている。人間関係をつくりにくい、ひとりぼっちで、孤独でいる。ノイローゼの人、鬱病の人、その中で安心できる、場所を作りなさいと。宣教師として、宣教の方針として、すごくいいなと思って。教会は、その中に司祭を置いて、教えるのでなくて、人びとの中に、神さまの働きを見分けて、発見して、吸収して、賛美する。これが教会ではないかと思いますが、司祭は、あるものをもって、伝えて行くというのではなくて、すでに人びとの中にある神さまの働き、信者であろうとなかろうと関係なく、それを、集めて行く。集めて、感謝する、感謝と賛美する。

186　　　　　　　　　第3章　証言の中で啓示を聞く

　それが教会、教会はそこから生まれてくる、うん。

　教会のあり方は内向きで、教会の中の人間関係だけで終始完結をしてし
まう。教会の中心には強い個性を持つ外国人司祭が存在し、人びとに向
かって上から教えている。数々の先輩の後、日本に派遣された語り手は、
先輩の宣教師がまるで自分の植民地であるかのように教会を私物化してい
た様子を批判している。同国から来た仲間とはいえ、先輩宣教師たちの存
在の仕方に大きな違いを感じ、葛藤しながら、自分なりの宣教方法を開拓
しようとする姿が、この二人に共通して見えてくる。

　メッツは、キリスト教がブルジョワ宗教になってしまっているという現
状に関して、70年代よりすでに政治神学の視点から厳しく批判をしてい
た[256]。彼は長年に渡って《ブルジョワ宗教化した教会》という思索を通
して、現代も、多元化し、グローバル化した世界の中で、やはり教会は、
同じように、《自己−私物化（l'auto‑privatisation）》のリスクに置かれて
いると述べている[257]。メッツは、《コンパッションの教会》という教会の
基本的なスタンスに内包される複雑な問題を解明しようと、次のような疑
問を呈する。

　イエスのメッセージはコンパッションである。コンパッションとは、苦
しみへの共感である。イエスの示したコンパッションは、神との関係、悪
の問題、罪の問題など、その他のメッセージに比べ、もっとも強い挑発的
なメッセージ性を備えている。メッツによれば、長い歴史の中で、キリス
ト教はイエスの第一のメッセージ性について常に第二のものと混同してき
たのではないかと言う。たしかに、コンパッションは、キリスト教の歴史
の中で、神への、そして、キリストへの愛情と共に、キリスト教自体のア

---

[256] cf. J. B. Metz, *La foi dans l'histoire et dans la société: Essai de théologie fondamentale pratique*, traduit de l'allemand par Paul Corset et Jean-Louis Schlegel, Chapitre III, Théologie politique du Sujet comme critique théologique de la religion bourgeoise (Cerf, 1979).

[257] cf. J. B. Metz, *Memoria Passionis: Un souvenir provocant dans une société pluraliste*, traduit de l'allemand par Jean-Pierre Bagot, Chapitre IV, Au temps de la "mondialisation" (Cerf, 2009), pp. 191-194.

イデンティティとして、極みまで、人びとの苦しみのもとへ、キリスト者を促していったメッセージとして機能したことに間違いない。しかし、快適な環境の中に安穏と居すわるブルジョワ宗教と化した教会の中で、事実、真のコンパッションを語ることは本当に難しいことなのではないだろうか。ブルジョワ宗教の教会は、自分は間違う恐れがないと思っている。教会が〈屋根の上の鳩ではなく、その手の中に鶏のひよこを優しく抱えるようにして〉どのように真の苦しみへの共感ができるのだろうか[258]。

　当時、日本は、第二次世界対戦によって物的にも人的にもすべてを失っていたことは間違いない。昭和天皇の人間宣言の後、日本の精神的支柱であった「君主制が持つ神秘性」[259]も薄らぎつつある中で、人びとの精神的破壊の状態は極限にまで到達していただろう。そのような状況を聞いた世界の教会が、物的レベルでも、人的レベルでも、日本人を助けたいと感じていたということに疑いを持つすべもない。1945年、ダグラス・マッカーサーがプロテスタントのグループを日本に招聘し、「日本は霊的な面での空洞状態にある。あなたがたがその空洞をキリスト教で埋めなければ、共産主義で埋められてしまうだろう。千人の宣教師を私に派遣しなさい」と発言し、また、カトリックに対しても新しい宣教師を百倍増やして欲しいと要求した[260]。そこには政治的意図だけでなく、日本人の苦しみに共感したコンパッションからの思いもあったのではないだろうか。
　上記の宣教師たちの証言からは、当時のブルジョワ宗教を指向する日本のカトリック教会の姿が浮かび上がる。キリスト教《信者》を作るだけではなく、宣教師を信奉する《信者》を作り、教会がサロン化していくのを、後から来た二人は批判しているのである。サロンを作る宣教師たちの心にコンパッションが全くなかったとは言えない。しかし、メッツが指摘したように、自分たちは安全圏にいて、コンパッションを保持し続けることはできない。当時の教会がブルジョワ宗教を指向していたとするなら、

---

[258] *Ibid.*, p. 176 参照。

[259] ハーバート・ビックス、吉田裕監修『昭和天皇（下）』岡部牧夫他訳（講談社、2005年）、p. 187。

[260] William Woodard, *op.cit.*, p. 243.

プラクシスの次元、すなわち、人間経験の次元で、真のコンパッションに立ち返っていたかどうかを今からでも問い直し、キリスト者の共同体全体の物語として想起し、認めることができるであろう。後輩の宣教師たちの証言は、その可能性を開く。

　戦後、日本に派遣された多くの宣教師、修道会の修道者たちのメンタリティーは、その後の日本の教会になんらかの影響を与えている。だからこそ、宣教師たちの発言にみられるような宣教師集団内部における批判精神の存在も覚えておかなければならない。メッツの指摘するブルジョワ宗教への傾向は、どの時代においても陥ってしまいがちな教会の傾向なのであり、現代もなお、問われなければならない問題である。

　司祭としての、人びととの近距離感を語った宣教師 I は、日本ばかりではなく、B 運動の活動を通して、世界レベルで、教会制度とのずれを経験した。自分の所属する B 運動がカトリック教会から与えられていた認可を奪われるという時、彼が経験したことは、教会から《切られる》という恐れであった。

（自分はアルザス－ロレーヌ地方の出自からくるレジスタンスの傾向が強い話から）

　　聞き手：レジスタンスは、神父さんの信仰の問題と関わりますか？
　　I：そうだと思う。ゆずれない、どうしてもやり通したい部分。青年を見て、すごく痛みを感じる。教会の存在はそこにある。
　　聞き手：痛みを感じるところに。
　　I：痛みを感じるとこにいて、一緒になって、彼らたちのために一緒に考えて行く。そういう労働者の世界があって、教会があって、私は両方属している。私は司祭だから、だんだんと運動することによって、労働者の世界にも属しているわけ。分裂した時に、国際的に、分裂した時、よく分からなかったんだ。教会から完全に切られる。で、教会をやめなければならない、選択迫られて、B 運動を選ぶと。しかし、結果的に、そうはならなかった。アジアでは。教会、バチカンが作った B 運動はあまり知らないという。日本の司教団は知らないという、これはヨーロッパの問題で、日本は、日本でやりましょうということになった。でも、最初はそう思わ

第5節　宣教活動の中で揺れる自己　　　　189

なかったね。どうなるのかと心配した。バチカンが（B運動の）分裂を宣言した時、死になさいと言われた気がした。死んでもいいと、あなたがたのことは見ないから。認めないから、捨てるという。ある意味でそうなったと思う。援助機関があるでしょ？　ミゼレオとか、カリタス、CCFDとか、国際組織、援助があって、動いているわけ。しかしバチカンの圧力で、新しいB運動に援助しなさいという指示がある。僕たちは、お金もなくなった。だいぶ減ってきた。しかし、組織があるから、雇っている人もいるし、たいへんだった時期がある。二つの世界に属するということ、難しい、コンフリクトがある、自分の中に。どっちにするか。今は、両方属してもいいというふうになっている。

　聞き手：だんだんとですか？

　I：現状はね。B運動をやりながら、司教さんに認められて、給料をもらっている。でも、最初は簡単じゃなかった、どうなるかと。C神父さん、創立者、最初の頃も簡単じゃなかった。なんで、青年会があるのに、別個にB運動のグループを作りたいかと言われていた。教会の中に青年会があるでしょ？　なのに、別個にB運動を作る。あなたは、教会の分裂者だと言われていた。C神父さん。その時、彼も、苦しかった。最終的に認められている。第二バチカン公会議にも、すごい影響を与えた人。枢機卿になった。死の寸前。ずっと教会と対立している。B運動の歴史は、教会の中にいても対立する。教会の方針があって、B運動の方針もある。

　聞き手：神父さんが信じておられること、は、教会ともう一つの世界というか……。

　I：一致する部分があるが、いざとなれば切られる。教会のためにならなかったら、教会の組織、拡大に関係ないと見たら……（沈黙）そういう、教会にいても、マーティン・ルーサー・キングの世界があるでしょ、差別されている人たち。あるいは、マンデラ。アパルトヘイトに反対する。そういう人たち、世界の人たち。私は、そういう世界に属しているね。これでいいと思う。

　このように、日本社会に派遣され、日本で教会や学校などを建設し、日本での活動場所を切り開いていく宣教師たちの働きのうちに、さまざまな葛藤をみることができる。しかし、その葛藤は、日本国内ばかりではな

く、世界にも及んでいる。

　キリスト教信仰を人びとに伝えようと教会活動を行うが、教会の中だけに没頭するならば、本来、宣教の場であるはずの社会からは遠ざかってしまう。

　ベルギー人宣教師Ｆは看護師の資格を取り、人びとの中へと赴いていった。

（日本語習得の期間の後、いくつかの小教区をまわった。その後、Ｔ（都市の名前）在住時代、知的障害者の人びとのための施設に行った経験の話の後）

　　　Ｆ：そこで、ボランティア行って。私はね、教えるよりはね、体使って、何かないかなと。教える人は十分いたから、私はそこで看護師になったらいいなあと思って。それで鳥取にボランティアに行った。あとで、テレビで、東京のＴ市。Ｓ療育園とＡ療育園と重症身体障害者の施設があって、テレビに出た。そこで無教会の先生が、プロテスタントの理想があって、Ｋ先生が、朝、鳥取いた時にテレビに出て、職員を募集していました。Ａ県のおばこの看護婦さんが何人か来ていた。職員を募集してましたから、もしかしたらと思って、頼んだんですね。（……中略：地域の説明……）Ｓ療育園に、働いたら、資格がない人が多かった。ボランティアで、組合二つできて、組合けんかしてね、社会党と共産党というテントはってね、確かに資格もっと入れないとと。おむつ替えるとか、そこで、私も資格取ったらいいなあと思って、最初は、医師会付属（病院）の准看、准看だけでは足りませんので、（別の）病院の看護あった、そこで三年間働きながら、正看取ったんですね。41（歳）かな？　そこで、（……中略：地域の説明……）実習したから寮に入って５年間働いた。

　　　聞き手：司祭でありながら、看護師（資格）を取って病院に行くということはどういうことだったのですか？

　　　Ｆ：それは、この、労働司祭という発想あるでしょう。Ｐ会にもあるし、これ、この人も亡くなったけど、ホームレスの（世話をしていた）アベ・ピエール。労働司祭。自分の教えるのも、勉強する人がたくさんいないから、看護師。場合によって、養子になったとしても、学校に入れない

かなと思った。養子化、帰化できるでしょ。国籍で。もし、できないなら
ば、と色々考えましたが、学校は、入れるかな、日本の資格取れるかな、
日本で働けるかな、と考えたが、それ必要なかった。

聞き手：なんでそういうことを考えたのですか？

Ｆ：手を使ってこういうことを、する。人間関係たくさんあるでしょ、
メッセージもたくさんあるでしょ。生きるとかな、メッセージがたくさん
ある。

聞き手：叙階して何年くらいですか？

Ｆ：叙階して、日本に来て、最初は全然考えなかったんですよ。（小教
区の名前）に何年間と、（他の小教区の名前）に、７年目かもしれません
ね。私たとえば、英語を、教えてね、青年たちとか。そういうこと、直
接、公教要理とか、でもたくさんいないでしょ。神父さまもいましたし、
そういうね。その、何気なしで、その。

　一人の宣教師が、新しい言語を身につけ、目に見える教会の中で人びと
との関係性を築きながら生きている姿を垣間見ることができる。自分の世
界に安穏とすることなく、一人の人間として、自分の目に飛び込んでくる
新しい現実を知り、今度は、自分の方から、その現実へと飛び込んでいこ
うとする姿が表明されている。

　他の宣教師 K は、「人の中に生活していく」という言葉で表現してい
る。

　　聞き手：宣教師であるという使命は強いですか？

　　Ｋ：それはたぶん、私の。もちろん仲間に助けられたこともあるし、教
　会学校のリーダーにひっぱられて、いいグループがあった。アムネスティ
　の活動、主婦がいる。結婚したばかり、燃えている、いろんな、バナナの
　ことについて研究したり、アムネスティの活動、死刑問題とか、そのよう
　なことは私の支えになった。ポジティブな面もたくさんあった。人に助け
　られたことは大切。K 教会で、どのような関係が？　宣教師というイ
　メージは、人の中に生活していくということ。異文化。私は外国人ですか
　ら、その人の中に生活していく。人の中に。具体的なこと。親が教育を求
　めている。そのお母さんたちに教育を提供する。教育はものじゃないか

ら、自分で考えて、具体的な生活になる。具体的な生活の中で福音の光を
伝えて行く。そこはね、説教じゃない。幼稚園の中で、園長の話って、説
教できないと思う。説教しない。信者さんたちに説教できるんです。一般
の人たちには説教できませんね。人の中で、一緒に考えて行くということ
です。私が達者じゃないんです。具体的な人がいて、幼稚園の父母がいて
その人たちと一緒にやっていく。幼稚園の仕事は私の道が具体化された感
じがする。人がいるんです。その人たちと一緒に自分の信仰を分かち合う
ことができるでしょうね。自分の信仰というのは、私は、信仰というのは
具体的なこと。信仰宣言の項目じゃないんです。それは基礎になるんです
が、どうやって生活の中に入って行くかということ。制服をなくしたと
言ってたでしょ。そのときに、子どもたちの環境として、教育的な面から
みるといいことになる。一人一人同じじゃない。そんなに言わないかもし
れないが、ここでは制服がないから。そこで、一人一人の子どもを育てて
行く。一人一人はユニークな子どもなんだということ。制服があれば皆、
同じ。理屈なのかもしれない。理屈っぽいかもしれませんが。その時はそ
のような考え。福音というのは、宣教師だから、イエズスさまの福音を伝
えて行くんですから、みんな、人を集めて説教するんじゃなくて、その人
たちに伝えて行くこと、イエズスさまのことを言わない。ただ、生きるた
めに、教育するために、子どもを育てるときに、福音はどのような光を与
えてくれるか、それを私が考えて行く。

　語り手は現実の中で生きている。この語り手の眼前において、筆者は、
この人を新しい現実に引き合わせ、この人に潜在的に備わっている能力を
引き出し続ける根源的な力動性を受けとめている。多くの場合、それを運
命とか、必然性とかと名づけるかもしれない。しかし、筆者の信仰によっ
て、今度は逆に、筆者の側からも、語り手に示された神の自己啓示を自ら
が経験した経験として表明したい衝動にかられる。つまり、統合形象化か
ら再形象化への移行が起こっている。

4. 《わたし》は誰か？

語り手と筆者の間に交わされる対話を再読する時、言葉として明確化されることはない。しかし、対話の水面下に潜む問い、すなわち、主人公である《わたし》とは誰なのか、また、主人公《わたし》に向かう《あなた》という役割を果たしている筆者とはいったい誰なのか、という問いがあることに気づく。つまり、その問いが意味するものとは、本章第1節「《信の証言》が生まれるところ」で見てきた《アイデンティティ》に関する内容である[261]。《あなた－わたし》の二人称の関係の中で、筆者は、「宣教師であるということはどういうことのなのか」と、主人公《わたし》に向かって問う。その問いを受けとめた語り手も同じ問いが反響するように、「宣教師である《わたし》とは何者か」と、自己の内省によって自分自身に問いかける。その結果、《あなたは誰なのか》と明言化されていなくても、《聞き手》の投げかける質問の中に、最終的には《あなたは誰なのか》という問いかけが実現され、《語り手》は、《わたし》とは誰なのかという問いに答えることになる。

宣教師Nは、日本の中で、自分自身を一人の市民、《メンバー》として認識している。

> N：日本に来た時は、最初は、お客さんですよ。受け入れてもらう。来る権利があるとは思わない。だけど、だんだんと歴史的なことを、歴史的というと、日本とアジアの関係の歴史的なことを勉強していて、その意識が、そして、何年間か経ったら、お客さんじゃない。日本のメンバーですよ。だから、日本で行われていることがあれば、不正であれば、それを、日本のためだと思っているんだ。だから、意識はどんどん変わって行くんだ。
> 聞き手：メンバーと。
> N：うん。市民なんだよ。
> 聞き手：市民。どの辺りから？
> N：分かりません。しかし確かに指紋押捺を拒否できたのは、そのため

---

[261] 本書第3章第1節参照。

だ。

聞き手：メンバーとして。

Ｎ：そうなんだ、そうなんだよね。（沈黙）まあ、外の人は外国人と言うかもしれない。エイリアン（笑）。だけれども、自分としては、もう完全に変わっている。

聞き手：ここのメンバーだと。メンバーであるという感覚は、居心地はどうですか？

Ｎ：悪くないでしょ（笑）。そうじゃなかったら、居続けない。ね。だから、いつも言うのは、日本人は大好きだけれども、日本の政府は大嫌い。なぜ？　だって日本人を大事にしていないんだから。馬鹿にしているし、子どもだと思っているし。だから、いろんなことを隠す、隠す、隠す。事実を伝えない。赤ちゃんだと思っている（笑）。

聞き手：面白いですねえ。宣教観ですが、宣教観という言葉も変なんですけど。神父さんは一員である。日本という地域の一員。日本人なわけじゃないんですよね？

Ｎ：日本人とは何ですか？　そこはね、結局、国籍とか、生まれたところとか、それにとらわれているわけね。それは関係ありません。日本人からそう言われるかもしれないけれども。もう言われないんだけれども、数年前までは、ああ、日本語うまいんですね、とか。とかね、あるいは、学生には、先生はね、日本人ではないから、日本のことは充分にわかっていないんですよねって。何、言っている。あなたが生まれる前から、私は日本にいるんだよと。そう（笑）。まあ、そういうことは言わせないからね。

聞き手：だから、しつこくうかがうんですけど。宣教師であるということは、だから、宣教師という言葉はあんまりですね。次なんですけど、この、大学での働きで社会問題に関する感覚がどんどん深まって来た。義務ではなくて、心だとおっしゃったんですが。

Ｎ：だから、結局、さっきのね、宣教ということとつながってくるんだけど、大事なのは、具体的に言うと、洗礼を受ける、授けるということではなく、第一なのは、ますます、よりよい、より、人間に、よりふさわしい、人間になる、ね。それは大事なんですよ。で、それは、結局、キリスト化する。よく福音化するというけどね、どちらかと言えば、キリスト化する。それなんです。そのためには、社会問題に、関わるということしか

第5節　宣教活動の中で揺れる自己　　195

ないんです。昨日の、講座でも言ったんだけど、教皇も言っているんです
よ。人間は、教会の道なんだ。教会が至る道は人間なんだ。この具体的
な、えー教会の道は神様ですよ、と。みんな言う。それはなぜかという
と、教皇が言っているんですよ。すべての人びと、一人一人の人びと、こ
の具体的な人びとは必ず、イエスの死と復活とつながっている。それなん
ですよね。だけどこれは、日本に来たときにはその意識があったとは言え
ないですよ、はっきりと。神父が何人に洗礼を授けたかとか、自分でい
ばっているかどうかわかりませんけど、言うけどね。私は、ぜんぜん。

　聞き手：それは、日本に来たことによって、そういうふうに至ったと言
えますか？

　Ｎ：ま、それはあると思うんです。もし、ずっとスペインにいたとした
ら、どうか分からない。変わったとは思うけれど、同じようなことじゃな
い。今、あの、総長のＮさんは、自分は、アジアに来たから、日本の見
方は強かった。だから平気で、仏教のことを引用したり、ヒンズー教のこ
とを引用したり、平気でやっている。もしスペインにいたなら、まず知ら
なかっただろうなと、彼も、私も。スペインに行くと、彼らは、こう……
（ジェスチャーで示しながら）。

　聞き手：とくにスペインね。

　Ｎ：スペインだけじゃないけどね。私の兄はアルゼンチンにいるんだけ
ど（ジェスチャーで示しながら）。

　聞き手：視野が広がったということでいえば、信仰するということは、
どういうことでしょうか？　神父さまが、アジアに来られて、視野が広
がって、信仰するということはどうすることでしょうか？

　Ｎ：別に、これは変わったわけじゃないと思うんだけど、どちらかと言
えば、深まったと言えるかもしれない。ますます確信になってきたという
ことは、言えるかも。それは、いつとか、どのようにとか、だから、ある
時には、そしてそれも、スペインのことは、こうだと言ったけれども、あ
るスペインの神学者が書いていることはすごいですよ。ある司教は禁止す
る。たとえば、数年間は、そういう神学の本によって、ここでの体験と、
あのような本とで結ばれている。あ、なるほどこれなんだという。自分と
しては、表現、できなかったことも、それは、それによって。

　聞き手：明確に。

Ｎ：たとえば一つ言うならば、いろんな人たちが、神は、神を見た事は
ないのに、神はこうであると、イエスは神であるから、イエスはこうであ
るはずなんだ。ところが、神学者が強調してくるのは、私たちは、神を知
りません。私たちが知る事ができるのはイエス。イエスはこうだから、神
はこうであるはずなんだ。それ以外のことは、私たちには分からない。神
について知ることができるのは、イエスのことだけ、です。そこ。あ、な
るほど、そうだったなという、こうね。そうね。だから、一番ね、大きな
事は、イエスの受肉によって人間は神化されたということではなく、神
が、人間化された。これが中心なんだという。それに、人間は一方ではめ
ちゃくちゃなやつだけれども、他方では、これほど、神は、人間になった
というほどにすばらしいものなんだという。それを意識する。それに気が
つくということは、それはいわゆる宣教じゃないの？　ということです
ね。今は、表現できる。ね。なるほど？

聞き手：なるほど

Ｎ：だから、信仰はそれなんですね。

聞き手：徹底的に、人間。

Ｎ：だから、人間は一番大事なんですよ。だって、一方では、常に、言
われて来てるんだけどね、神は、私たちの、賛美とか、なんとか、いりま
せんよ、ね。神が一番望んでいるのは、幸せになれよ、ね。ほんとの幸せ
になれよ、自由になれよ。こんな、めちゃくちゃなところから、自由にな
れよと。それが一番喜ぶ。言ってみれば、父親は、母親は、何を一番望ん
でいる？　子どもが幸せになること、ほんとの幸せ。お父さん、お母さ
ん、ありがとう、すばらしいよと、繰り返し言ってほしい？　ほんとの幸
せを選べ、と。そういう信仰でございます。はい、終わり。

　ここでは、Ｎの信仰理解がスペイン人があまり経験することのない日
本という地において、深まっていったということが語られている。Ｎ自
身が自分が誰であるかということを明言する線に沿って、Ｎにとっての
一番大切な事柄が提示され始めている。すなわち、Ｎは、《市民》である
《わたし》は、《人間が一番大事》だと思う、と表明しているのである。語
りながら主体生成するという、リクールの提示した《語る主体》の様相、
すなわち、対話の中では代入可能な《わたし》の位置に、代入可能ではな

い実在としての《わたし》が現れている。

宣教師Ｌは、日本に滞在している50年間で、自分に起こった変化は、日本社会独自の特徴に影響されたものだということをありのまま語っている。

　　聞き手：この50年間で変わって来たとおっしゃるんですが、信仰のレベルですよね。
　　Ｌ：（沈黙）復活のキリストは生きていらっしゃる。生きている復活のキリストが、色んな人びとの心の中にいらっしゃる。信者であるかどうか、どうでもいい。それが、一番大事ですね。ですから、聖書に、私の名によって、集まる、二人か三人かいれば、私は、そこにいる、私の名によってだけじゃないと思うんです。愛が、あるところに、私は、そこにいる。私の名によって、集まるのは、量的な話でしょ。キリスト教の信者、カトリックの信者、ごく限られている人数でしょ。私の名によって、集まっている者は、そういう者ですね。しかし、そうじゃなくて、愛があるところに、私はいる。愛は、カトリックとか、キリスト教とか関係ないんですよ。人間同士でしょ。ですから、私の名によって集まっているよりも、愛があるところに、私もそこにいるということは、それは、信仰の問題と思うんですよ。思わない（笑）？　つまり、私、いつも、私の名によって集まる二人、三人は、それは、教会の考え方ですね。復活のキリストの考え方じゃないんです。復活のキリストは、教会の形は、どうでもいいといえば、ちょっと。でも、そんなに大事じゃないと思うんです。信じる事は、とにかく大事。でも、教会に属しているか、どうか、ごミサに参加しているか、どうか。でも、信じているかどうか。そして、信じていると言いながら。愛し合うことでしょ。だから、信じていると言っても愛し合わなければその信仰は怪しいでしょ？　と、私は思いますよ（沈黙）。
聞き手：50年間の間に、神父さまの、神経験、経験ですよね。神経験というのは、どのような。それによって、愛にお気づきになったということなんでしょうかね？　それは、日本ということと関係があることですか？
　　Ｌ：うん、でしょうね。去年、津波があったでしょ？　私は京都にいたんです。で、5月からアメリカに帰って、5か月間。地震のテレビを（アメリカで）見ていたんです、津波とか。一番印象的だったのは、落ち着い

て、日本人は慌てないで、落ち着いて、乗り越えたんですね。もちろん、それは、日本人の心理とか、日本の文化的なこと、ある程度まで説明できるかもしれない、しかし、もう一つは、ほんとに人間同士の互いに尊敬しあうことだと思うんですね。アメリカでそういう、同じようなものがあったら、考えられない。キリスト教の信者でありながら、まず、自分のことしか考えない。隣の人、後ろの人、前の人、いや、私、ですよ。信者でありながら、しかし、もう、何回もアメリカ人に言われたんですね。どうして日本人はそんなに親切とか、人を大切にするとか、どうしてでしょうか？　さっきの話でしょ。ほんとに愛のあるところにはキリストがそこにいらっしゃる。その愛は、ごミサというかたち、聖体拝領というかたち、正式に祈るというかたち。いや、日常生活のなかに、当たり前のことでしょ。これは信じること、これは愛し合うこと。だから、困っている人、貧しい人、いやいや、そうじゃなく、隣のおばあさん、さびしい、じゃ何かやりましょうと。それは愛でしょ（笑）。

（……中略……）

　聞き手：フランシスコ・ザビエルが、イグナチオに書いた手紙があるじゃないですか？　同じような話ですよね。

　Ｌ：そうでしょ、ほんとうにそうだ（笑）。

　聞き手：日本人の誠実さとか、尊厳、プライド。ザビエルは、ものすごい驚いて、日本人を見ているんだけれども。

　Ｌ：そのレベルで信仰が生きていると思いますね。ほんとに互いに愛し合うこと、毎日、いろんな例が出てきますよ。信者、未信者、区別なしに、いろんな例が生きていると思います。そこにキリストが生きていらっしゃると思います。時間がかかるでしょうし、今、外国の宣教師の人数が減ってきたでしょう。これからもう来なくなるかもしれません。それは悪いことじゃないと思うんです。

　筆者は、Ｌが、東日本大地震での津波の被害に見舞われた日本人が慌てず、落ち着いて、互いに助け合いながら、辛い日々を乗り越えてきたと話すのを聞き、確かにその通りだとは思うが、それに関して、Ｌが眺めている視点から同じように驚嘆する経験は持ち得ない。なぜなら、Ｌは、アメリカ人という外部者の視点から、日本人の素晴らしさを述べているのであ

り、特に、日本で生活した経験のある外部者としての視点から発言しているのである。筆者には、Ｌが、日本文化や日本人の生き方を異文化とみなし、異文化との関係において、彼なりに培ってきた生活経験の幅を、到底、持つことはできないからである。

《外部者》という視点と、《内部者》という視点に関わる問題に関して、ステファン・ベバンズは、第二バチカン公会議以降、アジア各国にカトリックが定着していく様子を分析し、論じている[262]。この論文の中で、《内部者（emic）》の観点からではなく、《外部者（etic）》としての観点から、アジアの状況を分析する意義が説明されている。ベバンズは、「内部者が見たことのない、または見ることさえできない」諸要素がキリスト教信仰を理解する上で非常に重要な役割を果たすことになると述べている。

かつて来日した宣教師たちは、自分が生まれた国とは異なる文化的環境を持つこの国に自ら入って行き、生きた経験を通して、その環境の中にある何か《素晴らしいもの》を認め、また、認めるだけでなく、その素晴らしさに自分も影響されて変化していったと述べている。

さらに、Ｌは、そのような変化の中で、変化した主人公である《わたし》のことを他の何者でもない《わたし自身》であると表明をする。

　　　聞き手：ご自分の中には培われた信仰があるわけじゃないですか？　それと日本を見ているときの、神父さまご自身というのは、どの位置に立って見てらっしゃるんでしょうね？
　　　Ｌ：一つ言えるのは、たとえば、カトリック信者の集まりの中で、私は司祭です。しかしＪ大学の学生の集まりの中では先生です。その中でも、Ｌ（自分の名前）です。司祭でもなし、先生でもない、Ｌです。一人の人間です。そのレベルで本当に人を知ることができる。残念ながら多くの場合、「私は、司祭（である）」として生活している。それでまにあっています。苦労していません。しかし、本当に、日本人を知ろうと思えば、司祭じゃなく、先生でもなく、Ｌとして出会わなければならないと思います

---

[262] ステファン・ベバンズ「アジアにおける 25 年間のインカルチュレーションの歩み──1970-1995 年におけるアジア司教協議会連盟（FABC）」『神学ダイジェスト』冬号（神学ダイジェスト、1998 年）、pp. 47-66、特に p. 49。

よ。そして、それは、ある意味で、たとえば、J大学の先生として守られているんですね、先生だから。しかし、普通の社会に入って、先生として、司祭として、Lとして、守られていませんよ。自分の個人性で、守るべきだと思うんですね。うん。まあ、それはすごく感じたんですね。日本で。先生といえば、ものすごく尊敬されている。いい、悪いじゃなく、現実です。しかし、宣教師として先生というタイトルで、隠れるんですね。つまり、Lとして出ていないんです。L先生として、L神父さんとして、それはおかしいと思うんです。ある程度まで避けられないでしょ、でも、できるかぎり避けたいと思うんです。

聞き手：学生からニックネームで呼ばれていましたね？ そういうレベルもありますか？

L：ほんとうに知っている人は、そうですね、L（別のニックネーム）と言うんですよ。ごく平凡に、ごく当たり前に。でも、そうね。今でも、D教会でね、Lさんと聞いたことない。L神父さま。いいですけどね、ただ、一つの考え方ですね。それはどうしても乗り越えなければならないといけないと思いますね。司祭だけでなく、医者もそうでしょ、（たとえば）T先生、医者も。つまんないね。L神父、L先生の前に、Lですよ。それで充分ですよ。単なるLでいくことができなかったら、私は失敗ですよ、L先生とか、神父さま、必要ないですよ。

聞き手：個別性の次元ですよね、そこで、日本と出会った、日本を見た。その時に、認めざるを得ないものがあった、ということ。そこはどうでしたか？ なんですかね？ 分からないですけど、個別性というくらいですから、孤独なレベルでもありますか？

L：そうでしょ。そう（沈黙）。私は、ほんとに知っている日本人はね、もちろん、最初に会ったのは、教会で、あるいは、教室の中で、しかし、本当に知ることになっているのは、その人の危機があったんですね。その人の苦しみとか、その人の危機とか、その時から、ほんとうに、ああ、親しいと言えると思うんですね。ですから、50年間ですから、そういうほんとに知っている人は少ないんですね。少ないんですよ。でも幸いにいる（沈黙）（笑）。

聞き手：そうですねえ。信仰するということはどういうことでしょうね？

第5節　宣教活動の中で揺れる自己　　　201

　　Ｌ：そうねえ、信仰することは、生きていらっしゃる復活のキリストを
　探すということ。積極的に探さなければならない。いらっしゃるに決まっ
　ている。しかし、私のほうから探さないかぎり、信仰のレベルには、と思
　うんですよ。探さなければ、これが信仰です。公教要理を暗記するとか、
　きまっている祈りとなえるとか、お金出すとか、この組織に属するとか
　（だけではない）。積極的に自分の置かれているところで、その人たち、そ
　の状態、その人間関係、その中に、キリストを探すこと、これが信じると
　いうことだと思うんですよ。実際に私、宣教師であるということ、考えて
　ないです。でも、一歩下がって、離れて、第三者として見れば、宣教師です
　ね。しかし、意識的に宣教師、宣教師だと一度も考えたことがないんです。
　　聞き手：そう、なので、自己認識と、外からの認識されることの、そこ
　はもう、ずれているわけですよね？
　　Ｌ：そうです、そうです。そうですね。そういうことです。

　Ｌは、教師、司祭、宣教師など、自分には様々な肩書きがあることを意
識している。もちろん、その一つ一つの肩書きに託された役割をより良く
果たし、最後まで全うしたい気持ちを彼自身否定するつもりはない。宣教
師としての役割や機能を肯定的に捉えている。しかし、Ｌはあくまでも
《自分は自分であるということ》を、対話の中で、聞き手に向かって強調
し、肯定しようとしている。「○○（宣教師自身の名前）でいくことがで
きなかったら、私は失敗ですよ」。この発言は、対話の聞き手である筆者
に、自分の目の前で語るこの人の誠実に答えようとしている《問いの次
元》に、なんらかの変化が生じていることを気づかせた。つまりこの段階
で、《わたしは何か》の問いから、《わたしは誰か》の問いへと移行されて
いるのである。
　リクールの《物語的自己同一性》の中で説明された言表行為における
《わたし》の固定化現象がここに見られる[263]。語り手である《わたし》の
前で《わたし》に対する第三者、語り手の他者である聞き手、要するに、
筆者が、語り手である主人公《わたし》の発話を肯定する。そこに《わた
し》が生まれている。聞き手である筆者はこのような方法で、主人公であ

---

[263] 本書、第３章第１節 2.「証言の解釈学から物語的自己同一性へ」参照。

る《わたし》が代入不可能な位置、世界の視界の唯一の中心に立っていることを確認することができる。

第6節　回心の道を物語る

1.　本質へと向きを変えること

　メッツは、起源となる経験がすべて物語を求めるように、信仰の経験も、沈黙のうちに終わってしまわぬよう、物語という類型を教会の歴史が守ってきたことに言及している[264]。大きな教会としての権力が周縁化されたグループや運動体が下から投げかける論点を無力化し、下位文化やそこから来るメッセージを投げ捨てる傾向にあって、周縁化されたグループや運動体は、自分たちの言葉で語り、自分たち自身を物語ろうと努力すると述べている。彼らの語る行為は物語なのであって、論証ではない。「彼らは、自分たちの回心の歴史を語り、聖書の歴史を繰り返し宣べるが、その語りはしばしば、あきれるような方法で、移ろいやすく、バラバラの場合が多い」[265]。

　確かに、論証という方法と、パーソナルな自分自身の回心の歩みを語ることでは語法的に異なっている。わたしたちがここまで見てきた宣教師たちへのインタビューは、自分たちの宣教について整然と論証するのではなく、宣教という実践において、自分たちが通ってきた様々な経験を物語っているという方が近い。彼らの語りの中には、時々、前後の脈絡が合わず、時代も錯綜している場合がある。しかし、時系列が多少間違っていたとしても語り手は《……から……への変化》という経験を語っているのである。

　宣教師らの語りを聞くと、彼ら一人一人が日本社会における長年の生活の中で、《……から……への変化》というフレーズに示されるような心の動きの変化を経験していることが分かる。このような語りの中には実際

---

[264] Jean Baptiste Metz, *La foi dans l'histoire et dans la société: essai de théologie fondamentale pratique* (Éditions du Cerf , 1979), Chapitre XIII. Récit, pp. 230-245.
[265] *Ibid.*, p. 235.

に、《回心》という言葉もはっきりと一緒に用いられることがある。

　ドナルド・L. ジェルピの『回心の経験』の中には、回心の定義として二つの原理的な意味が述べられている。つまり、一つは、《……から向きを変える》《……へと向きを変える》ということを意味しており、また、もう一つは、回心というかたちはすべて、ある経験領域において、無責任な生き方から責任ある生き方へ移行することを意味している[266]。このように、回心は、まず、ある状態から別の状態へと移行すること、また、一人の人間がより《わたしであること》に目覚め、責任を担った自己として生きるようになるこの《変化》の状態を意味しているとジェルピは述べている。

　宣教師が語った時間の経過における《変化》がどのような型を持っていたか、その代表的な例をみてみたい。時間的経過の中で、初めにわたしはこのような状態だったが、そこから、今ではこのように変化したという定型で提示することができる。例えば、いくつかの証言を合わせて一つの筋を辿るならば、概ね、次のようなものになる。

　来日したばかりの頃はキリスト教信者を増やす、つまり、洗礼の数を増やすという考えを強く意識したか、しないかは定かでないが、やはり、心のどこかにそのような考えはあった。しかし、長年の日本での生活を通して、この考え方は変わった。

　様々な証言を組み合わせて一つの筋を作るならこのようになるが、しかし、一人一人の証言はもっと断片的で、一人一人の性格や、思い、特徴が備えられている。そこで、《……から……へ変化した》という宣教師の語りがどのようなものか、四人の宣教師を例として挙げてみたい。

　まず、アメリカ人宣教師のLは、日本における聖体拝領にまつわる話の中で、「昔は、非信者が聖体拝領したら失敗だと思ったが、今ではその

---

[266] Donald L. Gelpi, *The Conversion Experience, A Reflective Process for RCIA Participants and Others* (Paulist Press, 1998), p. 26. D. L. ジェルピの５つの回心の段階について、日本では、以下の論文において紹介されている。具正謨「文化とキリスト教──キリスト教の神学の新しい方法論を目指して」『カトリック研究』72 号（上智大学、2003 年）、pp. 1-44. 有村浩一「回心（コンバージョン）に関する人間学的考察（上・下）」『福音宣教』6 月号（オリエンス宗教研究所、2005 年）、pp. 38-46、同 7 月号、pp. 36-45。

人が間違えて聖体拝領しても気にしなくなった」という変化を述べている。筆者が《聖体拝領を非信者が行うことは許されない》のは《ローマの基準》だからだと匂わせているのに対して、語り手は、《ローマの問題だけではない》と述べている。その反応は、語り手が言いたいことが、自分の思いの変化にあるということを示している。

　　聞き手：来られた時にはローマの基準で活動しはじめた？　信者を増やすということでしょうか？
　　Ｌ：そうでしょうね、そうでしょうね。今は、未信者がご聖体拝領することがあるんです。意識的じゃないんです。あとで分かる。ああ、（この人は）未信者にもかかわらず、ご聖体をいただいてしまった。50年前の私だったら、ああ、ものすごい失敗だったと。今は平気ですよ。本当にそうですよ。それは一つの例にすぎないんですが、色んな形で。
　　聞き手：今でも日本人の司祭ですごい怒る人いますよね。未信者の人が間違いでして、怒ったりとか。ローマの基準で……。
　　Ｌ：ローマだけじゃないですよ。

　Ｄも、《回心》という言葉は口にしないが、自分自身のものの見方や考え方が、時間の中でだんだんと変わってきた、と何度も繰り返し語っている。

　　Ｄ：自分はほとんどの人がカトリック信者になっている環境で育った。けど、日本や東洋のキリスト教について雑誌で知ることができて、育った環境とは違う。最初は、私は考えていたのは、Ｄ会に入ったのは、以前から私が生まれた２年前ぐらいから、Ｄ会がＳ教区に来ていた。本部はＳ（都市の名称）の古い修道院にある。Ｏのシスターたち、今、古い修道院にある、Ｔ（都市の名称）に、本部ができた時から、Ｏ会、自分たちの生活に合っていることも動かした。司祭になりたいとか、キリスト教伝えたい、キリストさまについて伝えたい、司祭になって、だんだん、Ｓ教区に勤めることになって、衝撃を受けたことはありません。結局、私の考え方は変わりました。日本に来たとき、キリスト教を伝えるために、来た。けれども、日本で、日本語勉強してとか、Ｓ教区で、35年くらい、勤めた

第6節 回心の道を物語る　　205

わけですから、だから、だんだんとキリストの言葉を伝えるために、キリスト教の教えを伝えるためにということよりも、私の育った社会と違って、信者がいないところで、だんだん私は、ね、時々感じていたことは、衝撃的じゃない。

　聞き手：衝撃的、じゃないんですか？　衝撃的？

　D：衝撃的、じゃない。ごく自然な変化。感じていたわけです。今は、この年になって。

　聞き手：自然な変化というのは、どんな変化？

　D：ま、そのね、自分が、新しい宗教、キリスト教を伝えるために来たつもりで、だんだんと社会の中に入って、司祭として勤めていながらも、日本の社会の違い、他の宗教、仏教とか、私が、教わって来たわけ。教えられたんだ。私の考え方で、キリスト教を伝えようと思ったよりも、だんだんと、社会の中にキリストさまが、生まれる前からも、ある宗教の中で、仏教とか、神道とかの中で、私たち伝統的なキリスト教から考えればね、私たち、キリスト教、正しいと思いがちだけれども、それは、キリストさまが生まれないうちにも、古い宗教、東洋の国々、日本も含めて、たくさんの古い話では、この、日本人の、やっぱりね、中国に行って、そこで最初の仏教、学んだ、教えられたことを、その中に、生活して、そういう信仰に支えられて来た、東洋の人たちがいるんだ。だから、私たち、それを経験した時、自分も、日本とか、東洋に来た目的は、私の方からみんなに教えるというよりも、みなさんが、他の宗教とかの関係とか、お坊さんとの関係とか、私は、教えてもらったんだ。ね、だから、それはね、例えば、エキュメニカルのことを考えれば、相手の信仰を尊重して、おつきあいすることを、あなたは間違っているよと言うことじゃない。それは、衝撃的なふうに感じたというよりも、ごく自然に考え方が変わって来たということを感じている。それは、当たり前と思ったんだ。けど、ヨーロッパにいるカトリック教会では必ず同じようには感じていません。だから、フランシスコ・ザビエルも、2年足らず日本に来て、日本の理解とか、あの時代ですから、やっぱり通訳している人が、現在ほど恵まれていなかったでしょう。そこで、フランシスコ・ザビエルが感じたのは、日本に、キリスト教を伝えるために働こうとすれば、まず中国に行かなくちゃならない。そして、その時の中国はキリスト教になれば日本は自然についてく

る。これはフランシスコ・ザビエルの考え方だったんでしょう。今でも、500 年以上経っていても、大きく変わっていません。東洋の仏教から、神道から、日本では、学ぶところがあるんだ。キリストさまが、まだ生まれないうちにそういう宗教は、仏さまとか、日本とか盛んになって、熱心なお坊さんもいたんだ。文化が違うとか、茶の湯やってとか、宗教的な意味に受けとめることがあったんでしょう。びっくりさせることはないですよ。ごく自然に、お恵みだったと、今、理解できますけれども、ごく自然に、衝撃的ではなくて、こういう環境では、私、キリスト教を伝えようと思って来たが、他の宗教を経験している日本人、東洋の国々の方に、そこにも神さまのお恵みがあるはずです。私も教えていただいたこと、感謝します。けれど、今は、神さまのお恵みが、私を状況の中で導いてくださったことがあるけれども、その時、あまり恵みとして考えなかった。ごく自然な変化。環境の違いとか、影響とか、ごく自然なこととして考えた。

「衝撃的ではなく、ごく自然な変化」と形容される変化は、具体的に何を意味しているのだろうか。周辺的なことは語られているが、何が、どのように、自然に、変化したのかはっきりしない。「私の考え方で、キリスト教を伝えようと思ったよりも、だんだんと……」。後に続くはずの言葉が曖昧になっている。聞き手として、筆者が、語り手の言葉には表明されていない奥に秘められた経験の現実を理解することは非常に難しい。ただ一つだけ言えるのは、やはり、何らかの変化があったということだ。外国人宣教師にとって、ある一定期間、日本という文化圏内において生きた経験は、その人自身に、ある変化をもたらしているという事実がある。それは、《自分の考え方》を否定しなければならないような経験だったかもしれない。

三人目のＣの語りにははっきりと《回心》という言葉が表明されている。語り手は来日当初に経験した《回心》は今でも続いていると語っている。

　　　Ｃ：Ｔ（都市の名称）でも。（沈黙）で、そうですね。だから、うん、張り合いがありましたね。私、まだ、日本語そんなによく出来ないし、えーと、日本人の気持ちもそんなによく分からなかったけれども、何人かに公教要理を教えたり、一緒に勉強したりしました。

第6節　回心の道を物語る　　　　207

聞き手：何を伝えようとしてらっしゃいましたか、その頃。

　Ｃ：だから、うん、伝えようとするというか、キリストの教えを、教え
を伝える。そして、なんとかして洗礼を授けたいと。だから、一つ非常に
大事なことを教えられましたね。あの、一人、高校生だったかなあ、ある
いはもう少し上の女性、一人と勉強していて、何回も毎週、毎週やって、
で、そして、もう、キリストを選ぶかを、突きつけたんですよ（笑）。あ
の、「決断しなきゃいけないよ」と。で、もう、次回から来なくなりまし
た。それで、やはり自分は、いくら、ね、相手に洗礼、キリストを、キリ
ストの教えだと、キリストを伝えるということが、私自身も分かっていな
かったんですよ、でも、教えを伝えて、受け入れてもらって、洗礼を受
け、洗礼も受けてもらってというような気持ちだったかもしれませんね。
それを、やっぱり押し付けることは出来ませんと、相手の気持ちもよーく
理解しないといけないと、一つはね、自分自身の、人間としての回心が始
まりました。で、まだ、回心中ですよ（笑）。50何年も経っても。でも、
ああ（沈黙）。それずっと記憶に残っていますね、いくつか、そういう出
来事が、なかなかこう、頭から消えません。

　キリスト教の宣教は、洗礼を授けることであると理解していたこの語り
手は、来日当初、教会に、公教要理の勉強に来ていた人に対して、当然の
ように「（洗礼受けることを）決断しなければならない」と伝えた。しか
し、その一言によって、それまで喜んで教会に通っていたその人は教会に
来るのを止めた。その人とのコミュニケーションはこうして途絶えてし
まった。50年以上経っても脳裏を離れることのない出来事が、語り手に、
回心への道の出発点としての強いインパクトを与えている。

　最後に、《回心》を《本質に戻ること》だと言うＪの語りをみてみよう。
母国ベルギーに一時帰国した際、彼は、自分の母親を励ますために日本で
の経験から語っている。

　Ｊ：不思議ねえ、こんな高校生の時、なんで、日本とか、東洋に憧れた
のか、まったく、あれでしょうね。神秘的とか、不思議な世界というか…
…それもあったと思う。あった。しかし同時に、私も、今、見ている。母
は、自分の孫、娘、みんな教会に行ってないし、みんな地獄に行くと思っ

ていたんだ。（そこで、母に私はこう言った）「お母さん、違うよ、日本で99パーセントは違う信仰しているの。みんな素晴らしい人がいっぱいいる。私もそういう人たちに出会って、むこうからもらうものがいっぱいある。あなたの一番下の娘と息子を見てよ、すごい。この間も（彼らは）感謝していた。教会に行ってない、子どもに洗礼授けていない、でも、一番大事なもの知っている」。そういうこと、毎日の生活で出会う人たちいっぱいいる。だから、塩の味はね、みんなあとの99パーセントが、塩にならなければならないわけじゃない。1パーセントだけ、塩の味をつけて、イーストとか、黙ってね。あんまり、いばらないで、美味しいと言われたらそれでいい。でも、あとの99パーセントが持ってる良さ。そのものを私もいただいている。（……中略……）こういうヴィジョン。教会が神の国じゃないんです。すごい大きいもの。そこに、聖霊が。月曜日から始まる（ミサの話）ものね。ペトロとコルネリウス、コルネリウスが回心しているわけじゃないんです。ペトロが回心しているんです。

聞き手：なるほど。

Ｊ：コルネリウスはもう、聖霊を受けているんです（沈黙）。だから、ある意味で、ヨーロッパのように、上に立って、99パーセントは、我らだと言うんじゃなくて、1パーセントの方がね、本質に戻る。

　使徒言行録に、ペトロとコルネリウスの逸話がある[267]。Ｊは、この逸話はコルネリウスが回心している話ではなく、ペトロが回心している話なのだと主張する。語り手は洗礼を受けたキリスト者を示すために、ペトロを一つの象徴として用い、だから、洗礼を受けた者は自分自身も含めて、ペトロと同じように、回心の途上にあるのだと語っている。Ｊは、回心をすべき人は洗礼を受けていない99パーセントの人たちではなく、洗礼を受けた1パーセントの人たちなのであると述べている。洗礼を受けていない99パーセントの人びとの中で、1パーセントしかいない洗礼を受けた人びとが、塩やパン種となって生きることへと向かう。そのプロセスを回心と

---

[267] 使徒言行録10章1-48節、参照。特に、34b-35節「神は人を分け隔てなさらないことが、よく分かりました。どんな国の人でも、神を畏れて正しいことを行う人は、神に受け入れられるのです」。

名づけている。

　筆者はこの話を聞きながら、息子が母親をなだめるように語りかける情景を想像した。そして、ここにキリスト教伝承における解釈学的転換が行われていると思った。さらに、この伝達が、《身内》という親密な人間関係の中で行われたことは非常に象徴的である。生まれた時からずっとＪの世話をし、Ｊのキリスト教信仰を育んできた母親は、語り手にとって神へと向かういのちの道を示した最初の人であっただろう。Ｊが語った幼い頃の思い出の中に、何度も、《信仰が篤い》母親の姿が登場していた。Ｊは、息子として、今も自分を生かしているキリスト教信仰を、この母親から受けた事実をけっして否定することはないであろう。

　けれども、母親を通して信仰を受け、今もその信仰は変わらないとはいえ、Ｊは、日本で、異文化を通して様々なチャレンジを受け、もう一歩前進した《回心》のあり方、すなわち、《本質へと立ち返る回心》のあり方を、母親に伝えたかったのである。

2.　本質へ立ち返ることと実践

　ジェルピは、「キリスト教的回心のダイナミクス」として、キリスト教信仰における二つの次元での回心のダイナミクスについて述べている。

　一つめの回心のダイナミクスは、初期段階のキリスト教的回心を意味している。これは、宗教的回心、ここではキリスト教的回心の最初で、全体的な信仰の意味に対応している。二つの秘跡（洗礼、赦しの秘跡）に象徴される、この初歩的回心（initial conversion）は、信じない者から信じる者への変化、罪から信仰への従順への変化を通るもので、それは、伝統的に、キリスト教神学が《信仰による弁明》と呼ぶものに相当する。

　　回心の初期の経験において、わたしたちが信仰においてイエスを主と認めること、また、イエスの似姿へとわたしたちが変容するよう、わたしたちにコミットメントするための力が注がれることによって、神はその息吹を通して、わたしたちを弁護してくださる。[268]

---

[268] Donald L. Gelpi, *op.cit.*, p. 107.

210　第3章　証言の中で啓示を聞く

　神の受肉のイメージの中に、人間の全人格的変容のプロセスを一歩はじ
める一つめの回心に対して、二つめの回心のダイナミクスは対照的であ
る。第二の回心は、全人格的変容を始めた第一の回心が、実践面へと帰結
していく上で必然的にもたらされるものである。二つめの回心のダイナミ
クスは継続的回心として次のように説明される。

　　キリスト教的回心の二つめのダイナミクスは、継続進行的回心
　　（ongoing conversion）が、信仰において、他の四つの自然的、世俗
　　的回心の様態（情的、知的、倫理的、社会―政治的）について再評価
　　させるというあり方で、その存在が明らかになる。わたしたちが、か
　　つて、ある座標軸において理解していた観念、現実、あるいは価値観
　　の評価を変えているのは、別の座標軸の上に照らされる光のもと
　　で、それらを、再評価し始めているということである[269]。

　ジェルピの説明する以上二つの次元での回心のダイナミクスは、宣教師
たちがインタビューの中で語っている長年に渡っての日本の生活における
《回心》の意味を解明するために神学的な指針を与えてくれる。つまり、
宣教師たちは、伝統的な第一の回心のダイナミクスによるエネルギーが存
在していたカトリック教会の空気の中で生まれ、洗礼を受け、キリスト教
信仰の理解を深めてきた歴史を持つ。その時点で、初歩的回心とも言える
回心のダイナミクスに後押しされ、彼らは宣教師となって、日本に来た。
そこから、彼らにとっては新しい、これまでと異なる文化、環境の中で、
第二の回心のダイナミクスの中へと移行を余儀なくされ始める。つまり、
かつて、自分が生活していた座標軸から、日本という座標軸に移動した
時、以前と同様に、神から照らされる啓示の光のもとにいたとしても、ま
た、以前と同じ自分であったとしても、座標軸が変化したことによって反
射されるイメージが昔と同じようには見えなくなってしまっているのであ
る。彼らは、自分がこれまで持っていた《視点》を否が応でも変更せざる
を得なくなった。
　ジェルピは、キリスト者の継続進行的回心は、啓示された神の超越的現

---

[269] *Ibid.*, p. 108.

第6節　回心の道を物語る　　　　　211

実に焦点を合わせることによって実現されるとして、次のように述べている。

　　神に関して、また、この世と神との関わりに関しての誤った信仰を修
　　復することにおいて、本性と理性の両面から現実を理解することで、
　　キリスト教信仰は、人間の心を向上させる。それは、御子と聖霊の派
　　遣という歴史上明らかにされた神の超越的現実に、本性と理性の両面
　　によって焦点を合わせることによって成される。また、さらに、自然
　　界の現実以上のものを把握していくことができるように計らうこと
　　で、人間の心を完成させる[270]。

　このように見ていくと、日本において継続進行している宣教師たちの
《回心》のダイナミクスは、神の自己啓示が開示された彼らのこの世に対
する再評価の結果であることがわかる。彼らは、痛みを伴った徹底した回
心の道を歩んできたであろう。その道は、この世のどんな人物とも違うイ
エスという参照点を指標に、この世以外のところから差し込んでくる神の
啓示の光に照らされて、この世の出来事に再び価値を与えていくという作
業だったに違いない。そうであるならば、筆者が日本に派遣された外国人
宣教師が語る継続進行的な回心の物語を真に聞く時、この日本において、
筆者に向けても自身を啓示される神の存在が明らかにされることになる。
　継続進行的回心は、この世におけるキリスト教信仰の実践へと展開す
る。なぜなら、「神の国における生活は、自然的な正義や徳以上のものを
求める」[271] からである。神への誤った理解を内包する人間の信仰を、絶え
ざる回心によって、人間に向けられた神の救いの真の意向を信仰するよう
変えられ、また、罪深く自然的な人間の希望を、絶えざる回心によって、
神とつながる希望へと変えられた人間は、愛の実践者として、明確な自己
をもって行動を始める。
　宣教師たちへのインビューの中に、彼らが日本に来たことによって、長
年の経験を通ったことによって、《何かを確信した》ことを印象づける語

---

[270] *Ibid.*, p. 111.

[271] *Ibid.*, p. 112.

りを見出すことができる。

　まず、宣教師 E は、日本の中にキリスト教的価値が生きていることを再評価し、宣教に関して再解釈をしようとしている。

（前に暮らしていた小教区での話から）

　　　E：信者作りはあまり考えてなかったから。

　　　聞き手：考えてなかった。

　　　E：あんまり洗礼も授けてないし。

　　　聞き手：それはどうなんですか？

　　　E：老人ホームさえ、洗礼授けてないし。あるおじいさんがすごい熱心で、こっちはいいよ、キリストさまがいるから、とか。洗礼授けましょうか？　と言ったら、困りますよ、家族もいるんだから、天国違ったら、困りますよ（笑）って言って。そんな調子なのかなと思ってね。今もそうです。だから、信者はそんなにたくさんいないんだけれども、500 人ですか、全部かな。

　　　聞き手：500 人？

　　　E：地区全体だから。

　　　聞き手：500 人の信者、大きいじゃないですか？

　　　E：まあ、大きいんだけれども、子ども、老人、全部含めて。だから、今やっぱり、そうねえ、そんなにたくさん洗礼ないみたいです。高齢化も来ているしね、どこでも。

　　　聞き手：洗礼を授けないというのは、何か。その、どういうことなんですか？　神父さんにとっては、あきらめなのか……。

　　　E：いや、あきらめじゃないです。聖人 F、まずね、F 修道会の会則を書いたのは、宣教についての科目、F だけですよ。宣教会は知らないけれども、一般的な伝統的な修道会ですね、科目ないんですよ。で、F は、宣教に行く兄弟がいたら、院長は止めることはできない。止めようとするんだったら、あと、神さまに責任で話しなさいと厳しいことを言っているんですよ。だから、聖霊が導くことが院長は、それは、やっぱり手伝うべきなんですね、本人に働いている聖霊の、いろんな会全体に……。

　　　聞き手：つまり、宣教ということは、洗礼を授けることとは違う。

第6節　回心の道を物語る　　　213

　Ｅ：違うんですよ！　だから、Ｆが言うのは、異邦人という言葉を使う
んだけれども、それはしょうがないんだけれども当時の言葉。……の中に
住む。To live…Not to go to.　日曜の福音、イエスは真ん中に現れたとい
うんですね。キリストは真ん中に立って、真ん中にという、そういうのに
Ｆは惹かれた、自分は、信者じゃない（人たちの）真ん中に住む。特別の
導きがあったら、洗礼を受けたい人たちに授けなさいと言うんですよ。け
れども、神のみ旨を確認しなさいと。Ｆは言うんですよ。一般の人は、信
者にならないと天国に入れないじゃないかと言うんですよ。そういうメン
タリティーがあったでしょ。

　聞き手：最初に日本に行く前に、日本はキリスト教になるかもしれない
と言われたわけですよね、そのときの、神父さまと、今、そういって中に
いるんだという神父さまと、同じことですかね、どうですか？

　Ｅ：いやいや、日本はキリスト教の価値観が生きているんだから、充分
だと思う。だから、そういうのを、こう、教会を作る必要ないんじゃない
かと、結局、そういうような平和を守りたいとか、人を助けあおうとする
とか、貧富の差をなくそうとする人たちとともに、活動する場。だって、
天国の門に来たら、イエズスさまは言っているんだ、お前たち日曜日教会
に行っているんですか、洗礼受けているんですか？　そういうの聞いてい
ないでしょ。もっとも小さな者に何をしたか？　と、しなかったら知らん
よ、あっち行け。したら、どうぞどうぞ。という感じでしょ？　だから、
どうして、教会は、こんなマタイの最後の、全然無視したんじゃないです
か、福祉、福祉、福祉は、正義と平和は違うんだからと言って。だから、
イエスは死んだんですよ。当時の宗教、律法学者はそういうような若者の
言うことは、ユダヤ教だめになるから、危ないから殺そうとか。で、今
ね、そういうことを言うんだったら、教会は消えてしまうんだから、こう
いう司祭は、危ないから首になるでしょ。これはイエズスさまのせいじゃ
ないですよ、人間のエゴですよ、宗教作るって。神さまのことじゃないで
すよ。神さまに宗教はないわけ、供え物を置きなさいって言うんですよ。
まずね、仲良くしなさい。神さまは供え物なんか要らない、礼拝もいらな
いし。教会もいらないし。この家が入りやすいのは敷居が低いっていう
の。誰でも入るんですよ。

　聞き手：（確かにこの家は、さきほども）開いていましたからね。

214　第3章　証言の中で啓示を聞く

「こういう司祭は、危ないから首になる」という、一見ラディカルに聞こえるEの発言は、どのようにして、この国で、人びととつながっていくことができるだろうかと模索する思いに溢れている。根本的なキリスト者の態度を問うている。

　次に紹介する宣教師Cは、日本の宣教での心構えとして言行一致である必要を語っている。

　　聞き手：そのような、具体的にあの、ま、とにかく、派遣されるということですよね？　神父さんも（日本に）いらっしゃって、（神父さんは）宣教師（である）ということでよろしいでしょうか？　宣教師とは何でしょうか？

　　C：そうですね。ま、宣教というと、教えを宣べる。つまり、キリスト教とか、教会とか、教えを人びとに伝えること。というのは、ふつうの考え方だと思います。もちろんそれはあると思いますが、だんだんと、ああ、だんだんと、そのように宣べ伝えても、受け入れる人はそんなに多くいませんし、で、うん。私たちの生き方が、信者の生き方で、どう言ったらいいかな、教えというより、キリスト教の姿を見せる。キリスト教の理解者を作る、というか、そのようなことも宣教の一部であると。で、年を取るにつれて、口で、する仕事は、もちろん、必要ですけれども、やり方が、もっと、特に日本で。もっと、力ある手段だと思います。それは、なんというか、作ることというとおかしいですね、やっぱりキリストとの関係、キリストに結ばれている、キリストとともに生きている、そういう生活が、自然に人に表れていく。そういうのは、わたしたち、神父より、シスターたちの方がずっと、うまくやって、うまく、言葉変ですが、実行していません（笑）。

　　聞き手：なるほど。

　　C：（笑）私たちよく唇、口でよく話す。えーと、日本じゃなくて、韓国に行った時、当時の管区長でした、彼は、たまたま機会があって、自分がどこかシスターの黙想会の指導から帰ってきたところ。一週間、口だけホーリーな、口先で、いっぱいホーリーなこと言ってきたって。天国に、宣教師の特別な部屋があるっていう、そこに入ると、人間の姿見えなくて、ただ、口だけで、話しているという。まあ、とにかく、喋るのはみん

な上手ですから。えっと、余談しました。

　聞き手：だから、宣教師であるという、やっぱりそういうことでしょうかね。宣教するということは、在り方？

　Ｃ：それが一番大事だと。あの、宣教師の中に、たとえば事業を建てる、運営するタレントを持つ人がいます。すばらしい人がいます。その中で、特に、とにかく、事業はやらないけれども、感心するのは、その人は、事業というより、そこに携わっている人たちへの態度、温かい、とくに病院。温かい、従業員に対して正しい態度、という。それが事業、そのものというより、成功してもね、そのような態度の方がずっと、キリスト教のために良いイメージを与える。うん。Ｎ県のＴ（という町）に、イタリア人の神父さんが、教会をやりながら、以前から、母子寮、幼稚園、そして、ちょうど隣に高等学校があって、それを、いろんな、とにかく、買って、老人ホームに変えました。その事業の、すごい能力を持っているけれども、それよりも、その人の明るい、温かい、思いやりの態度、みんなに大きな影響を与えていますね。この頃、ちょっと病気になって、東京に来ていますが。

　どれだけ口で聖なる言葉を語ったとしても、人柄の影響に勝るものはない。「教えというよりも、キリスト教の姿を見せる」。キリスト教が人びとに伝わるのは、口から出る言葉ではなく、全人格を通してであると言っている。

　日本で長年、施設の運営に携わった経験を持つ宣教師Ｍは、40年間の歩みを三つの段階によって語っている。

　　聞き手：日本で、神父さまの信仰にとって、信仰するということにおいて、日本に来られたことは、今の信仰に、なくてはならなかったことでしょうか？　そのままカナダにいたらどうだったでしょうか？

　　Ｍ：変わって来た。明らかに。向こうはキリスト教の国と、言えました。今は、言えない、雰囲気として。第一に、40年の間、ステップがあった。（日本には）信者じゃないのに、すばらしい生き方、すばらしい価値観を持っている人たちがいる、これが第一の印象。信仰を持っている私は、いばってはいけない。信仰は、神さまの恵み。けれども、まだ教会

のメンバーではないが、この人たちの心に、神さまは存在している。頭ではなくて、出会いを通して感じた。それが第一。次は、違う文化、違う生き方、違う社会の仕組みの中に、生きていて、その社会、文化、何千年の伝統を重ねて、今まで、来ました。今も、神は、働いていますが、何千年の間、その人たちを、神は、導いてくれた。公会議の、他宗教との対話。どの宗教でもある意味で、神さまが、存在している、働きかけている。頭じゃなくて、実際に出会いを通して、分かった。これが、第二のステップ。第三と言えば、今まで、とっても大事なことだったと思っていたけれども、実際に、人びとの生き方を見て、他の大事なこともあると。すなわち、ターシャさんも言ったように、Let's put thing into perspective, 全体像の中に、教会、信仰、見ましょうということです（笑）。どうしても学生時代、神学生とか、若い司祭の時、信仰は理屈のこと。けれど、ますます、今、70歳。信仰は、頭ばかりでなく、こういうふうに身についたものじゃなければ。議論とか、必要でしょう。まず、第一、こういうふうに身についたものにならないと、福音宣教になりません（笑）と思います。質問に対して答えていないでしょう（笑）？　今、この状況ですね。もう一つ、信仰は、個人、もちろん、個人の場面ですが、共同体で、深めること、分かち合う事、互いに、あるいは、他の人たちから教育される、それこそ共同体のこと、信仰は、そうでないと、ほんとに、神さまは、交わりでしょ？　父と子と聖霊。交わりと言ったら、まず。私たちは司祭、司祭たちとして、交わり、司祭同士で、じゃないと、なんで、えらい説教できますか？　いいことしゃべるかもしれないけれども、みんな信じませんよ。

　デイヴィッド・ボッシュは、宣教のポストモダン・パラダイムを模索する上で、時代の変化を見極める喚起となるものとして、《悔い改め》を挙げている。

　悔い改めがまず始まるとすれば、宣教する教会は今までに直面したことがまったくない根本的に異なった世界に今日直面していることを大胆に認めるところから始めなければならない。このような理解そのものが、すでに宣教の新しい理解へと招いている。われわれは変化の時代に住んでいる。その変化の時代とは、すでに満足できないパラダイ

第 6 節　回心の道を物語る

ムと、まだ、大部分無定型ではっきりしないパラダイムの間にある
ボーダーライン上の時代と言える[272]。

　日本で働く外国人宣教師は、この曖昧な変化の状態にある二つのパラダ
イムの間に位置し、彼らのうちに起こる何らかの《気づき》を感受してい
る。《回心》《悔い改め》という信仰者が歩む一つの成長のプロセスを彼ら
も同じように通っている。祖国から日本へと地理的な環境変化のみなら
ず、グローバルに移動可能な現代にあって、彼らが世界的な次元での大き
な時代の変化をも感受しているのであれば、わたしたちはもっと、彼らの
証言に聞き、学び取っていけるものがあるだろう。そのためには、真のコ
ミュニケーション言語、真の対話によって、キリスト者の証言を打ち立て
ていく語法を精錬していく努力が必要である。表面的に流される《会話》
では、宣教師たちが皆のうちの一人のキリスト者として、自分たちの召命
に忠実に応え、苦しみながらも、この世の時間を継続して、イエス・キリ
ストに従ってきた真の意味を聞き取ることはできないだろう。また、《宣
教師》という肩書きからくる先入観に阻まれることもあるであろう。
　《変わっていくもの》と《変わらないもの》の間の識別を、わたしたち
は常に求められているが、痛み苦しみながら、揺さぶられながら、《変
わっていくもの》を認めていくことから始めなければ、真に《変わらない
もの》を知ることはできないであろう。《変わっていくもの》を、親しみ
のある愛を持って心から認めることは、過去への情的な回顧の傾向のある
者にとって、あるいは、刹那的に流されて生きる者にとって、簡単にでき
ることではない。しかし、《変わっていくもの》は、メッツの主張した《世
の異質性》なのであり、それを赦し、受け容れるという徹底した《受容事
実》のうちにあって、神と人との関係を媒介する《現実》なのである[273]。
神の自己啓示はこの現実の中にあって、わたしたちの判断を導いていく。
　新しい様相へと絶えず変化する《変わっていくもの》の次元を、キリス
ト者は、《変わらないもの》を知っているがゆえに、意識せざるを得ない。

---

[272] デイヴィッド・ボッシュ『宣教のパラダイム転換（下）──啓蒙主義から 21 世紀に
向けて』東京ミッション研究所訳（新教出版社、2001 年）、p. 192。
[273] 本書第 2 章第 2 節「啓示──プラクシスが現れるところ」参照。

世の全てが神の啓示を媒介する良いものであるならば、もちろん過ぎ去る過去もけっして悪いものではないであろう。しかし、《変わっていくもの》への愛着から自由になって、《変わらないもの》へと向かうように導かれているのである。だから、キリスト者には、《変わらないもの》へと向かい続ける友の回心の声が与えられている。その声と共に自らも苦しみながら声をあげ、歩み続けることができる。宣教師の回心の声、つまり、彼らの《回心の物語》は、キリスト者にとっての《回心の物語》として、共有されて良いものであり、それは直ちに、また反射的に、《イエス・キリストの記憶》を証しすることになる。

3. 神と民との仲介となる人

《回心の物語》を語るキリスト者は自分の身体性によって歴史的現存に生きる。イエス・キリストが示した福音を生きる活動と神と一致するよう祈りに従事するために、キリスト者の身体は《神の神殿》とまで言われるほどの重要性を有す。

証言を語ってくれた宣教師たちも一人一人、身体性を通して生きる。彼らは生涯を通し、その身体で人びとと出会い、その身体で人びとを励まし、その身体で、神と民との媒介となるよう祈ってきたであろう。宣教師たちにとっての《祈る》という行為はなくてはならないものだろう。知らないうちに、空気を吸うように、祈りの息吹を吸っているかもしれない。

ある日、調査のためのインタビューの始まる前、ごく自然に、ある宣教師は、「あ、もう祈りましたか」と、十字のしるしを切りはじめ、二人で苦笑する場面があった。筆者は、その様子に、これまで人びとと出会う時には必ず、神の介入を祈ってきたのであろうその人の姿を見た。

最後に紹介する宣教師Bの証言には、身体性に深く刻まれた宗教的次元の問題が含まれている。祈りのかたちや、祈る方法というものは、長い年月を伴って、人びとの身体性に染み込んでいくものであろう。宣教師Bは、日本のため、日本人のために祈る者でありたいと深く望んでいる。神官の祈る姿を見つめる宣教師の真剣な眼差しが、この証言から浮び上ってくる。

第6節　回心の道を物語る　　　219

（ガブリエル・マルセルが日本に来日した時の話）

　　B：ガブリエル・マルセルはクリスチャンでありながら、日本人はみん
なクリスチャンになるのはまず不可能です、現実的にはね、不可能です
（と言った）。色んな政治、文化から見れば。でもまた、神さまの側から見
ても、みんな今、今世紀に、今世紀中にクリスチャンにしなければいけな
いと（いうのは）神さまの考えじゃないみたい（と分かって）、私は、
ショックを受けたんですよ。じゃあ、わたしたちが、日本に、なんで来た
んですか？　ね？　私はいらないんでしょ？　いらないでしょ？　日本人
をクリスチャンにするために来たのに、日本人がクリスチャンにならなく
てもいいというような話。じゃ、用はない（笑）？
　　聞き手：そのあたり、どういうふうに、ここまで……。
　　B：（笑）そうですね。それは問題ですね。どうして、じゃ、日本にと
どまった（笑）？　ま、だんだんとね、考え方が変わっていくわけですよ。
で、つまり、それは初めの頃からですけれど、日本人と、一緒に、クリス
チャンであれば、この、クリスチャンもいますから、他の人はクリスチャ
ンじゃないけれども、日曜日、5人でも10人でも、あるいは、多いとこ
ろでは、まぁ、何百人も集まる。私の村のミサと同じように、日本語で、
みんな神を賛美する、神を讃える。その信仰によって一つになる、などの
幸せを、日本でも経験できる。クリスチャンとしてね。（沈黙）じゃあ、
外にいる人はだめ？　というか、それもだんだんとね、彼らも、それなり
の幸せがあると。たとえ無神論者でも、あるいは、仏教徒でも、神道で
も、神社の氏子でも、その他の宗教の人でもそれぞれの恵み、受けるで
しょ？　現代は、はっきりと他の宗教にも聖霊の働きが見えると。で、
まぁ、公会議の前後から、わたしたちも勉強させられた、でしょ。で、日
本のような国で、非常にはっきりするわけですよ。現代の宗教でやはり、
仏教はどうか分かりませんが、神道。神道は、この頃、うん、なんと言う
んですか、人びとの生活と密接していて、色んな場合、村おこしのために
も、やはり神道の神主さんに来てもらって、色んな儀式を行う。それは、
いつかなくなると、希望していたんですよ。戦後も、日本の神さまはダメ
と……と、日本人が思ったでしょ。アメリカに負けたんですから。私も、
やはり神道はだめ、だんだんと消えていくでしょ……。

220　　第3章　証言の中で啓示を聞く

聞き手：……と思っていた。

Ｂ：……と思っていたんですよ。だから、それを希望していたわけです
よ。仲間の中にももう、はっきりとね、神社はいつかなくなるという人も
いたんですよ。ところが、逆ですよ。現代ですね。それは、日本の経済が
良くなったとか、もちろん、余裕ができたという、日本が本当に平和、楽
になって、伝統的な宗教を大切にするようになったのは、私は、今、良
かったと思う。(沈黙)だって、あの、神主さんの姿、を見てね、私は羨
ましいと思うときがあるくらいですよ。(沈黙)たとえばですね、平和の
ためにね、神道、仏教、キリスト教から集まる中で、仏教では、たとえ
ば、天台宗のお坊さんたちが来る、浄土宗のお坊さんたちが来る。禅宗の
お坊さんたちが来る時にね、あるいは立正佼成会の方がくるとかね。天理
教も一緒になる。それから、イスラム教徒も来る、ユダヤ教徒も来る、そ
ういう集まりをＴ(都市名)では熱心にやっているかどうか知りません
けれども、私たちの教区、特に、Ｕ(別の都市名)方面では、何年間も続
いたんですよ。あるときにね、こういうことがあったんです。ホール、カ
トリック教会のホールにみんな集まって、つまり、代表というか、聖職者
が一番奥に、輪になっているんです。真ん中に大きなろうそくがあって、
それに火を灯すんです。集まっている人、代表者の中にカトリックの司教
がいて、神父がいて、聖公会の司祭とか、プロテスタントとか、教会の牧
師、それからお坊さんたちは、もちろん衣を着て、時によって、Ｔ(都市
名)というところでしたけれど、天台宗、禅宗と揃ってくるんですよ。そ
れからイスラム教徒はね、十何人かで来て、それから、神主さんは一人。
真っ白な祭服で、烏帽子ですか、フルートを持っているんですよね。で、
祈りが、始まるんです。最初は、イスラム教徒どうぞ、と。彼らは、メッ
カに向かって、私たちに大きなお尻を向けて、大きなおじぎをするわけで
すよ。彼らは歌というか、祈りは素晴らしいです。今は、高い声で歌うの
は良かったんですよ。ご存知ですね。それから、次は、浄土宗でした。浄
土宗でしょ、浄土はどこにある？

聞き手：西。

Ｂ：じゃ、メッカと同じ。

聞き手：(笑)

Ｂ：でしょ？　イスラム教徒はメッカに向かうときには西に向かうわ

第6節　回心の道を物語る　　　221

け、浄土宗も西に向かうわけ。その次、神主さんは、どこに向かう？
（沈黙）

　聞き手：どこに向かったんですかね……。

　Ｂ：それはね、もちろん、立っているんですけれど、じゃ、私は光に向
かって祈ると。（沈黙）ね、それはまぁ、驚きではなかったけれどもね、
忘れられない。その言葉がね、光に向かって。光に向かって祈る、ですか
ら、まぁ、そこにろうそくがあったから、ろうそくに向かったんですけれ
どもね、外だったら太陽だったでしょう。夜だったらお月さまに向かった
かもしれません。でも、光、というのがね。彼にとって（光が）何だった
のか、それは分かりません。光はね。祝詞を唱えるでしょ。わけの分から
ないね、でもね、その集まりのために、彼が考えて、お書きになった歌詞
ではないけれども、分かりやすい平和のための祈りをしたんです。祝詞と
して。祝詞のように唱えます。その中で笛も吹いたりするわけですよ。い
や、その神道の祈り方。やっぱりね、私から見れば、美しいというか、す
ごい、ですね。わたしたちがアルバを着て、ストラをして、時にはみっと
もないかっこうで。今は、日本語ですけれどもね、棒読みで、なにか祈り
を唱えている。（沈黙）カトリックの多くの場合、ミサ、ほんとうにね。
恥ずかしいですよ。Je suis honteux…（笑）恥ずかしい。ほんとうです
よ。神道、どこでも、そうかは知らないけれども。ま、テレビで見ている
と、神主の姿、やり方は、丁寧といいますか、美しいといいますか。何
か、やっぱり心が、そこにあるわけですよね。仏教となると、ま、ご存知
のとおり、すごい世界でしょ。ですから、わたしたちがね、本当に学ばな
ければならない。それから、例えば平和のための祈り、彼らは、ただ儀式
的にやっているんではない。わたしたちも形式的ではないかもしれない。
牧師とか、信徒の、キリスト教の信者たちも歌を歌ったりして、聖書朗読
を聴いたりするでしょ、カトリックの人たちも司教の説教があったり、な
んですか、歌ですね、特に、Ｓさんのやさしい歌、平和のための、キリス
トの平和……はい、それをみんなでイスラム教徒もみんなで歌うんです
よ。それは、現代の教会の一面ですよ。現代の教会、そうね。

　聞き手：神父様の、このような変化ですよね。

　Ｂ：うん。

　聞き手：この60年間の中で大きな変化。神父さまご自身のイエスとの

……。

　Ｂ：イエスとの関係。それも恥ずかしいですね。あまりないみたい（笑）。いえいえ。イエスがいて、私たちが、そういう変化、でしょ？　イエスと、イエスさまが私たちに送る聖霊がいなければ、私はまだ、昔のような、先入観のままだったと思いますよね。もし変わったとするならば良い意味で。悪い意味もあるかもしれない。良い意味で変わったとするならば、聖霊の働きでしょ。自分では聞いたり、見たりするだけでしょ。案外（笑）、大したことはないですよ（笑）。ほんとうにね、だって、あなたに、そういうことを言う、必要ないですね。わたしたちが来る前に、もう聖霊がとっくに、釈迦の時代から、釈迦の時代より前から働いているでしょ、人間の中で。ねぇ、わたしたちが今、少し、結果が、わたしたちに言えるようになったかもしれません。（沈黙）そう、もう一つ、大切なこと。宣教師としてね、わたしたちが、イエス・キリストを伝えると、ま、思っていたでしょ、日本に来てね、まず日本の国の、日本列島と言いますが、山も、川も、海も、見ただけで、神さまを讃えることはできるでしょう。日本人も讃えてきたと思います、それぞれの心で、やり方で。日本人ですね、きれいな日本列島に住んでいる日本人のためにも、神を讃える、ということをだんだんと分かった、というか（笑）。忘れたりしているんですけれども、これは、宣教師のある意味では、第一の務めですよ。イエス・キリストを伝えるという前に、日本人、日本という国のために、あの、神に感謝する、神を賛美する。そして、日本人の賛美、感謝も見る。

　わたしたちはこの話を聞いて、神官が一人祈る姿に見入っているもう一人の宣教師の姿を思い浮かべることができる。もし、この二人の情景をキャンバスに描くことが許されるならば、二人の間に深い淵を描き、その淵を隔てても、二人は一心にひとつの心で祈っているという絵を描くかもしれない。あるいは、二人の間にある深い淵に、今まさに、橋をかけようとしている《神のみ手》を描くかもしれない。この語り手の深く情的な思いに溢れた証言から、映像をみるようにこの情景を想像することができる。

　この証言から分かるのは、Ｂが、日本文化に根ざした神官の祈りの行為に強い憧憬の念を抱き、祈りの心を感受しているということである。彼自

第6節　回心の道を物語る　　　223

身は、宣教師として、日本人のため、日本という国のために、神に、感謝
すること、また、日本人が神を賛美し、感謝を捧げる姿をも見届けること
に役割があると考えている。要するに、彼は、この国で、自分が神と民と
の間に立って、仲介者としての役割を果たすという認識を強く持っている
人なのである。

　宣教師は、身体に最も近い次元として宗教言語の最小単位とも言える幼
い頃から身につけてきた自分の《祈りの所作》を、《日本という一つの環
境》、また、《日本人という（ある意味での）共同体》においては、ほとん
ど機能させることができないと感じていたのである。彼は、神と民との間
にあって、真摯にこの国で祈ろうとすることに、何かしらの違和感を感じ
ていた。つまり、人間経験の基底において、神の経験を《物語る主体》と
して、一人の人間として、一つの共同体からもう一つの共同体へと統合さ
れるプロセスにおいて、彼の身体は、新しい局面を迎えていたのである。
　ここで、キリスト者の証言の問題にとって、言葉によって表明されるこ
とはない《証言》の身体性の次元の新しい問いが浮上する。自分の身体性
を通してしか、信仰の受肉は行われない。キリスト教信仰が、真に日本の
文化において根ざしていくためには、このような宗教的言語の下位に存す
る祈りの語法（ランガージュ）にまで降りて行き、探究することが求めら
れている。
　ミッシェル・ド・セルトーは、『信じる脆さ』という著書の中で、祈り
の身体性について言及している。

　　祈りは、まるで木のように、その動作の絡みあう網状の中にあって、
　　そのすべての事象によって、神との対話を行う。身体は、神聖なも
　　の、聖別されたさまざまなものとともに、儀式を象徴する。それらさ
　　まざまなものは「象徴的なもの」、ミクロコスモスという媒介、動作
　　のメタファー。神秘の秩序によって組まれた果てしないパズルの中
　　に、この身体の着生は行われる。それは、祈りの人に、場所としての
　　神秘の、つまり、ある一地点のうちにあるという場所を与えるという
　　ことである。その場所こそ、それぞれの祈りの《中心点》[274]。

---

[274] Michel de Certeau, *La faiblesse de croire* (Seuil, 1987), p. 38.

宣教師たちの証言を聞くということは、彼らが、キリスト者として、異邦人の間で生きた経験を聞くことでもある。異邦人たちの宗教経験の中で、キリスト教固有の祈りの経験を、彼らはどのように行ってきたのだろうか。この主題だけを取り上げ、さらに探究する可能性も開かれている。宣教師たちの証言を聞くということは、まさしく、彼らが神と民との間で、仲介者となって祈り続けてきたその経験を聞くことなのである。

終　章　　結　論

　本論文を終えるにあたり、ここまで見てきた内容についてサマリーのか
たちでまとめてみたい。

　まず、キリスト教成立の発端にある証言、聖書に書き記された様々な言
葉は、ヘレニズムとヘブライズムの両文化圏にあった固有の語法を身にま
とったかたちで表明されていた。第1章で見たように、時代的、地理的に
限定される語法にもかかわらず、キリスト者の証言の根本的な動機には第
一世代の復活と呼ばれる信仰体験があった。当時、キリスト者の証言が、
「（信仰の）告白――（業の）物語（態度表明）」の間で揺れ動きながらも、
終末論的な神との出会いという契機において宣言することにより、第二世
代に第一世代の信仰を引き継ぐことができたのである。《ディダケー（教
え）》の語法を適用し始めたのもキリスト者の証言を守るための知恵で
あった。

　次に、中世からルネサンスへの移行期における《キリスト者の証言》を
支えた根本的な動機は何であったか、その根拠をジェルソンの提唱した
《De mystica theologia pratica》に求めて考察を試みた。西方キリスト教
圏において大きな変動期に直面したジェルソンは、キリスト教信仰の歴史
の底流に脈々と流れていた《情動的神学》の伝統に対して再解釈を行い、
その結果、信仰教育の復興の鍵は人間経験の内省にあるとした。キリスト
教神学が大学という非常に限られた組織内で議論される論証の学に留まる
傾向にあって、ジェルソンが民衆の生きた日常の問題としてその意義を投
げかけ拡げた功績は大きい。宗教改革、それに対する対抗宗教改革といっ
た西洋圏におけるキリスト教信仰の混迷期の中でも、ジェルソンの主張す
る《観想》の精神は修道院文化を仲介し、世俗文化との融合を果たしつ
つ、ルネサンス・キリスト教ヒューマニズムの潮流に乗り、キリスト教自
由思想家による自由な証言に向かって開花したのである。

　これらは異なる二つの時代に起こったものであったが、両者には《人間
経験に根ざした証言》を起動させたという共通点がある。ここで徹底して

ペルソナの見地に立つならば、《身をもって知った》《生きられたもの》と
して経験されたペルソナの宗教経験は経験基盤的レベルにおいて、内省が
行われるというあり方で、神と人間との関係を顕示させるのだとムルーは
述べている。たとえ時代を経ても、人間が経験を内省するという方法で神
の啓示を受容し、啓示の経験を表明するというキリスト者の証言のあり方
が浮かび上がってくる。ムルーに代表されるようなペルソナを中心的主題
に据えた神学的潮流は、現代、実存主義哲学者リクールらからの解釈学的
神学への貢献により、人間主体の問題の解明を可能とさせ、人間経験に根
ざした神学的営為の探究を推し進めるための基礎となっていった。

　第2章では、解釈学的神学の中心的論点を概観しつつ、解釈学的神学に
はすでに人間経験と証言の問題、中でも特に、《語り性（la narration）》
という潜在的な概念が含意されているということを明示した。そして、人
間経験のうちに神の啓示が現れるという場合、この語り性によって、啓示
と経験が媒介されるという仕組みについて、《啓示の語り性》と《経験の
語り性》という両方の側面から分析を試みた。その結果、語り性の果たす
機能は、一方では、神的真理を保持すると主張しながら固定的言説と化し
ていく書き記された啓示において、生きた人間経験を回復させ、また、他方
では、時間の経過とともに忘れ去られるリスクにあるわたしたちの経験が、
神的真理を受容するという威力を再興させるものであることがわかった。

　経験なしの啓示はない、という帰結が導き出されたことで、徹底して、
《人間経験のうちにこそ超越がある》と主張する解釈学的神学の思想的背
景を理解することが可能となった。スキレベークス、メッツの提唱した実
践基礎神学という領域において、終始一貫して、啓示の中核には、《人間の
行為》すなわち、《プラクシス》というキリスト者の生きた信仰実践の場
が措定されていることも、《キリスト者の証言》が神の自己啓示を受容す
る《プラクシス》という意味内容を包含するものとして理解を可能とした。

　第二バチカン公会議において発布されたデイ・ヴェルブムは、神と人間
とを媒介し、両者をつなぐコミュニケーションの言語としての啓示が《伝
達》の要であることを述べている。デイ・ヴェルブムは終始一貫して、神
の自己啓示が人間経験の中に、また、人間のコミュニケーションの内に顕
示されるものであると主張している。

　以上、キリスト者の証言が、キリスト教成立の発端から、長い年月を経

終　章　227

ても、常に、人間の生きた経験において、いのちの通った循環を行うために必要不可欠な働きであったということを、歴史的に、また、神学的な応答として概観した。

　第3章の目的は、現代を生きるキリスト者がどのような意味でイエス・キリストの伝承を担う証言を行うのかを検証するということであった。この検証を進めるためには、まず、キリスト者の証言が形成されるとはどういうことなのか、その場所はどこにあるのかという前提についての再検討が必要であった。この再検討のためにリクールの《物語的自己同一性》と、証言の形象化を巡っての三つの《ミメーシス》理論、すなわち、《ミメーシス・アーチ》を参考にした。ここで理解したことは、《語り》の根底にはアプリオリに共同体性が存在しているということであった。《キリスト者の証言》の考察においても、もしわたしたちが共同体性に注目するなら、《キリスト者の証言》はモノローグではけっして形成することができないということになる。要するに、物語的自己同一性の観点から見た時、ペルソナのうちにあって、《信の証言》を成立させる《あなた－わたし》という最小単位の共同体性と、三つのミメーシスを形成する《読むという行為》において、著者の記したテクストと読者の間に再構築される共同体性という、二つの共同体性の実現の両方ともが前提とならなければならない。このような共同体性に立脚した時に初めて、キリスト教固有の《筋》というものが再発見され、発見されたものが確認される道程において、キリスト者の証言が真に《わたしたちの物語》へと変容し、生成されることが可能となるのである。

　14名の外国人宣教師に向かって聞き手として対面した筆者は、リクールのミメーシス理論にしがたって彼らの口から語られる物語を一生懸命に聞いた。この理論によるならば、わたしたち、つまり、宣教師である語り手とインタビュアーである筆者は、文化を超えた前形象化の地点から一緒に出発し、続いて、筆者の読解によって、彼らの物語を自分の物語に統合形象化、すなわち、《書き換え》の作業を行い、最後に、筆者の筆によって《閉じる》という再形象化の《行程（l'itinéraire）》を通ったということになる。第3章第2節以降の宣教師の証言をもとに再構成したこの物語は、聞き手である筆者が、自分のキリスト教信仰としてすでに内面化している《筋》に導かれ、また、証言テクストの地平に拡がる信仰を読み取っ

ていった行程として記したものである。したがって、この物語は、筆者が提示するところの現代日本の《キリスト者の証言》であり、それはとりもなおさず、《わたしたちの物語》なのである。

外国人宣教師という言葉の響きには、さまざまな歴史的事象やそこから想像されるさまざまな固定イメージがすでに附着している。本書の冒頭で述べた殉教者への固定化されたイメージや、聖人に対するそれにも似ている。ポジティブなものも、ネガティブなものも両方あるだろう。いずれにしても、彼らから語られるいわゆる《お話》を聞くにあたり、外国人宣教師というレッテルからくる固定観念ぬきに、彼らの話を純粋に聴取するということは不可能に近い。また、たとえそれが同国人同士であっても事の次第は同じである。目の前で《わたし》に語りかける人が《誰であるのか》という先入観を完璧に取り払うことは非常に難しいであろう。しかし、もし、ただ単に彼らの話は外国から来た人のお話とだけ聞いていたらどうだろうか。あるいは、自分とは関係ない他人の話として聞いていたらどうだろう。おそらく誰も洗礼を受けることはなかったであろうし、また、キリスト教は日本に根づかなかったであろう。けれども、実際に数は少ないが日本にもキリスト教信仰に帰依し、信者として生活している人びとは存在する。外国人宣教師をはじめ、他人の話を自分の問題に組み入れ、統合し、理解し、そうすることを通して《わたしたちの物語》としてキリスト教を享受し、自分のものとした。だから、キリスト者になったのである。つまり、キリスト者の証言は外国人宣教師と日本人の間にこれまでもずっと隠れたかたちで存在していたということが分かる。キリスト者の証言は、語られ、聞くという事様に止まるものではない。語られ、聞くことを介して、その時、その時の瞬間に再形象、すなわち、新たに創造されていた。そのようにして、キリスト者の証言が連綿と紡がれ続けているのである。

このように考えるならば、キリスト者の存在の独自性はその発端から普遍性にあるということは明らかである。この世に存在するが、この世から自由である。この生き方を実践する姿は初期の頃から認められている。

　　彼らは、めいめいくじで定められた通り、ギリシアの都市にも外国の都市にも住み、着物の点でも、食物の点でも、それ以外の生活様式

の点でも、その土地の習慣に従ってはいるが、しかし驚くべき、そして全くのところ奇妙な性格の生き方を示している。彼らは自分自身の母国に住んでいるが、しかし、それは寄留者のようにである。市民のようにすべてのことにあずかるが、しかし外国人のようにすべてを耐え忍んでいる。異郷はすべて彼らの故郷であり、故郷はすべて異郷である[275]。

　異郷はすべて彼らの故郷であり、故郷はすべて異郷である。
　現代の日本に生きるわたしたち日本人キリスト者も、実に、このような存在である。あるいは、このような存在として世にさらされながら、それに対して無自覚になっているのかもしれない。さらには、ひとたびそういった存在の在りように気づくなら自分の境遇に恐れをなして棄教してしまうかもしれない。しかし、異郷を自らの故郷のように愛してやまない外国人宣教師の苦悶の人生に触れ、キリスト者がそのようにして神の愛へと近づいて行こうとする姿がどのようなものであるかを知り、そうすることで、《わたし》も、自分が故郷と思い込んでいたこの地が実は異郷であり、ほんとうの故郷を目指して歩き続ける神の民の一員だと分かることになる。《わたし》と《あなた》が紡ぐ《わたしたちの物語》は創造し続けなければならないと同時に、否応がなしに、創造し続けられているのである。神の愛の働きのゆえに。
　最初に提示した問い、すなわち、「キリスト者の証言が、キリスト教成立の発端から今日に至るまで、常に、イエス・キリストの伝承を担い、キリスト教信仰の要であったということを、どのようにして証明できるのだろうか」という問いに対して、本書を通して、以上のまとめをもって答えとしたい。キリスト教が辿ってきた歴史的概観を通して、また、神学的主題の検討からもある程度、わたしたちはキリスト者の証言が信仰の要であることは理解できた。しかし、特に、宣教師の証言を扱った後、以上のまとめからも浮かび上がってくる一つのはじめの問いに対する重大な疑問点がある。それは、キリスト者の証言が、イエス・キリストの伝承を担い、

---

[275] 佐竹明訳「ディオグネートスへの手紙」荒井献編『使徒教父文書』（講談社、1974年）p. 267.

キリスト教信仰の要であるということを、証言を行う主体自身では、証明することが出来ないという点である。本研究を通して深く実感し、強く驚愕したことは、証言を語る者には証言を聞く他者が必ず存在するということである。要するに、キリスト者が真に証言しているということを真に証明できるのは他者の存在であるということなのである。

　キリスト者の証言という主題において今後の研究を展開する際に、キリスト者と他者性の問題点を改めて探究していかなければならない。イエス・キリストも自分を自分で証明することはできなかったのである。新約聖書に述べられているイエスの出来事のすべては、他者の筆によって綴られたものである。現代を生きるキリスト者はどうなのであろうか。わたしたちも自分の生き方を自分で証明することはできない。キリスト者としての生き方を証明するために信仰の実践を行うものではなく、神の愛の働きがこの世に実現するのを目指しているのがキリスト者の使命であろう。

　その上で注目すべきは、今回の外国人宣教師たちのインタビューの中に多く現れる《日本における非キリスト者たちの素晴らしい生き方》への賞賛である。彼らは来日し、日本人の生き方に触れながら、自分自身の信仰の現実、あるいは、祖国のいわゆるキリスト教といわれる習慣、キリスト教徒と自負する人びとに対して疑念を持った。多くの宣教師がそのことについて言及している。しかも、そのことで自問自答し悩んだという。この事実はすなわち、『教会憲章』の 16 番で述べられているところの普遍的救済の問題を孕んでいる。

　　　神はすべての人にいのちと息といっさいのものを与え、また救い主はすべての人が救われることを望んでいるからである。実際、本人の落ち度がないままに、キリストの福音ならびにその教会を知らないとはいえ、誠実な心をもって神を探し求め、また良心の命令を通して認められる神のみ心を、恵みの働きのもとに行動によって実践しようと努めている人々は、永遠の救いに達することができる[276]。

　今回インタビューした宣教師たちは、1960 年前後のカトリック教会の

---

[276] 『教会憲章』16『第二バチカン公会議公文書、改訂公式訳』p. 146 参照。

動き、すなわち、第二バチカン公会議での信仰理解の刷新について程度の差はあれ、認識していたにちがいない。日本において人びととの出会いの中での彼らの実際の司牧現場経験が公会議文書に反映されていたという時、自分自身に向き合い、さまざまな内的葛藤や混乱を経ながらもイエス・キリストへの追従するプロセスにおいて、その時期独特なある種の転換が起こっていたとも考えられる。この転換はインカルチュレーションとの関連でさらなる研究に発展していくものと考えている。

　本書の最初に提示した問いへのまとめは以上の通りである。最後に、この研究を通して副次的に引き出されたインカルチュレーションの問題を一言述べ、今後の研究課題としたい。
　外国人宣教師のインタビューを通して、副次的に引き出されたもの、しかし、非常に重要な要素として、インカルチュレーションに関する問題がある。
　J. スィンゲドーはインカルチュレーションの段階は本質上つねに過程であり、それは段階として区別することができるとし、三つの段階で示している。
　第一段階は、特定の文化の担い手が異なった文化の担い手に福音宣教を行う。第二段階では、インカルチュレーションそのものが行われ、福音を受け入れた人間、とりわけ共同体が自分の文化形態のうちに自分の信仰を表現し始める。しかし、インカルチュレーションはここに止まらず、第三段階として、次のような過程を通ると述べられる。

　　第三段階は再び文化と文化との出会いであるが、先の受容者が今度は伝達者になる。（中略）特に第三の場合は、新しく入信した信仰者が信仰と自己の文化との対話をまだ充分に行っていない可能性、あるいは逆に、自己の文化を過剰に意識するため第一段階と同様に、福音宣教活動において文化形態の役割を重要視しすぎる可能性も考えられる[277]。

---

[277] 新カトリック大事典編纂委員会編『新カトリック大事典』第 1 巻（初版）、「インカルチュレーション」の項（研究社、1996 年）、pp. 533-535。

232 終　章

　この三つの段階を、今回インタビューした外国人宣教師を例に考えるな
ら、まず、第一段階では、戦後、自分の文化を身にまとって日本に来日し
た宣教師たちの苦労を想像することができる。この場合、福音宣教を行う
外国人宣教師を《他者＝あなた》とするなら、福音を受け容れる日本人を
《主体＝わたし》とすることができるだろう。宣教師の証言の中には、日
本での生活の苦労、生きていくうえでの様々なぎこちなさの経験、恥ずか
しい思いもしながら、彼ら、すなわち《他者＝あなた》は、苦しみを通る
ことをイエスの十字架として受けがっていたことが語られていた。
　次に、第二段階として、福音を受け容れた日本人が、自分の文化形態の
うちに自分の信仰を表現し始めるということであるから、福音を受け入れ
た《主体＝わたし》は、自分の文化形態を内省し、受け入れた福音を自分
の表現で証しし始めるという行為が必要となるであろう。スィンゲドーの
提示するインカルチュレーションこの第二段階においては、福音宣教を
行った外国人宣教師の存在がすでに消えてしまっている。福音を受け容れ
た日本人が《主体＝わたし》として、自分自身の日常生活の経験におい
て、《他者＝あなた》としてのイエス・キリスト、あるいは《絶対他者》
としての神の存在を受け入れていく過程がこの段階であるとも考えられよ
う。
　さらに、第三段階であるが、今度は福音を受け容れた日本人が、この日
本において福音の伝達者となる過程が記されている。ここで慎重に考えな
ければならないことがある。第一段階で、福音を受け容れた《主体＝わた
し》が、この第三段階において、福音宣教を行う者、つまり、伝達者と成
るというのであれば、コミュニケーション、あるいは、対話の原則とし
て、他者が必要である。つまり、逆を言えば、ここでは、これから福音を
受け容れる未知の人びと、他の日本人《新しい主体＝わたし》に対して、
第一段階で福音を受け容れた日本人が、真の《他者＝あなた》としての存
在に変容しているかどうかが問題となるのである。福音宣教を行う、福音
を受け容れるというコミュニケーションは、《あなた－わたし》の関係性
において初めて行われるものであろう。ペルソナとペルソナの出会い、そ
の対話なしに、《わたし－あなた》の関係なしではコミュニケーションは
不可能である。そのような関係がないなら、福音宣教は非常に抽象的な、
人間性の見えないものと化してしまうだろう。

終　章　　　233

　インカルチュレーションの三段階は、スィンゲドーも「三つの段階はある意味で同時に起こる」と指摘しているように、単に、時系列では説明できない。したがって、本研究において行ったような質的研究に則ったインタビューなどを用い、フィールドワーク研究を補完することで、示された一つ一つの段階の隙間に、さらなる微細なコミュニケーションの段階を構築することが可能となるであろう。たとえば、先ほど筆者が指摘した、第二段階において外国人宣教師の存在が消えてしまう問題であるが、この場合、外国人宣教師に対して、文化の担い手として第一段階の宣教を経て、第二段階へ移行した時、彼ら自身が異文化において再福音化を要する《主体＝わたし》という観点から、今度は、宣教師自身の問題として見ていくことも可能であろう。キリスト教的文化の土壌ではない日本において、キリスト教的文化の国から来たとされる宣教師たちのキリスト者としての内的変容の過程を辿っていくことは、かつて、キリスト教国だった国々のキリスト教離れという状況に対して、《逆輸入》として、新しい福音的メッセージを彼らの祖国にもたらすことができるのではないだろうか

　このような繊細なアプローチによって、一つ一つの段階の内部にあるコミュニケーションの様態を調べていくなら、福音を受け容れた日本人がこれからどのようにして福音宣教を行う者、福音を伝達する者と成っていくことができるか、その未来への展望において、実践的な方法論、あるいは、キリスト者の養成の在り方への何らかのアイデアを提供することも可能となるのではないかと考える。

参 考 文 献

聖書、教会文書、辞典

『聖書』新共同訳、日本聖書協会、1993 年。

『新約聖書 III：ヨハネ文書』小林稔他訳、岩波書店、1995 年。

Nestle-Aland, *Novum Testamentum Graece*, Deutsche Bibelgesellschaft, 1995.

MILAVEC, Aaron, *The Didache, Text, Translation, Analysis, and Commentary*, Liturgical Press, 2003.「十二使徒の教訓」佐竹明訳、荒井献編『使徒教父文書』講談社、1974 年。

『第二バチカン公会議公文書 改訂公式訳』、カトリック中央協議会、2013 年。

Vatican II: L'intégrale, Edition bilingue révisée, Introduction de Christophe THOBALD s. j., Bayard, 2002.

La révélation divine: Tome I, Tome II, Constitution dogmatique《Dei Verbum》, Texte Latin, et traduction française par J.-P. Torrell, Commentaires par B. D. Dupuy etc., Cerf, 1968.

デンツィンガー・シェーンメッツァー『カトリック教会文書資料集——信仰及び信仰と道徳に関する定義集 改訂版』A.ジンマーマン監修、浜寛五郎訳、エンデルレ書店、1988 年。

『カトリック教会のカテキズム（1992 年）』カトリック中央協議会、2002 年。

教皇パウロ六世『使徒的勧告 福音宣教』カトリック中央協議会、1975 年。

宣教司教委員会『基本方針シリーズ——宣教へのてびき』カトリック中央協議会、1986 年。

宣教司教委員会『基本方針シリーズ——宣教への招き』カトリック中央協議会、1986 年。

福音宣教推進全国会議資料『社会に福音を』カトリック中央協議会、1986 年。

日本カトリック司教団『ともに喜びをもって生きよう——第一回福音宣教推進全国会議にこたえて』カトリック中央協議会、1988 年。

第一回福音宣教推進全国会議事務局『開かれた教会をめざして——第一回福音宣教推進会議(NICE-1)公式記録集』カトリック中央協議会、1989 年。

第二回福音宣教推進全国会議事務局『神のみ旨に基づく家庭を育てるために

───家族の現実から福音宣教のあり方を探る───第二回福音宣教推進全国会議(NICE-2)公式記録集』カトリック中央協議会、1994年。

制度を考えるチーム編『明日に開く───開かれた教会づくりをめざして───第一回福音宣教推進全国会議を受けて』カトリック中央協議会、1995年。

カトリック大阪大司教区、新生計画実施要領作成委員会編『「新生」の明日を求めて───交わりを証しする教会』カトリック大阪大司教区、1998年。

東京大司教区特別聖年委員会編『すすむ教会───第二バチカン公会議講話集』中央出版社、1966年。

『カトペディア2004』カトペディア編集委員会編、カトリック中央協議会、2004年。

『日本カトリック司教協議会、イヤーブック2011』カトリック中央協議会出版部編、カトリック中央協議会、2011年。

新カトリック大事典編纂委員会編『新カトリック大事典』全4巻、研究社、1996-2010年。

Dictionnaire de Spiritualité, Ascétique et Mystique, Doctrine et Histoire, Beauchesne, 1991.

Dictionnaire d'Analyse du Discours, sous la direction de Patrick Charaudeau et Dominique Maingueneau, Seuil, 2002.

解釈学、方法論

BERTHIER, Nicole, *Les techniques d'enquête-Méthode et exercices corrigés*, Armand Colin, Paris, 1998. ダニエル・ベルトー『ライフストーリー───エスノ社会学的パースペクティブ』小林多寿子訳、ミネルヴァ書房、2003年。

CHARAUDEAU, Patrick, MAINGUENEAU, Dominique, *Dictionnaire d'analyse du discours,* Edition du Seuil, Paris, 2002.

CULIOLI, Antoine, *Pour une linguistique de l'énonciation. Tome 1: Opération et représentations, Tome 2: Formalisation et opérations de repérage, Tome 3: Domaine notionnel,* Ophrys, Paris, 1999.

DONEGANI, Jean-Marie, *La Liberté de Choisir, Pluralisme Religieux et Pluralisme Politique dans le Catholicisme Français Contemporain,* presses de la fondation nationale des sciences politiques, 1993.

参 考 文 献

ディルタイ『想像力と解釈学』由良哲次訳、理想社、1962 年。

ディルタイ『解釈学の成立』久野昭訳、以文社、1973 年。

フランス・ドルヌ／小林康夫『日本語の森を歩いて──フランス語から見た日本語学』講談社現代新書1800、2005 年。

N.K. デンジン『エピファニーの社会学──解釈的相互作用論の核心』関西現象学的社会学研究会編訳、マグロウヒル出版、1992 年。

E. フフナーゲル『解釈学の展開──ハイデガー、ガダマー、ハーバーマス、ペッティ、アルバート』竹田純郎他訳、以文社、1991 年。

H.G. ガダマー『真理と方法(1960 年)』(Ⅰ、Ⅱ、Ⅲ)法政大学出版局、1986 年。

アンソニー・ギデンズ『社会学の新しい方法基準──理解社会学の共感的批判』松尾精文ほか訳、而立書房、2000 年。

カルロ・ギンズブルグ『歴史を逆なでに読む』上村忠男訳、みすず書房、2003 年。

GREISCH, Jean, *Herméneutique et grammatologie,* centre d'histoire des sciences et des doctrines, Paris, 1977.

GREISCH, Jean, *L'Âge herméneutique de la raison,* Cerf, 1985.

GREISCH, Jean, NEUFELD, Karl, THEOBALD, Christoph, *La crise contemporaine-du modernisme à la crise des herméneutiques,* Beauchesne, 1973.

ヒューバート・L. ドレイファス『世界内存在──「存在と時間」における日常性の解釈学』門脇俊介監訳、産業図書、2000 年。

池上良正『悪霊と聖霊の舞台──沖縄の民衆キリスト教に見る救済世界』どうぶつ社、1991 年。

JEANROND, Werner G., *Introduction à l'herméneutique théologique: Développement et signification,* Cerf, 1995.

木下康仁『グラウンデッド・セオリー・アプローチ──質的実証研究の再生』弘文堂、1999 年。

川又俊則『ライフヒストリー研究の基礎』創風社、2002 年。

川又俊則他編『ライフヒストリーの宗教社会学──紡がれる信仰と人生』ハーベスト社、2006 年。

木田元『現象学の思想』ちくま学芸文庫、2000 年。

木田元『ハイデガーの思想』岩波新書268、1993 年。

北澤毅／古賀正義編『質的調査法を学ぶ人のために』世界思想社、2008 年。

L. L. ラングネス、G. フランク『ライフストーリー研究入門――伝記への人類学的アプローチ』米山俊直ほか訳、ミネルヴァ書房、1993 年。

MICHELAT, Guy, *Sur l'utilisation de l'entretien non directif en sociologie*, Revue française de sociologie, XVI, 1975.

MOSER, Félix, *Les croyants non pratiquants*, Labor et fides, Genève, 1999.

宮原勇『図説・現代哲学で考える＜表現・テクスト・解釈＞』丸善出版、2004 年。

溝口宏平『超越と解釈――現代解釈学の可能性のために』晃洋書房、1992 年。

M. ハイデガー『存在と時間』（上・中・下）岩波書店、1963 年。

野口裕二『物語としてのケア――ナラティブ・アプローチの世界へ』（シリーズ ケアをひらく）医学書院、2002 年。

新田義弘『現象学と解釈学』筑摩書房、2006 年。

O. ペゲラー『ハイデガーと解釈学的哲学』伊藤徹監訳、法政大学出版局、2003 年。

ケン・プラマー『セクシャル・ストーリーの時代――語りのポリティクス』小林多寿子ほか訳、新曜社、1998 年。

桜井厚『境界文化のライフストーリー』せりか書房、2005 年。

谷富夫編『新版 ライフストーリーを学ぶ人のために』世界思想社、2008 年。

渡邊二郎『構造と解釈』筑摩書房、1994 年。

やまだようこ編著『質的心理学の方法――語りをきく』新曜社、2007 年。

やまだようこ編著『人生を物語る――生成のライフストーリー』ミネルヴァ書房、2000 年。

やまだようこ『喪失の語り――生成のライフストーリー』やまだようこ著作集第 8 巻、新曜社、2007 年。

神学、人文科学

ジョルジュ・アガンベン『アウシュヴィッツの残りのもの――アルシーヴと証人』上村忠男、廣石正和訳、月曜社、2001 年。

AMALADOSS, Michel, *Jésus Asiatique*, Presse de la Renaissance, 2007.

AMATO, Eugenio, JULIEN, Yvette, d'ARLES, Favorinos, *Interoduction generale: Temoignages discours aux corinthiens-sur la fortune*, Paris le

参 考 文 献 239

belles lettres, 2005.

アリストテレス『詩学』田中美知太郎監修、中央公論社、1979 年。

アウグスティヌス『告白』服部英次郎訳、岩波書店、2006 年。

ヴィセンテ・アリバス『スヒレベークス思想の変遷』新世社、2003 年。

浅野智彦『自己への物語論的接近──家族療法から社会学へ』勁草書房、2001
年。

K. Barth, *Dogmatique*（1953）, IV: *La Doctrine de la réconciliation*, 1（1953）,
Labor et Fides, 1966.

BARBOTIN, Edmond, *Le Témoignage,* culture et vérité, 1995.

リチャード・ボウカム『イエスとその目撃者たち──目撃者証言としての福音
書』浅野淳博訳、新教出版社、2011 年。

BEVANS, Stephen B., *Models of contextual theology,* Orbis Book, 1992.

BEAUCHAMP, Paul, *Le Récit, la Lettre et le Corps,* Les éditions du Cerf, 1992.

BIANCHI, Enzo, "Le caractère central de la parole de Dieu" dans *La reception
de Vatican II*, Edité par G. Alberigo et J. P. Jossua, Cerf, 1985.

ハーバード・ビックス『昭和天皇』（上・下）吉田裕監修、岡部牧夫他訳、講
談社、2002 年。

BLANCHARD, Yves-Marie, *Aux sources du canon, le temoignage d'Irenee,* Cerf,
1993.

BLONDEL, Maurice, *L'Action(1893), Essai d'une critique de la vie et d'une
science de la pratique*, Quadrige, 1993.『行為（1893 年）』増永洋三訳、創
文社、1990 年。

デイヴィッド・ボッシュ『宣教のパラダイム転換』（上・下）東京ミッション
研究所訳、新教出版社、2001 年。

BOUILLARD, Henri, "Le concept de revelation de Vatican I à Vatican II", in. J.
Audinet, H. Bouillard, L. Derousseaux, *Révélation de Dieu et Langage des
Hommes*, Cerf, 1972.

CHAUVET, L. M, *Symbole et Sacrament: Une relecture sacramentelle de
l'existence chrétienne,* Cerf, 1987.

de CERTEAU, Michel, *La faiblesse de croire,* Edition du Seuil, 1987.

de CERTEAU, Michel, *La culture au pluriel,* Edition du Seuil, 1974.

de CERTEAU, Michel, *L'étranger ou l'union dasn la différence,* Edition du

Seuil, 2005.

ミシェル・ド・セルトー『パロールの奪取——新しい文化のために』佐藤和生訳、法政大学出版、1998。

CREUCHET, Anne, *Monsieur Chrétien, Souvenir de Jean Guitton*, Bayard, 2008.

Sous la direction de DORÉ, Joseph, *Le Devenir de la Théologie Catholique Mondiale depuis Vatican II, 1965-1999*, Faculté de théologie et de science religieuses, Institut catholique de Paris, Beauchesne, 2000.

DEFOIS, Gérard, «Quand la foi chrétienne laisse indifférent... Que faire?» *dans L'indifférence religieuse*, Volume 41, de Le Point théologique, Beauchesne, 1983.

DUNN-WILSON, David, *A Mirror for the Church, Preaching in the First Five Centuries*, William B. Eerdmans Publishing Company, 2005.

de La GARANDERIE, Marie-Madeleine, *Christianisme et lettres profanes: Essai sur l'Humanisme français (1515-1535) et sur la pensée de Guillaume Budé*, Honoré Champion, 1995.

GEFFRÉ, Claude, *Un Espace pour Dieu*, Les Editions du Cerf, 1996.

GEFFRÉ, Claude, *Le Christianisme au Risque de l'interprétation*, Les Editions du Cerf, 1997.

GEFFRÉ, Claude, *De Babel à Pentecôte: Essais de Théologie Interreligieuse*, Les Editions du Cerf, 2006.

GEFFRÉ, Claude, *Croire et Interpréter: le Tournant herméneutique de la théologie*, Cerf, 2001.

GEFFRÉ, Claude, *Entretiens avec Gwendoline Jarczyk: Profession Théologien, Quelle pensée chrétienne pour la XXIe siècle?*, Albien Michel, 1999.

GEFFRÉ, Claude, 《La révélation hier et aujourd'hui, de l'Ecriture à la prédication ou les actualisations de la Parole de Dieu》 pp. 95-121. dans *Révélation de Dieu et langage des hommes*, J. Audinet, H. Bouillard, Cerf, 1972.

GELPI, Donald L., *The conversion experience: A reflective processs for RCIA participants and others*, Paulist Press, 1998.

GELPI, Donald L., *The first born of many: A Christology for conversion*

Christians I: To hope in Jesus Christ, Marquette University Press, 2001.

GERMAIN, Elisabeth, *Langage de la Foi à travers l'Histoire: Mentalité et Catéchèse: approche d'une étude des mentalités*, Fayard-Mame, 1972.

GIRARD, René, *La voix méconnue du réel: Une théorie des mythes archaïques et modernes*, Bernard Grasset, 2002.

GIRARD, René, VATTIMO, Gianni, *Christianisme et modernité*, Editions Flammarion, 2006.

ルネ・ジラール『身代りの山羊』織田年和他訳、法政大学出版局、1985 年。

ルネ・ジラール『文化の起源――人類と十字架』田母神顯二郎訳、新教出版社、2008 年。

ルネ・ジラール『サタンが稲妻のように落ちるのが見える』岩切正一郎訳、新教出版社、2008 年。

クリフォード・ギアーツ『文化の解釈学』吉田禎吾他訳、岩波書店、1987 年。

GUILLEBAUD, Jean-Claude, *Comment je suis redevenu chrétien*, Albin michel, 2007.

GUILLEBAUD, Jean-Clude, *Le commencement d'un monde*, Seuil, 2008.

GUITTON, Jean, *Oeuvres complètes*, tome 4: *Philosophie*, Desclée de Brouwer, 1992.

GUITTON, Jean, *Histoire et Destinée*, desclée de Brouwer, 1970.

GUITTON, Jean, *Le Problème de Jésus I: Les Fondements du Témoignage chrétien, -Le pensée moderne et le catholicisme*, VI, Aix-En-Provence, 1948.

GUITTON, Jean, *Le Problème de Jésus II: Divinité et Résurrection, -Le pensée moderne et le catholicisme*, VII, Aubier éditions montaigne, 1952.

GUITTON, Jean, *La pensée Moderne et le Catholicisme: Perspectives, Méthodes-Idées-Figures*, AIX, 1938.

ジャン・ギトン、グリシュカ・ボグダノフ、イゴール・ボグダノフ『神と科学――超実在論に向かって』幸田礼雅訳、新評論、1992 年。

ジャン・ギトン『私の哲学的遺言』二川佳巳訳、新評論、1999 年。

GRELOT, Pierre, *Eglise et ministères: Pour un dialogue critique avec Edward Schillebeeckx*, Cerf, 1983.

GRIEU, Etienne, *Nés de Dieu. Itinéraires de chrétiens engagés. Essai de lecture théologique*, Cerf, 2003.

芳賀力『物語る教会の神学』教文館、1997 年。

芳賀力『使徒的共同体——美徳なき時代に』教文館、2004 年。

HENRY, Michel, *C'est moi, la Vérité: Pour une philosophie du christianisme*, éditions du Seuil, 1996.

HEITINK, Gerben, *Practical theology: History, Theory, Action domains*, Translated by Reinder Bruinsma, William B. Eerdmans Publishing Company, 1999.

保坂幸博『日本の自然崇拝、西洋のアニミズム——宗教と文明、非西洋的な宗教理解への誘い』新評論、2003 年。

犬養道子『生ける石・信徒神学』南窓社、1984 年。

IWASHIMA, Tadahiko, *Menschheitsgeschichte und Heilserfahrung. Die Theologie von Edward Schillebeeckx als methodisch reflektierte Soteriologie*, Patmos Verlag Düsseldorf, 1982.

岩島忠彦『キリストの教会を問う——現代カトリック教会論』サンパウロ、1987 年。

岩島忠彦『イエスとその福音』教友社、2005 年。

岩田文昭『フランス・スピリチュアリスムの宗教哲学』創文社、2001 年。

J. カルヴァン『ジュネーブ教会信仰問答——翻訳・解題・釈義・関連資料』渡辺信夫編訳、教文館、1998 年。

KASPER, Walter, *Jésus le Christ*, Traduit de l'allemand par J. Désigaux et A. Liefooghe, Cerf, 1977.

KASPER, Walter, *La théologie et l'église*, Traduit de l'allemand par Joseph Hoffman, l'édition originale en allemand; *Theologie und Kirche*, Cerf, 1990.

KERR, Fergus, *La théologie après Wittgenstein: Une introduction à la lecture de Wittgenstein*, Cerf, 1991, Traduit de l'anglais par Alan Létourneau, 1986.

RAHNER, Karl, « La prédication missionnaire », dans *Service de l'Eglise et Action Pastorale*, Desclée, Paris, 1970.

KRAFT, Charles H., *Christianity in culture: A study in dynamic biblical theologyzing in cross-cultureal perspective*, Orbis Books, 1979.

國府田武『ベギン運動とブラバンドの霊性』創文社、2001 年。

金児暁嗣『日本人の宗教性——オカゲとタタリの社会心理学』新曜社、1997 年。

参 考 文 献　　　243

九鬼周造『現代哲學講義』岩波書店、1928 年。

E. レヴィナス『存在の彼方へ』合田正人訳、講談社、1999 年。

プリーモ・レーヴィ『アウシュヴィッツは終わらない──あるイタリア人生存者の考察』竹山博英訳、朝日選書 151、朝日新聞社、1980 年。

A. E. マクグラス『キリスト教神学入門』神代真砂実訳、教文館、2002 年。

ノーマン・マルカム、ピーター・ウィンチ編『ウィトゲンシュタインと宗教』黒崎宏訳、法政大学出版局、1998 年。

増永洋三『フランス・スピリチュアリスムの哲学』創文社、1984 年。

松浪信三郎編『フランス哲学史論集』創文社、1985 年。

宮本久雄『福音書の言語宇宙──他者・イエス・全体主義』岩波書店、1999 年。

宮本久雄『「ヨブ記」物語の今日的問いかけ──苦難・神・他者の発見』新世社、2006 年。

宮本久雄『いのちの記憶──受難と蘇りの証言』新世社、2007 年。

宮本久雄『他者の蘇り──アウシュヴィッツからのエクソダス』（長崎純心レクチャーズ）創文社、2008 年。

宮本久雄『「関わる」ということ──聖書の眼差し』新世社、1997 年。

宮本久雄、金泰昌編、シリーズ『物語り論』（全 3 巻）東京大学出版会、2007 年。田中裕「復生の文学──ハンセン病療養所の文藝作品を手引きとして」、宮本久雄「『もう一つのこの世』に向って──石牟礼文学におけるポロシオ（隣人）の玄郷（くに）と近代」『物語論 3：彼方からの声』所収。

McDONALD, James I., *Kerygma and Didache: The articulation and structure of the earliest Christian message,* Cambridge University Press, 1980.

McGINN, Bernard, edit., *Meister Eckhart and the Beguine Mystics: Hadewijch of Brabant, Mechthild of Magdeburg and Marguerite Porete,* Continuum, 1994.

Sean L. Field, Robert E. Lerner et Sylvain Piron, *Marguerite Porete et le Miroire des simples âmes* (Etudes de philosophie médiévale ; 102), Vrin, 2013.

McGUIRE, Brian Patrick, *Jean Gerson and the Last Medieval Reformation,* Pennsylvania State University Press, 2005.

McGUIRE, Brian Patrick, *Jean Gerson, Early Works,* Paulist Press, 1998.

MASUR-MATUSEVICH, Yelena, *Le siècle d'or de la mystique française: De Jean Gerson à Jacques Lefèvre d'Etaples,* Edidit Archè, 2004.

MARLÉ, René, s.j., *Le Problème Théologique de L'Herméneutique–les grands axes de la recherché contemporaine,* editions de l'Orante, 1963.

MARLÉ, René, s.j., *Parler de Dieu Aujourd'hui: La théologie herméneutique de Gerhard Ebeling,* Cerf, 1975.

METZ, J. B., *La foi dans l'histoire et dans la société: Essai de théologie fondamentale pratique,* Traduit de l'allemand par Paul Corset et Jean-Louis Schlegel, Cerf, 1979.

METZ, J. B., *Pour une théologie du monde,* traduit de l'allemand par Hervé Savon, Cerf, 1971.『世の神学』田淵文男訳、あかし書房、1970 年。

METZ, J. B., *Memoria passionis: Un souvenir provocant dans une société pluraliste,* Traduit de l'allemand par Jean-Pierre Bagot, Cerf, 2009.

MITSCHERLICH, Alexander, *The society without the father,* Harper Perennial, 1992. 『父親なき社会――社会心理学的思考』小見山実訳、新泉社、1988 年。

MIQUEL, Dom Pierre, *L'expérience spirituelle dans la tradition chrétienne,* Beauchesne, 1999.

MOINGT, Josephe, *L'homme qui venait de Dieu,* Cerf, 1993.

モンテーニュ『モンテーニュ随想録』関根秀雄訳、国書刊行会、2014 年。

MOUROUX, Jean, *L'Expérience Chrétienne. Introduction à une Théologie,* Aubier, 1952.

NIEBUHR, Richard H., *The meaning of revelation (1941),* Westminster John Knox Press, 2006. 『啓示の意味』佐柳文男訳、教文館、1975 年。

リチャード・ニーバー『近代文化の崩壊と唯一神信仰』東方敬信訳、ヨルダン社、1984 年。

西田公昭『「信じるこころ」の科学――マインド・コントロールとビリーフ・システムの社会心理学』サイエンス社、1998 年。

西脇良『日本人の宗教的自然観――意識調査による実証的研究』ミネルヴァ書房、2004 年。

M. D. ノウルズ他『キリスト教史 3――中世キリスト教の成立』上智大学中世思想研究所編訳／監修、平凡社、1996 年。

M. D. ノウルズ他『キリスト教史 4――中世キリスト教の発展』上智大学中世思想研究所編訳／監修、平凡社、1996 年。

参 考 文 献　　　　　　　　　245

佐藤国郎『自由と行為の形而上学──ジュール・ラシュリエとモーリス・ブロンデル』学術出版会、2008 年。

M．セール『哲学を讃えて──フランス語で書いた思想家たち』米山親能訳、法政大学出版局、2000 年。

PANIKKAR, Raimon, *Une christophanie pour notre temps,* Actes Sud, 2001.

PANIKKAR, Raimon, *L'expérience de Dieu: Icônes du Mystère,* Albin Michel, 1998.

RICŒUR, Paul, *La mémoire, l'histoire, l'oubli,* Editions du Seuil, 2000.

RICŒUR, Paul, *Du texte à l'action. Essais d'herméneutique II,* Editions du Seuil, 1986.

RICŒUR, Paul, *Soi-même comme un autre,* Editions du Seuil, 1990.『他者のような自己自身』久米博訳、法政大学出版局、1996 年。

RICŒUR, Paul, *Temps et récit, 1, 2, 3,* Editions du Seuil, 1985.『時間と物語』（全 3 巻）：『I：物語と時間性の循環、歴史と物語』、『II：フィクション物語における時間の統合形象化』、『III：物語られる時間』新曜社、2004 年。

RICŒUR, Paul, *Le volontaire et l'involontaire,* Aubier, 1950.『意志的なものと非意志的なもの』：『I：決意すること』、『II：行動すること』、『III：同意すること』滝浦静雄他訳、紀伊國屋書店、1995 年。

RICŒUR, Paul, *La métaphore vive,* Seuil, 1975.『生きた隠喩』久米博訳、岩波現代選書、1984 年。

RICŒUR, Paul, *De l'interprétation,* Seuil, 1965.

RICŒUR, Paul, «L'herméneutique du témoignage» dans *Lectures 3, Aux frontières de la philosophie.*

RICŒUR, Paul, *Le conflit des interprétation, Essais d'herméneutique,* Seuil, 1969.

RICŒUR, Paul, *Anthropologie philosophique: Ecrits et conférences 3,* Seuil, 2013.

RICŒUR, Paul, «Herméneutique de l'idée de Révélation»; Paul Ricoeur, Emmanuel Levinas, Etienne Cornélis, Calaude Geffré, *La Révélation,* Bruxelles, Facultés universitaires Saint-Louis, 1977.

ポール・リクール『フロイトを読む』久米博訳、新曜社、1982 年。

ポール・リクール『解釈の革新』久米博他訳、白水社、1985 年。

François Dosse, *Paul Ricœur: Un philosophe dans son siècle,* Armand Colin,

2012.

Olivier Abel et Jérôme Porée, *Le vocabulaire de Paul Ricœur,* ellipises, 2009.

ROUTHIER, Gilles, *La réception d'un concile,* Cerf, 1993.

ROUQUETTE, Robert, *La fin d'une chrétienté, chroniques I, II,* Cerf, 1968.

RUBENS, Pedro, *Discerner la Foi dans des Contextes Religieux Ambigues. Enjeux d'une théologie du croire,* Cerf, 2004.

SHILLONY, Ben-Ami, *Collected writings of Ben-Ami Shillony (Collected Writings of Modern Western Scholars on Japan),* Routledge, 2000.

STIVER, Dan R., *Theology after Ricoeur: New Directions in Hermeneutical Theology,* Westminster John Knox Press, 2001.

BLUNDELL, Boyd, Paul *Ricoeur between Theology and Philosophy: Detour ande Return,* Indiana University Press, 2010.

ケヴィン・J. ヴァンフーザー 『聖書の物語とリクール哲学』永見勇他訳、新教出版社、1998 年。

SCHILLEBEECKX, Edward, *Approches Théologiques 1: Révélation et Théologie (1964),* Edition du Cep, 1965.

SCHILLEBEECKX, Edward, *God and Man (1965),* Seed and ward, 1969.

SCHILLEBEECKX, Edward, *Approches Théologiques 3: Le Monde et l'Église (1965),* Edition du Cep, 1967.

SCHILLEBEECKX, Edward, *Approches Théologiques 4: La Mission de l'Église (1968),* Edition du Cep, 1969.

SCHILLEBEECKX, Edward, *The Understanding of Faith: Interpretation and Criticism (1972)* Translated by N. D. Smith, The seabury Press, 1974.

SCHILLEBEECKX, Edward, *Interim Report: Jesus & Christ,* Crossroad, 1981.

SCHILLEBEECKX, Edward, *Jesus: An experiment in Christology,* trans. by Hubert Hoskins, Harper Collins Distribution, 1983. 『イエス──一人の生ける者の物語』（全3巻）ヴィセンテ・アリバス他訳、新世社、1994 年。

SCHILLEBEECKX, Edward, *Gerechtigheid en liefde. Genade en bevrijding*（原題：正義と愛、優雅さと解放）. *Christ, the experience of Jesus as Lord (1972),* trans. by John Bowdenm, Crossroad, 1974. *Expérience humaine et foi en Jésus Christ,* traduction par J. Doré et C. Bonnet, Cerf, 1981.

SCHILLEBEECKX, Edward, *Mensen als verhaal van God (1989). Church, The human story of God,* trans. by John Bowdenm, Crossroad, 1991. *L'Histoire des hommes, Récit de Dieu,* traduit du neerlandais par Hélène Cornelis-Gevaert, Cerf, 1992.

SCHILLEBEECKX, Edward, *The Language of Faith, Essays on Jesus, Theology and the Church,* Concilium, 1995.

SCHILLEBEECKX, Edward, *The Church with a Human Face, A New and Expanded Theology of Ministry,* Crossroad, 1992.

THOMPSON, Daniel Speed, *The Language of Dissent: Edward Schillebeeckx on the Crisis of Authority in the Catholic Church,* Notre Dame, 2003.

SEBOUË, Bernard s.j., et THEOBALD Christoph, *La parole de Salut,* Desclée, 1996.

SEBOUË, Bernard s.j., *Jésus-Christ l'Unique Médiateur: Essai sur la rédemption et le salut, Tome II, Les récits du salut: Proposition de sotériologie narrative* (Jésus et Jésus-Christ 51), Desclée, 1991. 『イエス・キリスト、唯一の仲介者──購いと救いに関する試論』（上・下）堤安紀訳、現代カトリック思想業書 22、サンパウロ、2004 年。

SEBOUË Bernard, *Jésus Christ à l'image des hommes: Brève enquête sur les représentations de Jésus à travers l'histoire,* Desclée de Brouwer, 1997.

SEBOUË Bernard, *Le Magistère à l'épreuve: Autorité, vérité et liberté dans l'Eglise,* Desclée de Brouwer, 2001.

SOULETIE, Jean-Louis, *Les Grands Chantiers de la Christologie,* Desclée, 2005.

末木文美士『日本宗教史』岩波書店、2006 年。

東浩紀『動物化するポストモダン──オタクから見た日本社会』講談社、2001 年。

G. タイセン『新約聖書──歴史・文学・宗教』大貫隆訳、教文館、2003 年。

THEOBALD, Christoph, *Le christianisme comme style, I, II, Une manière de faire de la théologie en postmodernité,* Les Editions du Cerf, 2007.

VILLEPELET, Denis, *Les défis de la transmission dans un monde complexe: Nouvelle problématiques catéchétiques,* Théologie à l'Université, Desclée de Brouwer, 2009.

WISDOM, John, "Gods（1944）", in *Philosophy and Psycho-Analysis,* Basil Blackwell, 1989.

WOODARD, William P., *The allied occupant of Japan 1945-1952*, Leiden, 1972. 『天皇と神道——GHQ の宗教政策』阿部美哉訳、サイマル出版会、1988 年。

ケビン・ハンロン『日本のカトリック信徒』斎田靖子訳、エンデルレ書店、2001 年。

森一弘『日本の教会の宣教の光と影——キリシタン時代からの宣教の歴史を振り返る』サンパウロ、2003 年。

中川明『妖怪の棲む教会——ナイスを越え教会の明日を求めて』夢窓庵、2002 年。

ＮＧＯ「地に平和」編『聖書と現代社会——太田道子と佐藤研を囲んで』新教出版社、2006 年。

佐々木博『「福音化」への手引き——福音的見直しと刷新』中央出版社、1980 年。

佐々木博『今問われていること——現代カトリック者の責任と使命』中央出版社、1982 年。

佐久間勤編『想起そして連帯——終末と歴史の神学』サンパウロ、2002 年。

佐久間勤編『ネイティブ・インカルチュレーションの時代——福音とグローバル世界の出会いの神学』サンパウロ、2004 年。

光延一郎編著『日本の教会と神学——第二バチカン公会議後 40 年の歩み』サンパウロ、2005 年。

雑 誌 論 文

有村浩一「回心（コンバージョン）に関する人間学的考察（上・下）」『福音宣教』6・7 月号、オリエンス宗教研究所、2005 年。

François Bousquet, «La nouveauté du Christianisme pour la pensée», *La théologie dans l'histoire*, sous la direction de Joseph Doré et François Bousquet（Beauchesne, 1997）, Collection «Sciences Théologiques et Religieuses», No. 6, pp. 243-259.

岩島忠彦「キリストの救いを、今日どのように理解するか——E. スキレベークスの場合」『カトリック研究』42 号、上智大学、1982 年。

川村信三「十六世紀における教父思想復興の一事例——キュリロス再版を手がけたカニジウスのケースを考える」『カトリック研究』73 号、上智大学、

参 考 文 献　　　　　　249

2004 年。

具正謨「文化とキリスト教——キリスト教の神学の新しい方法論を目指して」
『カトリック研究』72 号、上智大学、2003 年。

Olivier Chegaray, "Vérité et jeux de la communication au Japon", *Mission de l'Eglise*, Supplément du No. 148 (2004), pp. 12-15.

Ricahard Leclerc, " Representations of Japan in the Bulletin de l'Union missionaire du Clergé: A Chapter in the History of Québec Catholic Missionaries in Asia, 1925-1973 ", *The Canadian Catholic Historical Association Historical Studies*, No. 72, 2006, pp. 7-28.<http://www.umani toba.ca/colleges/st_pauls/ccha/Back%20Issues/CCHA2006/Leclerc.pdf >.

あ　と　が　き

　本書は、「キリスト者の証言──人の語りと啓示に関する実践基礎神学的考察」と題し、2016 年 3 月 31 日、上智大学大学院神学研究科博士後期課程にて博士論文として受理いただいたものです。

　この論文をこのようなかたちで発表させていただきたかった第一の動機は、インタビューに応じてくださった 14 人の宣教師の生きた声を残したかったという強い思いです。そして、その声をただ記録として資料に残すのではなく、わたし自身が「彼らの声をこのような信仰の次元で聞きました」という証拠としても残し、さらに、証拠を残すだけではなく、「彼らとわたしの共同の信仰を宣言したい」という思いが二つめの動機としてありました。日本というある一つの地域に生きて、そこで生きられた信仰の独自性と普遍性を神学というフィールドで表現していくこと。14 人の宣教師との対話を通じて、自分の召された使命がやっと分かったような気がします。彼らからそれを教わりました。語ってくださった宣教師のうち、お二人はその後、天にお帰りになりました。IC レコーダーに納められた彼らの声を何度も繰り返し聞きましたので、わたしの耳の奥には彼らの声が残っています。温かくやわらかい声で、ご自分の人生を語ってくださった……。彼らの生きた声はけっして消えることはありません。

　〈インタビュー〉という方法を用いた神学研究を初めて学んだのは、2003-06 年、パリ・カトリック大学大学院司牧カテケージス研究科修士課程に在学中の頃でした。社会学と神学を統合し、インタビューによって得られた証言テクストを神学的資料として用いることが可能だとする方法に出会った時、目からうろこの経験をしました。授業の課題のため、わたしが初めてインタビューした人はインドから政治的な理由でパリに亡命してきた一人の女性。たどたどしいフランス語の語りの中にも、その人の内的なダイナミズムが現れ出ていました。

　パリ・カトリック大学にて、ドゥニ・ヴィルプレ先生のご指導の下に執筆した修士論文「日本でキリスト者になること──証言の読解によるキリスト者のアイデンティティを探る一考察」を携え、日本に帰国したわたし

を拾ってくださったのは、上智大学名誉教授の岩島忠彦先生でした。当時、岩島先生はこの線で博士論文へと展開するようご助言をくださり、以後、指導教官として8年間に渡りご指導くださいました。岩島先生との出会いなくして本書はありえなかったものです。岩島先生は、現代の組織神学が不得手なわたしに、根本的な議論とされている領域を深く洞察するよう導いてくださり、同時に、わたしの得手な領域である司牧的な次元から外れないように、と常に舵を取ってくださっていました。2011年の東日本大震災へのボランティア活動によって執筆の遅れが生じた時も、先生は忍耐強く待ち、ご指導を続けてくださいました。「キリスト者の証言」というテーマがイエス理解にもつながる、というインスピレーションを与えてくださったのも岩島先生です。この場をお借りし、先生に心からの厚い感謝をお捧げいたします。

　また、本書が完成するまでの長い道のりに、神学の深みを示し、導いてくださいました上智大学神学部の諸先生方、特に、論文の主査をお引き受けくださいました研究科委員長竹内修一先生、副査をお引き受けくださいました神学科の光延一郎先生、哲学科の長町裕司先生、本書出版に当たりご配慮くださいました上智大学副学長杉村美紀先生、神学部長川中仁先生に、深く感謝申し上げます。そして、修士論文執筆以来、「現場の神学」を構想する上で長きに渡り対話の相手として相談にのってくださった晴佐久昌英師（カトリック東京教区司祭）に、深く感謝申し上げます。今回、師は本書に「推薦文」をお寄せくださいました。司牧現場で現存される神さまの働きを日々受けとっておられる師が、本書を推薦してくださることに心からの喜びと感謝の意を申し上げたいと思います。

　最後に、本書の完成のため、さまざまな形で助け、支えてくださいました多くの方々——神学研究会「語り派」の皆さま、故郷・広島に住んでいつも祈ってくれている両親、博士論文提出の最終段階で詳細な校正にたっぷりと時間を割いてくださったカトリック中央協議会の有村浩一氏、援助修道会のシスター三浦ふみ、シスター三好千春、シスター森裕子、装画を提供してくれたスイス在住のシスターガブリエラ・ピア・フォン・デニケン、この世で信仰の源泉に触れる旅をともに歩んでくれているすべての援助修道会の姉妹たち……。皆さまの助け、支え、励まし、祈りがなければ、本書はここに存在しなかったと思います。そして、出版の労をおとり

くださった教文館の方々、高橋真人氏、殊に、慣れないわたしを細かいところまで助けてくださった奈良部朋子氏に感謝いたします。上智大学神学部の卒業生であり、歴史を共有する神学の友としてお二人には本当に支えられました。ここに、改めて心からの感謝を申し上げたいと思います。

　なお、本書の出版に際しては、上智大学研究成果公開支援事業「学術図書出版支援プログラム」の研究活動助成を受けたことを申し添えます。

　　2017 年 5 月 31 日

　　　　　　　　　　　　　　　　　　　　　　　　　原　　敬子

《著者紹介》

原　敬子（はら・けいこ）
1988 年エリザベト音楽大学音楽学部卒業。1990 年広島大学大学院教育学
研究科修了。1999 年上智大学神学部卒業。2006 年パリ・カトリック大学
神学・宗教学学部（Institut Catholique de Paris, Faculté de Théologie et de
Science Religieuse）にて Master en Théologie 取得。2012 年上智大学大学
院神学研究科博士後期課程満期退学。2015 年同大学院にて博士（神学）
取得。
現在、上智大学神学部助教（実践神学、キリスト教司牧神学、宣教学）。
援助修道会会員。
論文　「信を語ることばを考える─ P. リクール「証言の解釈学」を手がか
りに」（『人間学紀要』第 36 号、2006 年 8 月）、「C. ジェフレにおける解釈
学的神学と証言」（『日本カトリック神学会誌』第 19 号、2008 年）、「現代
カテケージスの課題と展望─コンペンディウムの挑戦を受けて」（『日本カ
トリック神学会誌』第 22 号、2011 年）、「ジャン・ジェルソンにおける神
秘神学《De mystica theologia》と観想《contemplatio》」（『日本カトリッ
ク神学会誌』第 27 号、2016 年）ほか。

キリスト者の証言
──人の語りと啓示に関する実践基礎神学的考察

2017 年 7 月 31 日　初版発行

著　者　原　敬子
発行者　渡部　満
発行所　株式会社　教文館
　　　　〒104-0061 東京都中央区銀座 4-5-1　電話 03（3561）5549　FAX 03（5250）5107
　　　　URL　http://www.kyobunkwan.co.jp/publishing/
印刷所　株式会社　真興社

配給元　日キ販　〒162-0814　東京都新宿区新小川町 9-1
　　　　電話 03（3260）5670　FAX 03（3260）5637
ISBN 978-4-7642-7418-1　　　　　　　　　　　Printed in Japan

© 2017 Keiko HARA　　　　　　落丁・乱丁本はお取り換えいたします。

教文館の本

H. R. ニーバー　佐柳文男訳

啓示の意味

四六判 202 頁 本体 2,000 円

歴史における相対と絶対の問題、「科学的」ないし客観的歴史と宗教的歴史との関連の問題、自然宗教と歴史的信仰との問題などを中心的課題として、時間内では決して終結することのないメタノイアとしての啓示の真理を追求！

F. G. イミンク　加藤常昭訳

信仰論
実践神学再構築試論

A5 判 480 頁 本体 5,000 円

神の言葉の神学の系譜に立ち、罪人を義とする神の絶対的な優位性を語りながら、聖霊による神の内在に着目し、人間の信仰生活の主体性を展開させる意欲的な試み。現代オランダを代表する改革派神学者による徹底した思索の書。

R. ボーレン　加藤常昭訳

神が美しくなられるために
神学的美学としての実践神学

A5 判 406 頁 本体 4,400 円

戦後ドイツの霊的閉塞感が漂う教会に、神の言葉の神学を継承しながらも、聖霊論的なパースペクティヴによる新しい実践神学の道筋を指し示した画期的な書。芸術家としても活躍した著者による実践神学の体系的基礎論。

小山晃佑　森泉弘次訳

十字架につけられた精神
アジアに根ざすグローバル宣教論

四六判 218 頁 本体 3,100 円

欧米と全く異なる文化と伝統をもつ地域において、福音はどのようにして伝えるべきか？　東南アジアで宣教活動と神学教育に携わった著者による、アジアの諸宗教の特質と自身の体験を踏まえた斬新な提唱！

近藤勝彦　　　　　　　　　　［オンデマンド版］

伝道の神学

A5 判 324 頁 本体 4,500 円

日本におけるプロテスタント教会の伝道はまもなく 150 年を迎えるが、日本での伝道は難事業であり、「伝道の危機」が叫ばれている。すぐれた神学者であり説教者である著者が、神の伝道の業に用いられる神学の課題を追求する。

芳賀　力

歴史と伝承
続・物語る教会の神学

A5 判 432 頁 本体 4,500 円

なぜ、世界に教会が必要なのか。福音という〈大いなる物語〉を語る教会は、救済史の担い手として、歴史の無意味さに耐えかねている現代人に再び希望する力を抱かせる。教会の歴史的存在意義を徹底的に検証した意欲的論考！

ファーガス・カー　前川　登／福田誠二監訳

二十世紀のカトリック神学
新スコラ主義から婚姻神秘主義へ

A5 判 392 頁 本体 3,800 円

第二バチカン公会議開催を促し、現在も教会に影響を与え続ける知的革新の動きは、どのような思想的背景を持つのか？ 2 人の教皇をはじめ、激変の世紀をリードした 10 人の神学者を取り上げ、現代カトリック神学の潮流を詳察する。

上記価格は本体価格（税別）です。